Raymundo
Faoro
# A República
# inacabada

# Raymundo Faoro
# A República inacabada

ORGANIZAÇÃO
E PREFÁCIO
*Fábio Konder Comparato*

POSFÁCIO
*Heloisa Murgel Starling*

COMPANHIA DAS LETRAS

Copyright © 2007 by herdeiros de Raymundo Faoro
Copyright desta edição © 2022 by Editora Schwarcz S.A.

*Grafia atualizada segundo o Acordo Ortográfico da Língua Portuguesa de 1990, que entrou em vigor no Brasil em 2009.*

*Capa e projeto gráfico*
Victor Burton

*Designer assistente*
Adriana Moreno

*Imagem de capa*
*Relevo*, de Luciano Figueiredo, 2015. Acrílica sobre tela, 38 × 38 cm. Coleção particular. Cortesia Galeria Leme. Reprodução de Vicente de Mello.

*Índice remissivo*
Luciano Marchiori

*Revisão*
Angela das Neves
Aminah Haman

Dados Internacionais de Catalogação na Publicação (CIP)
(Câmara Brasileira do Livro, SP, Brasil)

---

Faoro, Raymundo, 1925-2003
    A República inacabada / Raymundo Faoro ; organização e prefácio Fábio Konder Comparato ; posfácio Heloisa Murgel Starling — 1ª ed. — São Paulo: Companhia das Letras, 2022.

    ISBN 978-65-5921-319-1

    1. Assembleias constituintes – Brasil 2. Brasil – Política e governo 3. Ciência política – Filosofia – Brasil 4. Holanda, Sérgio Buarque de, 1902-1982 5. Legitimidade governamental – Brasil I. Comparato, Fábio Konder. II. Starling, Heloisa Murgel. III. Título.

22-98291                         CDD-320.981

---

Índice para catálogo sistemático:
1. Brasil : Política e governo   320.981

Eliete Marques da Silva – Bibliotecária – CRB-8/9380

[2022]
Todos os direitos desta edição reservados à
EDITORA SCHWARCZ S.A.
Rua Bandeira Paulista, 702, cj. 32
04532-002 — São Paulo — SP
Telefone: (11) 3707-3500
www.companhiadasletras.com.br
www.blogdacompanhia.com.br
facebook.com/companhiadasletras
instagram.com/companhiadasletras
twitter.com/cialetras

# Sumário

Prefácio | *Fábio Konder Comparato* > *7*

Existe um pensamento político brasileiro? > *22*
    Parte I > *23*
    Parte II > *103*
    Parte III > *123*

Assembleia Constituinte: A legitimidade recuperada > *142*

Sérgio Buarque de Holanda:
Analista das instituições brasileiras > *230*

Notas > *243*

Posfácio | *Heloisa Murgel Starling*
Raymundo Faoro, um liberal irado > *251*

Referências bibliográficas > *271*

Índice remissivo > *279*

# Prefácio | *Fábio Konder Comparato*

NA VIDA INTELECTUAL DE RAYMUNDO FAORO há uma linha diretriz permanente: a reflexão sobre a realidade sociopolítica brasileira.

Nos estudos aqui reunidos, essa reflexão tem como ideia básica o caráter dualista da nossa mentalidade, que chega por vezes ao limiar de uma autêntica esquizofrenia social, engendrando a aguda dicotomia entre pensamento e ação.

Sem dúvida, o dualismo estrutural é próprio do fenômeno político. Sempre há nele uma relação dialética entre as ideias e a ação concreta, entre os costumes e o direito estatal, entre o pensamento crítico e as instituições de poder. Nessa realidade essencialmente bipolar, nenhum lado pode subsistir sem o outro. Um pensamento político incapaz de julgar criticamente as instituições em vigor e propor mudanças efetivas é perfeitamente inócuo; da mesma forma que os regimes políticos insuscetíveis de reforma à luz do pensamento crítico terminam por se dissolver.

Há casos, porém, em que esse confronto real é falseado, porque ao lado da realidade política se constrói um teatro político, no qual o pensamento é declamatório e os agentes despem-se da sua personalidade vivida, para se transformarem em personagens dramáticos. Ou seja, a *persona* volta a ser a máscara teatral das origens.

É bem este o caso do Brasil, e é esta, segundo me parece, a ideia central dos escritos que compõem este livro. Desde que inauguramos nossa vida política independente, temos revelado um caráter nacional tipicamente bovarista. À semelhança da trágica personagem de Flaubert, procuramos fugir da realidade canhestra e atrasada em que estamos metidos, e que nos envergonha, de modo a sublimar na imaginação, para o país todo e para cada um de nós em particular, uma identidade e condições ideais de vida, que fingimos possuir, mas que nos são de fato completamente estranhas. Ao longo de toda a nossa história, raros têm sido os homens públicos, os movimentos ou as agremiações partidárias que ousam se dizer de direita, ou que assumem posições e programas de ação excessivamente radicais, no juízo da nossa elite bem pensante, que nada mais faz, aí como em tudo o mais, do que seguir paradigmas estrangeiros.

Encarnamos, na vida política, o poeta fingidor de Fernando Pessoa. Fingimos tão completamente que chegamos a pensar que existe e funciona, de fato, a organização política ideal que acalenta os nossos sonhos.

E aí está. No afã de imitarmos os países tidos como modelares, voltamos as costas ao passado, que se nos afigura em geral vulgar e sem brilho, e não hesitamos em procurar colher os frutos antes de plantar as árvores. "Foi-se vendo pouco a pouco — e até hoje o vemos ainda com surpresa, por vezes —", escreveu o jovem Alceu Amoroso Lima em ensaio publicado em 1924,[1]

> que o Brasil se formara às avessas, começara pelo fim. Tivera Coroa, antes de ter Povo. Tivera parlamentarismo, antes de ter eleições. Tivera escolas superiores, antes de ter educação popular. Tivera bancos, antes de ter economias. Tivera artistas, antes de ter arte. Tivera conceito exterior, antes de ter consciência interna. Fizera empréstimos, antes de ter riqueza consolidada. Aspirara a potência mundial, antes de ter a paz e a força interior.

É essa, ao que parece, a razão pela qual nada mais temos feito, no campo político, do que viver uma série ininterrupta de "lamentáveis mal-entendidos", segundo a expressão famosa de Sérgio Buarque de Holanda.[2] Ele se referiu especificamente à democracia,

---

1 A. A. Lima, "Política e letras". In: Vicente Licínio Cardoso (Org.), *À margem da história da República*. Brasília: Câmara dos Deputados; Universidade de Brasília, 1981. t. II, p. 51.

2 S. B. de Holanda, *Raízes do Brasil*. 5. ed. Rio de Janeiro: José Olympio, p. 119.

mas o qualificativo também se ajusta como uma luva ao liberalismo, à república, e ao constitucionalismo aqui praticados.

## Um liberalismo de fachada

Em *Existe um pensamento político brasileiro?*, Faoro põe a nu a falácia do nosso liberalismo durante o Império. Na verdade, não só então, mas também em vários outros momentos ulteriores, a ideologia liberal tem sido para nós, como bem advertiu Sérgio Buarque de Holanda, "uma inútil e onerosa superfetação".[3] Foi em nome da defesa das liberdades que se instituiu o Estado Novo em 1937 e se instaurou o regime militar trinta anos depois.

Ao iniciarmos a nossa vida política independente, o liberalismo representava o progresso e a modernidade. Não podia, pois, deixar de seduzir o nosso caráter nacional bovarista. Logo no princípio da Fala do Trono de 1823, dirigida aos membros da Assembleia Constituinte, o nosso primeiro imperador os incitava a dar ao país "uma justa e liberal Constituição".[4] Os destinatários do discurso imperial, em lugar de tomarem esses adjetivos em sentido puramente simbólico, conforme o padrão convencional, procuraram dar-lhes um alcance prático: a limitação do poder dos governantes, pelo reconhecimento e a garantia das liberdades civis e políticas. O monarca não demorou em despertá-los desse devaneio infantil e colocá-los com os pés no chão: a constituinte foi dissolvida *manu militari* e o país recebeu das mãos do imperante, segundo as suas próprias palavras, uma Constituição "duplicadamente mais liberal",[5] posta em vigor sem debates nem aprovação dos representantes do povo.

---

3 Id., ibid., p. 142.

4 *Fallas do Throno, desde o anno de 1823 até o anno de 1889*. Rio de Janeiro: Imprensa Nacional, 1889, p. 3.

5 Cf. *História geral da civilização brasileira, II: O Brasil monárquico*. t. 1, O processo de emancipação. São Paulo: Difusão Europeia do Livro, 1965, p. 186.

No Império, a grande maioria dos políticos que militou no partido liberal era incapaz de explicar como a ideologia do liberalismo podia, ainda que minimamente, harmonizar-se com a escravidão. Vinculavam-se quase todos, direta ou indiretamente, aos interesses do latifúndio; mas ao mesmo tempo sustentavam as teses, ditas de direito natural, de que os homens não se confundem com as coisas suscetíveis de alienação, e de que a liberdade é apanágio de todo ser humano e nunca uma concessão dos governantes.

Além disso, ao mesmo tempo em que defendiam por princípio as liberdades individuais, aceitavam sem maiores constrangimentos o exercício regular do poder pessoal pelo imperador. O próprio Joaquim Nabuco, líder incontestado dos abolicionistas, no calor de um debate parlamentar acabou por admitir a sua efetiva descrença nas virtudes do liberalismo — o governo das leis e não dos homens — para resolver os problemas nacionais. Em discurso citado por Faoro no excelente artigo com que homenageou Sérgio Buarque de Holanda, e que se acha reproduzido neste volume, o grande tribuno reconheceu que o imperador tinha o dever de exercer a sua soberania, de origem divina, sem fazer cerimônia em relação ao Poder Legislativo constitucional:

> Eu nunca denunciei o nosso governo por ser pessoal, porque com os nossos costumes o governo entre nós há de ser sempre por muito tempo ainda pessoal, toda a questão consistindo em saber se a pessoa central será o monarca que nomeia o ministro ou o ministro que faz a Câmara [...]. O que sempre fiz foi acusar o governo pessoal de não ser um governo pessoal nacional, isto é, de não se servir do seu poder, criação da Providência que lhe deu o trono, em benefício do nosso povo sem representação, sem voz, sem aspiração mesmo.

Tratava-se, em suma, por parte de um liberal de quatro costados, de aceitar na prática o regime inveterado da autocracia, bem expresso na fórmula cunhada pelo visconde de Itaboraí, e que refletia fielmente a realidade política: "o rei reina, governa e administra".

Nenhuma surpresa, pois, no fato de que os dois partidos do Império, divergentes no estilo, mas não na prática política, tenderam inelutavelmente a convergir no centro, realizando assim a grande vocação nacional: conciliar os opositores em qualquer circunstância. Joaquim Nabuco, ainda aí, soube tirar a lição dos fatos e anunciar o futuro. No discurso que pronunciou na Câmara em 24 de julho de 1885, acerca do projeto de lei que libertava os escravos sexagenários, observou que um deputado pelas Alagoas havia denunciado a formação de um "partido dos centros, disposto a receber ao mesmo tempo o elemento adiantado do partido conservador e os elementos atrasados do liberal, impelindo a melhor, a grande parte deste partido evidentemente para a república, e a parte atrasada do partido conservador... creio que também para a república (*Risos*)".[6]

## Uma república privatista

A mudança de regime ocorreu, assim, entre nós, não pelas virtudes próprias daquele que passávamos a adotar, mas pelo fastio que suscitava a monarquia no seio da classe dirigente, com a ostentação de um estilo francamente démodé. Éramos os únicos "atrasados" nesse particular em todo o continente americano. O Império já nos havia dado tudo o que as classes dominantes dele podiam esperar: a unidade do território e a manutenção da escravatura até o seu natural esgotamento. Convinha, agora, trocar de traje e se apresentar no concerto das nações segundo os novos padrões da moda.

Ninguém se deu conta do formidável embuste privatista que a proclamação do Quinze de Novembro comportava, e que iria se consolidar desde logo em todo o país, após as abortadas tentativas de se instaurar a ditadura permanente: a militar, ou a republicana de Augusto Comte. É bem verdade que o positivismo comtiano foi

6 J. Nabuco, *Discursos parlamentares*. São Paulo: Progresso Editorial, 1949, p. 356.

uma das raras ideologias a produzir efeitos concretos na política brasileira. Vigorou no Rio Grande do Sul durante toda a República Velha, encarnado nas lideranças de Júlio de Castilhos e Borges de Medeiros, e acabou por se instalar, com Getúlio Vargas, na Presidência da República, transformando assim substancialmente a vida nacional.

Mas a verdade é que a autêntica ideia republicana nunca medrou entre nós. A velha advertência do nosso primeiro historiador, frei Vicente do Salvador, continua a ecoar em nossos ouvidos: "Nenhum homem nesta terra é público, nem zela ou trata do bem comum, senão cada um do bem particular".[7]

No episódio do Campo de Santana, o povo, em função do qual deveria doravante funcionar o novo regime proclamado pelos chefes militares (*res publica*, *res populi*, segundo a concisa definição que Cícero pôs na boca de Cipião, o Africano),[8] não só "assistiu àquilo bestializado", segundo a célebre referência testemunhal de Aristides Lobo, como acabou sendo posto definitivamente à margem da vida pública.

É que em 15 de novembro de 1889, como bem observou pioneiramente Alberto Torres,[9] institucionalizamos o coronelismo estadual. Doravante, o presidente da República tornava-se o delegado dos governadores (originalmente ditos presidentes) dos Estados na chefia do governo federal, e os governadores, por sua vez, passavam a derivar o seu poder político do apoio recebido dos chefes locais, todos ou quase todos senhores de baraço e cutelo em seus respectivos territórios latifundiários.

Sob o roto véu republicano, despontou assim, desde logo, a realidade federativa, asseguradora da autonomia local aos potentados estaduais. Era isso, de fato, o que passou a contar antes de tudo, quando, a partir do término da Guerra do Paraguai, a crescente

---

7 Frei V. do Salvador, *História do Brasil*, cuja primeira edição é de 1627, livro 1, cap. 2.
8 Cícero, *De re publica*, livro 1, xxv, 39.
9 A. Torres, *A organização nacional*. 3. ed. São Paulo: Nacional, 1914, p. 214.

prosperidade da cultura do café, na região Sudeste do país, impelia as oligarquias rurais a se desembaraçar do poder central e a reivindicar maior autonomia de atuação em seus territórios, tanto no domínio econômico como no político. É de lembrar que os signatários do Manifesto Republicano de 1870 encerraram sua proclamação, no estilo farfalhante da época, "arvorando resolutamente a bandeira do partido republicano federativo".

No ocaso do Império, os líderes republicanos mais atilados perceberam que o essencial, na defesa dos interesses dos senhores rurais, não era propriamente a república, mas a federação. Em 1881, ao discursar na Câmara dos Deputados, Prudente de Morais, futuro presidente da República, preferiu, em lugar de defender a introdução do regime republicano, propor a federalização do Império, segundo o modelo alemão da época. Uma adequada distribuição de competências às províncias, argumentou, excluiria o perigo, que ele pressentia iminente, de que uma maioria de deputados, eleitos pelas províncias já desembaraçadas de escravos, impusesse a abolição da escravatura em todo o país.[10]

Por força de inércia, continuamos a manter até hoje, em nossas Constituições, a denominação oficial do país como República Federativa. Nos primeiros tempos, o adjetivo teve mais significado que o substantivo. Só que o caminho político aqui percorrido foi o inverso do trilhado pelos norte-americanos, inventores do sistema. Lá, a federação, segundo a exata acepção etimológica, foi o estreitamento da união de Estados independentes, antes ligados por um frouxo pacto confederativo. Daí o nome União Federal, dado à unidade em que se desenvolve a ação política nacional. *Foederatio*, em latim, significa aliança ou união. Entre nós, ao contrário, a federação foi o desmonte da organização excessivamente centralizadora do Império. Criamos unidades políticas autônomas, em lugar da reunião

**10** Cf. Robert Conrad, *Os últimos anos da escravatura no Brasil*. 2. ed. Rio de Janeiro: Civilização Brasileira, p. 267.

PREFÁCIO | *13*

na cabeça — a chefia do Estado — de Estados que consentiram em reduzir sua margem de independência, como aconteceu na América do Norte.

É claro que esse artificialismo institucional, oposto a toda a nossa tradição histórica, desde as origens ibéricas,[11] não deixou de suscitar, ao longo do século xx, repetidos espasmos de retorno ao centralismo político. Nem se deve esquecer que a nossa forma de governo presidencialista, tal como sucede em todas as outras nações latino-americanas, mesmo em épocas consideradas de normalidade política, representa a consagração de uma verdadeira macrocefalia na pessoa do chefe de Estado. O presidente da República Federativa do Brasil tem muito mais atribuições exclusivas que o homônimo presidente dos Estados Unidos.

Por isso mesmo, a partir de 1930, com a ascensão do capitalismo industrial e, ao final do século, do capitalismo financeiro, os quais exigem muito maior centralização de poderes na chefia do Estado, o governo da União suplantou decisivamente não só os governos das demais unidades federativas, mas até mesmo o próprio Congresso Nacional.

Como, então, defender a supremacia do bem público, isto é, o bem comum do povo, acima de todos os interesses privados, segundo exige o caráter republicano do regime?

A melhor defesa é a autodefesa. Ora, o principal interessado não tem condições de se defender, porque é tido, segundo a mentalidade dominante e a mais inveterada prática política, como pessoa absolutamente incapaz de exercer por si mesma os seus direitos. Hoje, já se reconhece em toda parte que a única verdadeira salvaguarda do regime republicano é a democracia. Mas para que ela exista é

---

11 No primeiro capítulo de *Os donos do poder*, Raymundo Faoro acentua a tradição centralizadora, na pessoa do rei, da vida política portuguesa. Sérgio Buarque de Holanda, em *Visão do paraíso* (2. ed. São Paulo: Nacional; Edusp, 1969, p. 314), contrasta a centralização política do processo colonizador no Brasil, com o relativo individualismo da colonização espanhola na América.

preciso consagrar, na realidade e não simplesmente no plano da ficção simbólica, a soberania do povo.

## Uma democracia sem povo

Em *Existe um pensamento político brasileiro?*, Faoro cita a dramática advertência que o grande jornalista Hipólito José da Costa, em maio de 1811, fez questão de lançar de Londres no *Correio Braziliense* aos nossos dirigentes políticos:

> Ninguém deseja mais do que nós as reformas úteis; mas [a] ninguém aborrece mais do que nós, que essas reformas sejam feitas pelo povo; pois conhecemos as más consequências desse modo de reformar; desejamos as reformas, mas feitas pelo governo; e urgimos que o governo as deve fazer enquanto é tempo, para que se evite serem feitas pelo povo.

Efetivamente, o caráter nefasto do regime democrático, porque subversor da ordem natural da sociedade, era uma ideia amplamente aceita na época.[12] Na já citada Fala do Trono dirigida aos constituintes de 1823, o nosso primeiro imperador referiu-se com desprezo aos inimigos do Brasil, encastelados "nas democráticas cortes portuguesas".[13] Declarou então o monarca esperar que a Constituição a ser elaborada pusesse "barreiras inacessíveis ao despotismo, quer real, quer democrático".[14] Pouco depois, em 19 de julho do mesmo ano,

---

**12** Em pleno "Século das Luzes", Montesquieu sustentou que em uma sociedade democrática as mulheres, as crianças e os escravos já não se submeteriam a ninguém; que não haveria bons costumes, amor à ordem, virtude enfim (*De l'esprit des lois*, livro VIII, cap. 2). Ao final do século, James Madison sublinhou que a democracia, por ele entendida como "a sociedade consistente em um pequeno número de cidadãos que se reúnem e administram o governo diretamente", incentivaria o espírito de facção, pondo em constante risco a ordem social (*The Federalist Papers*, ensaio n. 10).

**13** *Fallas do Throno...*, op. cit., p. 6.

**14** Ibid., p. 16.

ao sentir soprar o vento da rebeldia dos "povos", isto é, dos Municípios, d. Pedro I lançou em proclamação um brado de alerta:

Algumas Câmaras das Províncias do Norte deram instruções aos seus Deputados, em que reina o espírito democrático. Democracia no Brasil! Neste vasto e grande Império é um absurdo; e não é menor absurdo o pretenderem elas prescrever leis, aos que as devem fazer, cominando-lhes a perda, ou derrogação de poderes, que lhes não tinham dado, nem lhes compete dar.

É verdade que o movimento do 7 de abril foi uma tentativa de conciliação do liberalismo com a democracia. Mas, desde logo, os dirigentes políticos arrepiaram carreira e voltaram a pôr as coisas nos seus devidos lugares. A abjuração de Teófilo Ottoni foi, nesse particular, paradigmática. Dirigindo-se aos eleitores de Minas Gerais, em 1860, ele fez questão de frisar que "o 7 de abril foi um verdadeiro [sic] *journée des dupes*. Projetado por homens de ideias liberais muito avançadas, jurado sobre o sangue dos Canecas e dos Ratcliffs, o movimento tinha por fim o estabelecimento do Governo do povo por si mesmo, na significação mais lata da palavra". E, justificando-se pelas suas veleidades liberal-democráticas do passado, esclareceu que nunca havia sonhado "senão democracia pacífica, a democracia da classe média, a democracia da gravata lavada, a democracia que com o mesmo asco repele o despotismo das turbas ou a tirania de um só".[15] Foi preciso aguardar quase um século para que essa democracia do lenço branco e da gravata lavada se encarnasse na União Democrática Nacional, partido criado ao final da era getulista, e que foi o ninho político em que se forjou o golpe militar de 1964.[16]

15 In: P. Bonavides; R. Amaral, *Textos políticos da história do Brasil*. Brasília: Senado Federal, 1996. v. 2, pp. 204-5.
16 Veja-se, a esse respeito, o ainda insuperado estudo de Maria Victoria de Mesquita Benevides, *A UDN e o udenismo: Ambiguidades do liberalismo brasileiro (1945-1965)* (Rio de Janeiro: Paz e Terra, 1981).

Seja como for, a partir do término da Guerra do Paraguai a ideia de democracia, ou de república democrática, foi rapidamente expurgada de suas conotações subversivas, e passou a ser invocada de público, não obviamente como regime de soberania popular, mas como justificativa retórica da autonomia política no plano local. *Democracia* e expressões cognatas, como *solidariedade democrática*, *liberdade democrática*, *princípios democráticos* ou *garantias democráticas*, aparecem nada menos que 28 vezes no Manifesto Republicano de 1870. Um dos seus tópicos é intitulado *a verdade democrática*. Mas, sintomaticamente, nem uma palavra é dita sobre "a questão do estado servil". É sabido, aliás, que os líderes do partido republicano opuseram-se, não só à Lei do Ventre Livre, como à própria lei de 13 de maio.

Instaurada a República, os nossos dirigentes consideraram, pelo mesmo ato, definitivamente implantada a democracia. "Entre nós, em regime de franca democracia e completa ausência de classes sociais [...]", pôde afirmar Rodrigues Alves, então presidente do estado de São Paulo, em mensagem ao Congresso Legislativo no quadriênio 1912-6.[17]

Desde então, e até o presente momento, a empulhação democrática tem consistido em fazer do povo soberano, com as homenagens de estilo, não o protagonista do jogo político, como exige a teoria e determina a Constituição, mas um simples figurante, quando não mero espectador. Ele é convocado periodicamente a votar em eleições. Mas os eleitos se comportam não como delegados do povo, e sim como mandatários em causa própria. São os novos "donos do poder" no dizer de Raymundo Faoro.

É bem verdade que a Constituição Federal de 1988, refletindo a tendência incoercível da vida política contemporânea, declarou em seu artigo 14 que, ao lado do sufrágio eleitoral, são manifestações da soberania popular o plebiscito, o referendo e a iniciativa

---

**17** In: Eugenio Egas (Org.), *Galeria dos presidentes de São Paulo: Período Republicano 1889--1920*. São Paulo: Publicação Official do Estado de São Paulo, 1927, p. 424.

popular. Mas o Congresso Nacional, mais do que depressa, decidiu que essas últimas formas de manifestação soberana do povo só poderiam ser exercidas com o consentimento dos eleitos pelo povo. Ou seja, o representado submete-se à vontade discricionária do representante. Ultimamente chega-se mesmo a afirmar que os instrumentos já clássicos da democracia direta ou da democracia participativa, notadamente o plebiscito, o referendo e o recall, são armas de destruição do regime democrático, que em sua pureza originária supõe a divisão perene do povo em dois segmentos distintos e praticamente incomunicáveis: os cidadãos ativos, que são os que têm a vocação inata de ocupar cargos políticos no Estado, e os cidadãos passivos, que são os pertencentes à classe inferior dos governados, o "vulgo vil sem nome", segundo a expressão camoniana.

Surge, porém, aí, uma dificuldade hermenêutica. Como interpretar o princípio fundamental, inscrito no artigo 1º, parágrafo único da vigente Constituição, de que "todo poder emana do povo, que o exerce por meio de representantes eleitos ou *diretamente*"? Afinal, qual a verdadeira força normativa de uma Constituição na história brasileira?

## Um constitucionalismo ornamental

Em *Assembleia Constituinte: A legitimidade recuperada*, Raymundo Faoro produziu um dos mais instigantes estudos sobre a tradicional disfuncionalidade das Constituições entre nós. À época, o então presidente do Conselho Federal da Ordem dos Advogados do Brasil terçava armas com o general Geisel, que pretendia fazer a transição do regime militar para o estado de direito, mediante simples emenda à mal chamada Constituição de 1967-9.

Faoro parte daquilo que denominou "a pedra angular de todo o processo de constitucionalismo". As Constituições existem, primordialmente, para assegurar o controle ou a limitação do poder político. Foi o que os autores da Declaração dos Direitos do Homem e do Cidadão, aprovada pela Assembleia Nacional francesa em 1789, souberam exprimir em termos lapidares: "Art. 16. Toda sociedade, na qual a garantia dos direitos não é assegurada nem a separação dos poderes determinada, não tem constituição".

Ora, entre nós, essa função essencial das Constituições jamais foi admitida na realidade política. Uma mesma ideia diretriz prevaleceu ao longo de nossa história de país independente, com variações devidas à evolução do paradigma político mundial: atribuir à Constituição um papel legitimador do poder político já existente e organizado de fato.

Essa a razão de termos sempre logrado escamotear, na prática, a distinção fundamental entre Poder Constituinte e poderes constituídos, que Sieyès formulou pela primeira vez em seu célebre opúsculo de fevereiro de 1789:[18] "Em qualquer de suas partes, a constituição não é obra do poder constituído, mas do poder constituinte. Nenhuma espécie de poder delegado pode mudar as condições de sua delegação".

E quem deve assumir, nessas condições, o papel de Poder Constituinte? Aqui, a resposta de Sieyès foi habilíssima, e deu ensejo, de certa forma, a todos os artifícios retóricos utilizados ulteriormente.

Na organização triádica da sociedade medieval, *povo* era o estamento inferior, contraposto aos dois outros, dotados de privilégios: o clero e a nobreza. Na explicação tradicional dada por Adálbero, bispo franco de Laon, em documento do início do século xi,[19] cada um desses grupos tem uma função social a desempenhar: os clérigos oram, os nobres combatem e o povo trabalha (*oratores*, *bellatores*, *laboratores*). Às vésperas da Revolução Francesa, porém, a composição do *Tiers état* era muito imprecisa. No verbete da *Encyclopédie* dedicado a *peuple*, Luis Jaucourt principia pelo reconhecimento de que se trata de um "nome coletivo de difícil definição,

---

**18** E. J. Sieyès, *Qu'est-ce que le Tiers état?*. Paris, 1789. cap. v.
**19** *Carmen ad Rodbertum*, manuscrito não autógrafo e comportando vários retoques, registrado sob o n. 14192 na Biblioteca Nacional da França.

PREFÁCIO | 19

pois dele se têm ideias diferentes em diversos lugares, em variados tempos, conforme a natureza dos governos". Observa, em seguida, que a palavra designava outrora o "estamento geral da nação" (*l'état général de la nation*), oposto ao estamento dos grandes personagens e dos nobres. Mas que, na época em que escrevia, o termo *povo* compreendia apenas os operários e os lavradores. Como se vê, a nova classe dos burgueses, daqueles que não exercem trabalho subordinado, não se inseria oficialmente em nenhum dos três estamentos do Reino de França.

Percebe-se, pois, que a ideia fortemente afirmada por Sieyès no primeiro capítulo de sua obra, de que "o *Tiers* é uma nação completa", representava simples extensão da fórmula tradicional, lembrada por Jaucourt, de que o povo era "o estamento geral da nação", ou seja, a esmagadora maioria da população, diante da minoria clerical e aristocrática. Ora, isso permitia elegantemente à burguesia assumir um lugar definido no novo regime político criado pela Revolução. Quando Mirabeau, na sessão de 15 de junho da Assemblée Générale des États du Royaume, propôs que, após a defecção dos nobres e clérigos, ela passasse a se denominar Assembleia dos Representantes do Povo Francês, imediatamente dois juristas atilados, representantes legítimos da burguesia, indagaram-lhe: em que sentido é usada aí a palavra *povo*, no de *populus* como em Roma, isto é, a reunião do patriciado e da plebe, ou na acepção deprimente de *plebs*?[20] Foi nesse exato momento que o movimento revolucionário passou a legitimar a burguesia como classe dominante.

Na América Latina, e no Brasil em particular, não foi preciso recorrer a esse artifício semântico. Consagrou-se a soberania do povo, reafirmada em todas as nossas Constituições, mas a designação desse soberano moderno passou a exercer a mesma função histórica que representava, nos tempos coloniais, a invocação da figura do

---

**20** Cf., sobre esse episódio, J. Michelet, *Histoire de la Révolution Française* (Paris: Gallimard,1939. Bibliothèque de la Pléiade. v. I, p. 101).

rei. "As ordenações de Sua Majestade acatam-se, mas não se cumprem", diziam sem ironia os chefes locais ibero-americanos.

Em suma, nunca tivemos Constituições autênticas, porque o verdadeiro constituinte nunca foi chamado ao proscênio do teatro político. Permaneceu sempre à margem, como expectador entre cético e intrigado, à semelhança daquele carreteiro no quadro de Pedro Américo do Grito do Ipiranga. A Constituição tende a ser, em grande parte, apenas adereço à organização política do país, necessário sem dúvida por razões de decoro, mas com função mais ornamental que efetiva no controle do poder. É esta, como disse excelentemente Faoro, "a mais grave de todas as formas de falseamento da soberania popular, aquela que usurpa a legitimidade".

A vigente Constituição, promulgada em 1988, já foi remendada, mais de uma centena de vezes. Em nenhuma ocasião o povo, do qual emanam todos os poderes, como declara enfaticamente o texto do artigo 1º, parágrafo único, foi consultado. A participação efetiva do povo no processo constituinte, aliás, sempre foi tida como extravagante, se não francamente subversiva, em nosso meio político.

Estamos hoje, porém, no limiar de uma mudança radical desse estado de coisas. O povo dá sinais — inquietantes para os defensores do tradicional domínio oligárquico — de que está prestes a acordar de seu longo sono letárgico, e se dispõe a reclamar a devolução da soberania usurpada. Quando isso acontecer — e é apenas questão de tempo —, o vício nuclear do regime saltará aos olhos de todos. Quem irá mudar a Constituição em vigor, o povo ou somente aqueles cujos poderes dele emanam? Se a primeira e mais elementar prerrogativa do soberano é a aprovação das normas supremas da organização política, como se pode continuar a admitir que os mandatários do povo se arroguem poderes que não lhe foram nem lhe podiam legitimamente ser delegados, pois a soberania, pela sua própria natureza, não se empresta nem se aliena?

Os próximos anos serão decisivos para o desfecho do nosso drama político.

# Existe um pensamento político brasileiro?

# Parte I

**1** | *Do pensamento político* > *25*
**2** | *A revolução irrealizada* > *36*
**3** | *O "reino cadaveroso"* > *43*
**4** | *A ruptura pombalina* > *53*
**5** | *Os liberalismos* > *69*
**6** | *O elo perdido* > *100*

# 1 | *Do pensamento político*

**I.** A PERGUNTA DO TÍTULO DESTA OBRA envolve duas proposições: o pensamento político e uma especificidade, o pensamento político *brasileiro*. Se há um pensamento político brasileiro, há um quadro cultural autônomo, moldado sobre uma realidade social capaz de gerá-lo ou de com ele se soldar. Nesta parte, é oportuna a reflexão, dentro de farta bibliografia, da imitação, da cópia, da importação de paradigmas e modelos culturais. A primeira proposição, pertinente ao pensamento político, extrema o pensamento, o pensamento caracterizadamente político, da ideologia e da filosofia política, entendida nessa locução também a ciência política, mais por motivos de conveniência do que de rigor conceitual. Para não descer às origens, o ponto de partida é o *pensamento*, sem voltar ao debate socrático acerca do *conhecer* e do *saber*, como está no *Teeteto*.[1]

Pensamento, diga-se em redução dicionarizada e simples, é o que se tem *em mente*, quando se reflete com o propósito de conhecer algo, de entender alguma coisa, e quando se delibera com o fim de tomar uma decisão. O pensamento, como ato de pensar, é uma atividade que se dirige ao objeto e cogita de apreendê-lo. A definição, exposta a retificações, é provisória.

**II.** O PENSAMENTO POLÍTICO não é conversível à filosofia política, à ciência política ou à ideologia. Pode haver — e frequentemente há — pensamento político que não é ideologia e que não é ciência e filosofia política. O pensamento político se expressa, quase sempre, em uma ou outra manifestação: como ideologia e como filosofia ou ciência política. Ele tem, entretanto, autonomia. E o que se tentará demonstrar, para o efeito de caracterizar-lhe a estrutura, na sua dimensão atuante e autônoma.

A filosofia política e sua enteada, a ciência política, não nascem do mesmo parto. O pensamento político é a política, não a construção política.

A filosofia política [lembra Leo Strauss] não se identifica ao pensamento político. O pensamento político é coevo à vida política. A filosofia política, entretanto, emergiu de uma vida política específica, na Grécia, em passado que deixou registros escritos. De acordo com a visão tradicional, o ateniense Sócrates (469-399 a.c.) foi o fundador da filosofia política. Sócrates foi o mestre de Platão, este, o mestre de Aristóteles. As obras políticas de Platão e Aristóteles são as obras mais antigas dedicadas à filosofia política que chegaram até nós.[2]

O legado socrático, na versão platônica, traduz o encontro entre filosofia política e política, em uma encruzilhada dramática da humanidade, com a crise da *polis* grega. O acento novo fica por conta da ideia de que o mundo político seria moldável pela arte humana, de sorte a entregar o poder político ao filósofo.[3] Nessa identificação entre filosofia e política está a base do *construtivismo*, que frequenta a política ocidental em muitos momentos e em muitas direções. Trata-se de uma identificação que, na realidade, oculta o predomínio do *logos* sobre a *práxis*, em modelo sempre referenciável no voluntarismo, no denunciado despotismo das influências das teorias sobre os fatos, na importação de valores e programas. Entre o pensamento político e a filosofia política não haveria espaço em branco, coberto o eventual antagonismo com os filósofos no poder. Ganha dimensão, no esquema, o elemento construtor, arquitetônico da política. O magistrado — dita o paradigma — seria igual ao cego se, como o pintor, não reproduzisse na tela o modelo expresso na justiça.[4]

Se o estadista for ignorante do fim a que visa, seria válido, em primeiro lugar, dar-lhe o nome de magistrado, e, em segundo lugar, como poderia ele salvaguardar o fim que não conhece? Ausente da filosofia, quem seria o detentor do poder, senão o imprevidente oportunista? Não seria surpreendente que, vazio de inteligência e de sensibilidade, se entregasse, caso a caso, ao fortuito da primeira coisa que ocorresse?[5]

**III.** A REDUÇÃO DO PENSAMENTO POLÍTICO à filosofia política leva a desfigurar a política e a converter a história à história das ideias. Toda uma categoria social se perderia. A Revolução Francesa teria nascido — para levar a tese à caricatura — dos filósofos. O mundo soviético teria sua origem no *Manifesto comunista*, depois de quase um século de maturação. A política se desvincularia da realidade, perdida em uma teia de doutrinas e de ideias, em simplismo que a tornaria o desvario de cérebros ociosos. Não faltam precedentes a essa manifestação literária: a que, por exemplo, pintou a Revolução Francesa como a quimera póstuma de Rousseau. Essa não é a tese de Tocqueville, que soube distinguir o pensamento político da filosofia política, o intelectual, com suas fórmulas, da ideia que ganha a sociedade e, por isso, adquire o contorno de uma força social.[6] Ele soube identificar, nesse passo, o espetáculo ideológico, ao mostrar a França dividida em dois planos: em um corria a administração, no outro floresciam os princípios abstratos.

Acima da sociedade real, cuja constituição era ainda confusa e irregular, onde as leis permaneciam divergentes e contraditórias, as hierarquias estanques, fixas as condições e desiguais os encargos, construía-se, pouco a pouco, uma sociedade imaginária, na qual tudo parecia simples e coordenado, uniforme, equitativo e conforme à razão.[7]

O pensamento político atua, deformando-se, na ideologia. No estado puro, as ideias e representações produzidas pela consciência expressam diretamente a

atividade material e o comércio material dos homens, como a linguagem da vida real. As representações, os pensamentos, o comércio espiritual dos homens se apresentam, nessas circunstâncias, como emanação direta de seu comportamento material.[8]

A política, o direito, as leis traduzem o "processo de vida real" dos homens. Os fazendeiros de São Paulo, como os surpreendeu Saint-Hilaire, às vésperas da Independência, tipificam o comportamento não ideológico:

> mostram-se absolutamente alheios às nossas teorias [...] a única coisa que compreendem é que o restabelecimento do sistema colonial lhes causaria dano porque se os portugueses fossem os únicos compradores de seu açúcar e café não mais venderiam suas mercadorias tão caro como agora o fazem.[9]

O sistema colonial sofre, para os rudes lavradores, a objeção de seus interesses, nuamente expostos, sem apelos às doutrinas liberais. Os interesses não criam, pela via ideológica, o imaginário que lhes universalize os interesses, nem o recobrem do véu que os deforma. Não entra em cena a câmara escura, na metáfora famosa, que inverte as relações, insinuando o domínio das ideias e não das relações reais e concretas. A ideologia, além desse papel de dissimuladora, opera como meio de hegemonia política, em uma classe que se pretende representar a sociedade global. Por meio dela, com a intermediação dos intelectuais, como na instância a que se aludiu, no caminho da Revolução Francesa, cimentam-se as homogeneidades e organiza-se a luta social. Ela constitui o terreno "sobre o qual os homens se movimentam, lutam, adquirem consciência de sua posição".[10] As ideias da classe dominante tornam-se, pela operação ideológica, capazes de solidificar o núcleo de comando e de satelizar as classes subalternas aos interesses dominantes. "Em outras palavras: a classe que exerce o poder *material* dominante na sociedade é, ao mesmo tempo, seu poder *espiritual* dominante".[11] Trata-se de um pensamento formulado, que, em uma estrutura coerente, explica o contágio das ideologias, que transitam com independência das condições reais e substantivas para outro espaço. As *ideologias por contágio* revelam uma incongruência social e histórica, tal a dos "teutões pelo sangue e liberais pela reflexão", condenando os atores a pensar "em política o que outros povos fizeram".[12] A ideologia comporta outro perfil, corrente no vocabulário político. No paradigma marxista, a consciência ideológica é uma "ilusória" e uma "falsa consciência".[13] Uma classe, cujo domínio político é exercido por uma minoria, no interesse dessa minoria, difunde-se, para que outras classes se iludam, confundindo-se na sua verdadeira consciência de classe. Os ideólogos dominantes lutam para que se oculte a essência da própria classe, universalizando-a em conceitos abstratos, ao mesmo tempo em que negam a autonomia dos interesses das outras classes. A consciência ilusória, ao se duplicar na falsa consciência, "cobre a realidade e a revela, deformando-a": representa a figura do véu e da máscara.[14] Em outro sentido, mais comum na linguagem, a ideologia significa genericamente um "sistema de crenças ou de valores, *utilizado* na luta política para influir sobre o comportamento das massas, para orientá-las em uma direção e não em outra, para dirigir o consenso, para justificar o poder".[15] Não alude, no caso, à função mistificante: representa o papel de um programa de um movimento político. É a ideologia em sentido *débil*, para distingui-la do modelo marxista. Trata-se de uma forma de pensamento político em batalha, com uma característica que a diferencia do pensamento político em estado puro. A ideologia em sentido débil exacerba, embora não mistificante por definição, um elemento do pensamento político, o elemento da ação. A eficácia da ideia assume a importância maior com *desprezo, embora involuntário, da pauta de verdade.*

A ideologia, como ação desvinculada do compromisso com a verdade, é interessada unicamente na eficácia, e a ideologia que organiza o consenso hegemônico na sociedade civil reina no território da práxis. Cercada em um raciocínio circular, tudo seria ideologia: uma ideologia substitui outra, ainda que criticamente. No outro extremo, a filosofia política reduz o pensamento político ao logos, em proposições científicas ou filosóficas: a realidade seria o espelho da teoria. Ambas, a filosofia política e a ideologia (nos dois sentidos), sistematizam, formulam, estruturam a política. Fora delas, se aceitas suas premissas, haveria apenas a política alheia à congruência — espécie de política irracional —, a política cujo segredo é não ter política, aquela que Lord Acton atribuía a Lord Liverpool. A política cujo segredo é não ter política é uma pobre e insustentável falácia, falácia cuja astúcia estaria no ocultamento do jogo — o mais refinado de todos. Ela, a política que não é filosofia, nem ciência, nem ideologia, que não se extrema na ação, nem se racionaliza na teoria, ocupa, na verdade, o espaço do que se chama pensamento político, não necessariamente formulável, não correntemente racionalizado em fórmulas. "A glória de mandar, amarga e bela", seria seu campo — o campo da atividade. Os fins estão no resultado, naquilo que Weber qualificou de ética da responsabilidade, responsabilidade no sentido de resposta da ação, no intercâmbio de ações, posta em segundo plano a intencionalidade da conduta. Esse pensamento é o pensamento político em estado puro para efeito de definição teórica. Ele atua como *saber informulado*.[16]

**IV.** O PENSAMENTO POLÍTICO não será o resíduo, nem a escória das ideologias, nem a política em estado de modelo, composto de proposições *enunciativas* que denotam em que consiste um ser ou um valor, o que na realidade é, como existiriam os fenômenos e como se desenvolveram.[17] Sua natureza compatibiliza-se com o saber informulado, que não o confunde com a irracionalidade, nem com o oportunismo. Ele não cuida da transmissão, mas da ação, em uma práxis que se desenvolve no logos. Suas prescrições são normativas, localizam-se no mundo da práxis, pelo que atuam fora da lógica proposicional. Sua função é a de direcionar a conduta humana em determinado sentido, não a de representá-la enunciativamente, descritivamente. As suas proposições, embora mensuráveis pelo critério da verdade, cuidam da validade, como convém ao mundo da práxis.[18] Suas proposições assumem o significado dos sistemas *nomoempíricos, tal como as normas do direito.*

O caráter nomoempírico distingue-o dos sistemas nomológicos (lógicos e matemáticos), pois são-lhe relevantes os dados da experiência. A sua função prescritiva (normativa), incluindo-o na ordem da *práxis*, diferencia-o dos sistemas nomoempíricos teoréticos (descritivos), insertos na ordem da *gnose*. Isto porque, ao contrário dos sistemas nomoempíricos descritivos, o ordenamento jurídico [leia-se ordenamento do pensamento político] é não apenas aberto aos dados da experiência e por eles condicionado, mas exerce também a função principal de controlá-los e dirigi-los diretamente.[19]

O *iter* do ato político, segundo o modelo e o preconceito do nomoempírico, marcado pelo preconceito intelectualista, far-se-ia em três lances. Concentra-se na ideia do pensamento político como atividade que *se tem em mente*, não como práxis. Em primeiro lugar, haveria a proposição, *enunciativa* na sua consistência, premeditada, que levaria, por estímulo interno, à ação. Em seguida, escolher-se-iam os meios, com os quais, em um terceiro momento, constituir-se-ia o resultado exterior. No esquema, perde-se a base real do pensamento, o estímulo externo. O saber seria, ainda implicitamente, o saber formulado, dedutível em proposições. O logos, como saber formulado, organizado em proposições, antecede e domina a práxis, que é um saber informulado, embora não esotérico, nem informulável — mas formulável a posteriori, a partir da ação. Os eventos políticos seriam um reflexo da ideia: no princípio, o verbo se faz ação. Em simplificação não inédita: o *Contrato social* determinou a Revolução Francesa, a Declaração de Independência, com seus princípios estruturados, culminou na Independência norte-americana. A história do pensamento político seria a arena das ideias, em um confronto de *paradigmas* abstratos, vencendo uns no imperativo de sua coerência e energia internas. Nem mesmo no território da ciência pura teria pertinência o modelo: o fato científico e a teoria não são categorias separáveis. Uma e outra são amalgamadas por uma ordem social — a comunidade científica — que decide pela vigência das revoluções do pensamento. O acento que explica as revoluções científicas encontra seu ponto de apoio na função normativa e não na função nomoempírica (ou cognitiva). A recepção do conhecimento novo dá-se dentro de uma crise, que não é uma crise intelectual, mas uma crise que determina a recepção do fato novo.[20] Na verdade, outro é o roteiro do pensamento político: ele não atua pela energia interna, impelido pela verdade ou pela justiça, mas, sem abandono da justiça e da verdade, pela probabilidade de ser incorporado à ação.

O logos — a filosofia política, as ideologias — transita, pode ser exportado e catalogado, comunica-se, frequenta os livros e os discursos. Expressa-se em proposições enunciativas, *escrito nos livros e nos discursos: é um saber formulado. O pensamento político, entretanto, como ação, como atividade concentrada, não se confunde com o exercício de jornadas intelectuais, como exercício retórico.* A ideologia e a filosofia política corporificam um princípio político e se propõem a realizá-lo. A liberdade, a igualdade, a democracia, o liberalismo seriam alguns exemplos desse padrão. Designam o *que* se persegue independentemente de *como* fazê-lo. Na verdade, o pensamento político não se desenvolve com base na *premeditação* dos princípios, mas *na consideração sobre o campo da própria política.* Em suma: a atividade política vem antes, precedendo as formas do logos. O pensamento político é, assim, um ato político, compreensível politicamente, não em pautas abstratas. Não há a possibilidade de fazer a política, desenvolvendo o pensamento político, segundo um manual, como não se faz um cozinheiro com um livro de cozinha.[21] O logos político é, dessa forma, não o prefácio, mas o pós-escrito da atividade política, como experiência. Para que o princípio, o instituto jurídico,

32 | A REPÚBLICA INACABADA

o meio de realização atuem, é necessário que eles sejam mais do que a fórmula, o princípio, o premeditado fim perdido no logos. Eles devem radicar-se na sugestão, na indireta intimação (*intimated*) *de uma maneira concreta de conduta*.[22] *O pensamento político está dentro da experiência política, incorporado à ação*, fixando-se em muitas abreviaturas, em corpos teóricos, em instituições e leis. A ideia, por essa via, faz-se atividade, não porque fruto da fantasia ou da imaginação, mas porque escolhida, adotada, incorporada à atividade política. O vínculo entre a práxis e o logos dá-se pela sugerência, palavra que, em falta de melhor, indica o modo como se expressa o quantum possível de saber formulado a partir da experiência. O poder da sugerência ultrapassa a compatibilidade lógica que se expressa no pensamento político. A própria lei, ainda que coercitivamente dotada de poder, terá eficácia circunscrita às situações de força se despida de sugerência. O preconceito racial, por exemplo, se representa um traço de pensamento político, obstinar-se-á em se manter, ainda que as sanções penais o repudiem. Uma lei não se completa por outra lei ainda mais severa na sanção ou mais dúctil: sua validade e, complementarmente, sua eficácia dependem de como atue na práxis e não no catálogo das normas obrigatórias. O saber informulado — pela via da experiência, a que está na sugerência — é o registro de entrada no saber formulado, canal seletivo e inibitório. A escolha, a determinação do pensamento político é uma atividade, uma ação política. O pensamento político de cada um não se afirma na forma intelectual, mas na atividade real implícita na ação, ainda que, à margem desta, se afirme outra ideia. A eventual contradição entre a regra e a conduta rompe-se privilegiando a conduta: nela está o pensamento político real, embora a contradição intelectual nada tenha a ver com a má-fé. A verdadeira ação, a da sociedade e de cada um, contém-se na política.[23] A consciência teórica da ação é irrelevante, mas equívoco seria consumi-la em uma fórmula.

O saber informulado, que, pela via da práxis, compõe o pensamento político, está na sugerência; é esta que o distingue da

EXISTE UM PENSAMENTO POLÍTICO BRASILEIRO? | 33

fantasia, do arbítrio imaginativo e da ideologia. A sugerência, em direções contrárias, freia, de um lado, o desenvolvimento teórico, dando-lhe consistência prática, e, de outro, marca o limite da presença da sociedade. Os estilistas vitorianos da moda, lembra um ensaísta já e largamente mencionado, propuseram-se criar, para as ciclistas, um traje adequado à bicicleta. Se o processo de criação fosse livre e coerente, obediente só à lógica, teriam desenhado o short. De um ponto de vista estritamente técnico e intelectual, eles fracassaram, ao vestirem-nas com o *bloomer*, pouco funcional à bicicleta, mas conveniente ao recato das castas vitorianas. Os costureiros obedeciam, ainda que inovador o pensamento, aos limites sociais que a sugerência lhes inspirou. Em lugar de um escândalo, lançaram a moda nos ousados limites da criação.

A província da práxis, em que atua o pensamento político, forma-se e ordena-se por meio de ideias abstratas e sistematizáveis. A prática é uma atividade, mas essa atividade política não será nunca a política cujo segredo é não ter política. Toda a sua carga de vontade não a afasta das ideias. A prática — a práxis — reencontra-se com a razão prática, com a tradição normativa da ética e do direito, desde Aristóteles. "O mundo da experiência prática é um mundo de juízos, não de meras ações, volições, sentimentos, intuições, instintos ou opiniões. A verdade prática é a coerência do mundo da experiência prática".[24]

O pensamento político é uma atividade: a atividade é o território da prática. A atividade é e ainda não é. "A atividade envolve uma discrepância entre o que é e o que desejamos que venha a ser".[25]

Há, na atividade e, a fortiori, na prática, o trânsito entre formas e estruturas de existência em dupla perspectiva. De um lado, no território do ser, de outro lado, no campo do valor. O que é virá a ser, mas virá a ser de acordo com valores: o direito, a justiça, limitados o ser e o valor pela sugerência. Essa dimensão vincula a prática à experiência, ao saber informulado e à realidade. A realidade política não existe fora da experiência, salvo nas projeções epistemológicas

34 | A REPÚBLICA INACABADA

do realismo ingênuo. A prática política descende, portanto, da ética, mas não é a ética, embora ambas participem da razão prática. A atividade que está no pensamento político participa no campo do ser sem que seja mero valor: é o ser que se desenvolve em um mundo de valores.

O pensamento político está sob a jurisdição da práxis. A práxis, entretanto, não é um feixe caótico de instintos, mas de ideias. A recuperação do pensamento político, com seu isolamento conceitual, o extremo da falsa consciência do mito e do arbítrio teórico. Por esse meio se revitaliza a realidade política, não aquela mítica realidade nacional, o velocino de ouro do reducionismo, que a procura na subtração das camadas de tinta estrangeiras que a recobriram.[26] Realidade tem o sentido de dinâmica, de atividade, que, ao se desenvolver, revela a estrutura social, "fazendo a opressão mais opressiva, acrescentando-lhe a consciência da opressão".[27] O pensamento político, porque atividade, contém carga crítica, que não se confunde com a escolástica, nem participa da visão teórico-contemplativa. Como valor e como o ser que virá a ser, corrosivo da ideologia e do imobilismo da filosofia política. Acompanha e potencializa a dialética social à qual se vincula, sem ser mero reflexo, por meio de manifestações múltiplas, que não estão necessariamente submersas no saber formulado, com o rótulo político. Em certos momentos, o pensamento político se expressa melhor na novela do que no discurso político, mais na poesia do que no panfleto de circunstância. Repele as especializações, expandindo-se em todas as manifestações culturais, ainda que se afirme o congelamento ideológico e o enciclopedismo filosófico.

# 2 | *A revolução irrealizada*

**I.** UMA REVOLUÇÃO E UMA DINASTIA NOVA, Aljubarrota e Avis (1385), inauguram, precocemente, a época moderna em Portugal. Uma revolução popular e burguesa — celebrada como se fosse uma revolução democrática[28] — assegura a vitória de uma política nacional, *a política do transporte* contra a política da fixação.[29] A política marítima, centrada na navegação e nos portos, sustentada pela burguesia comercial, é o germe da descoberta do globo e da expansão do mercado. Burguesia comercial, que nunca conseguiu transitar para a criação manufatureira, desvinculada da produção agrícola, incapaz, por isso, de uma duradoura e universal mudança cultural.

Todos os bens de exportação eram obtidos fora de Portugal, na cidade-feira de Flandres. O artesanato decai, a agricultura degrada-se. Em compensação, vitoriosos, os descobrimentos acentuam o poder central, no absolutismo prematuro enriquecido com o ouro da América e as especiarias da Ásia. A Coroa seria a dispensadora de todos os bens, atraindo na Corte as energias rurais, com os fidalgos pedintes, "para sugarem ao rei o produto da exportação comercial, em tenças, morgadios, reguengos, jurisdições — de maneira que (diz um escritor do século XVI) mais parecia ser pai, ou almoxarife, que rei, nem senhor".[30]

Apesar da fenda que existia no edifício, o papel do reino, com seus enormes encargos, exigia profunda adequação intelectual aos fins propostos. Uma aproximação com a Europa, nas primeiras luzes do Renascimento, seria o meio natural do universalismo geográfico e da necessidade de estruturar conhecimentos novos, próprios às descobertas. As oficinas tipográficas proliferam a partir de 1536. O ensino prospera à margem da universidade:

deixa de ser concebido como uma preparação especializada para a clericatura ou para a administração, realizada através da universidade. Surge um esforço de ensino elementar (ler, escrever e contar) e escolas de cultura geral para a nobreza e para a burguesia. São os humanistas que estabelecem os programas para estas escolas. A universidade medieval permanece inalterada no seu conjunto, mas vê reduzir-se sua influência, concorrida pelas novas instituições.[31]

O humanismo português, como tudo, prospera com o apoio da Coroa. D. Manuel († 1521) e d. João III († 1557) pensionaram estudantes para estudar no estrangeiro. Tudo isso enquanto não vem a Contrarreforma, com o Concílio de Trento (1545). Havia uma necessidade decorrente dos próprios descobrimentos de reformar a cultura portuguesa, que estava na base do pensamento político.

Os descobridores [escreve Antônio Sérgio] recorriam constantemente, nos seus trabalhos, aos geógrafos e naturalistas da Antiguidade, que eles conheciam minuciosamente; ora, a visão assídua dos espetáculos novos, da realidade exótica, mostrava-lhes a cada instante os erros enormes desses autores, a cujas afirmações se prestara fé como a revelações do próprio Deus. Ao tratar-se de coisas de nossos climas (coisas familiares, por isso, ao espírito de seus autores), eram os textos da Antiguidade suficientemente verdadeiros; ao descreverem, porém, os produtos ultramarinos, os erros dos textos acumulavam-se, imediatamente verificáveis para quem pudesse conhecer as coisas por sua direta observação.

Essa visão da realidade exótica tinham-na os portugueses nas navegações: notaram os enganos das autoridades e perderam, portanto, perante os textos a atitude da superstição. Discutindo ideias dos autores antigos que a experiência da navegação mostrava falsas, diz Duarte Pacheco no seu *Esmeraldo*:

a experiência é madre das coisas, e por ela soubemos radicalmente a verdade. [...] A verdade, para a elite portuguesa daquela época, já não se busca radicalmente pelo estudo e comentário dos autores antigos: vai procurar-se na indagação real. Garcia da Orta (1490-1568), o naturalista, foi ao Oriente e pôde comparar as drogas indianas, que os seus olhos viram, com as descrições das autoridades: e então a experiência, "madre das cousas", mostra-lhe que os textos também erravam: e cai o critério da autoridade, base incontestada da autoridade medieval. [...] Garcia da Orta, se não tivesse saído do ambiente europeu (ele o confessa), não teria ousado desvencilhar-se da superstição das autoridades, e passar da atitude do *Homo credulus* para a atitude do espírito crítico [...]. A revelação do mesmo espírito se encontra nos *Lusíadas*, de Camões.[32]

A Revolução de 1385, que culmina em um rei eleito, trouxe à tona alguns princípios que anunciaram o Renascimento com a mesma precocidade da supremacia burguesa. Quatro pilares sustentam o movimento popular: a igualdade do homem perante a lei, a denúncia da perversão do poder por uma oligarquia, o interesse comunal — corporificado nos municípios — superior aos interesses e privilégios de grupos e a legitimidade eletiva do rei.[33] A última questão, básica para o pensamento político português, utilizada em 1385 e 1640, entendia ser o Reino deferido *ao sucessor do primeiro instituidor de acordo com a origem democrática do poder*.[34] Bem verdade que a eleição, apesar de suas raízes distantes, só ocorreria em um momento de crise de vacância da sucessão. Quando se quebrava a linha sucessória, ou não se transmitia o poder por testamento, o poder era devolvido ao povo. Povo, em termos: tratava-se do colégio, em Cortes, de vassalos que formavam os corpos organizados do país. A descendência real era, apesar do meio de escolha, requisito indeclinável de elegibilidade. O jurista João das Regras fez verdadeira ginástica mental para dar ao Mestre de Avis não só a linhagem real, senão também a legitimidade sucessória, o que faria da eleição mera formalidade homologatória. Essa concepção, que se prolonga até a crise de 1580, quando morre o rei sem sucessor, entronca-se no entendimento da origem do poder. A doutrina paulina — *non est potestas nisi a Deo* (Rm 13,1) —, dominante na Idade Média, abrandou-se com uma fórmula democrática: *imperium a Deo mediante hominum consensu*. A tese da mediação popular, saída do pensamento do fim da Idade Média, encontra larga aplicação em Portugal, não só na instituição da dinastia de Avis, senão no século XVI, com particular ênfase depois do desastre de Alcácer-Quibir. É importante notar que a doutrina se irradiou para as possessões ultramarinas, onde se discutiu se a transmissão dos principados indígenas e afro-asiáticos era válida quando da ausência de consentimento popular (popular no sentido de principais).[35]

De qualquer forma, a máxima ou princípio da *origem democrática do poder* pode-se dizer um princípio adquirido no Renascimento português. E este princípio — lembrando aos governantes que, se o poder vem de Deus, os homens são intermediários entre o Senhor e eles —, combinado com outros, ajudou a definir e enquadrar o poder político dentro de certos limites.[36]

Insistia-se, simetricamente, que o monarca deveria cumprir suas leis, de acordo com fórmula de d. João II: "se o soberano é senhor das leis, logo se fazia servo delas, pois lhes primeiro servia". O desenvolvimento quebrou-se, sem que amadurecessem os princípios que, consonantes com o tempo, enquadrariam Portugal na história europeia. A marcha triunfal de Aljubarrota e dos descobrimentos, o encontro com a experiência, tudo se frustraria, imobilizado em uma contradição insuperada: a de um reino comercial-marítimo, incandescente no seu primeiro fogo, e uma monarquia ferida de imobilismo.

**II.** O PENSAMENTO POLÍTICO BRASILEIRO, na sua origem, é o pensamento político português. A colônia — a conquista, como se dizia nos documentos oficiais — prolonga a metrópole, interiorizada, geograficamente a partir de 1808, culturalmente em cada ato político, desde a integração da primeira à última.[37] Entre a dinastia de Avis, conjugada ao Renascimento e à Contrarreforma, constituiu-se a nacionalidade portuguesa. Ela assenta sobre um paradoxo, suscitando um problema que não viria a resolver, com deficientes potencialidades para lhe desenvolver as forças produtivas que estavam na base. Talvez o fato de haver sido, no pórtico da Idade Moderna, não uma unidade de fixação econômica, mas a agência de interesses alheios e europeus, postos fora do controle da nacionalidade, explique a anomalia que geraria uma revolução irrealizada. Da debilidade do Renascimento lhe adveio a debilidade da estrutura cultural, sem o vigor das nações ascendentes da Europa. Os pressupostos conjugam-se, sem que frutifique o projeto. O Renascimento europeu, além de privilegiar a ideia da nacionalidade, com a nota tônica posta na soberania interna, fixa o contorno da ideia de liberdade. O conceito, desde então, em que pese o tegumento retórico que o envolve, significa independência e autogoverno.[38] O direito romano, recebido pelos glosadores, consolidou o poder do príncipe, senhor da paz e da guerra, ensinado pelos conselheiros da dinastia de Avis. Nesse período de glória portuguesa, em que se abrem os mares, revelando terras novas e gentes desvairadas, estão os limites de seu desenvolvimento. A empresa marítima, por descoordenação de forças produtivas internas, exigia um rei forte. No contexto, as tendências democratizantes, tão vivas no estabelecimento revolucionário da dinastia, cedem o passo ao absolutismo emergente.

Começa aí o isolamento português, imune às nascentes teorias da soberania popular, já vivas na Europa pela voz de Bártolo de Saxoferrato e de Marsiglio de Pádua.[39] De outro lado, entra em cena a secularização da política, que se emancipa da teologia e do papado. Essa corrente não correspondia, se não que contrariava, o interesse

40 | A REPÚBLICA INACABADA

do Reino, preocupado em assenhorear-se, com o Tratado de Tordesilhas, de metade do mundo.[40] Tal preocupação monárquica explicará, no futuro, a ausência de Maquiavel na cultura portuguesa. Tratava-se de assegurar à religião institucionalizada a preeminência política, a qual, pela via do papado, garantia a empresa marítima, protegendo-a contra as agressões dos países concorrentes. Não era ocioso, dessa sorte, vincular o projeto nacional à incolumidade de um árbitro, mantido em todo seu prestígio medieval. O entendimento destilado em *O príncipe*, de que a religião era mero *instrumentum regni*, insinuava o predomínio secular, pelo simples uso da religião como cimento ideológico. Por isso Maquiavel, acoimado, desde que dele se falou, de "herege", "ímpio", "perverso e ignorante", esperaria para ser traduzido em língua portuguesa no século xx, depois de universalmente consagrado.[41] Pelas mesmas razões, a Contrarreforma encontra em Portugal campo fértil de aceitação, inquisitorialmente escoltada, agora voltada também contra as influências desnacionalizantes.

**III.** No espaço ainda não invadido pela Companhia de Jesus (1534; em Portugal: 1540) e ainda não dominado pelo Concílio de Trento (1545-63), antes da Contrarreforma e da Reforma Católica, um ou dois movimentos de igual estilo, estruturou-se, vincado pela contradição, o pensamento político português.[42] Ele revela os limites orientais e ocidentais: um que o levaria ao pensamento moderno europeu, outro ao futuro "reino cadaveroso". Um documento posterior (1572) acentua todas as perplexidades do momento. O estilo de pensar, traduzindo o caminho da crítica, era o "saber só de experiências feito", com desprezo à escolástica. Em um texto de dramática contradição, os dois rumos se mostram em toda a sua profundidade. O "saber só de experiências feito", o saber do velho do Restelo, impugnava o exclusivismo da empresa marítima no embarque na política de transporte, com as costas voltadas à monarquia agrícola. O "incerto e incógnito perigo" rondaria o país,

EXISTE UM PENSAMENTO POLÍTICO BRASILEIRO? | 41

afastado de suas forças nacionais. De outro lado — esta a contradição que está na base da cultura portuguesa da época — vigora o tradicionalismo político, imune às fracas ondas renascentistas que passaram sobre a paisagem portuguesa. O ator da história seria o rei, não o povo, como já insinuava a inteligência europeia, por intermédio da soberania popular nascente e dentro da tese do poder transmitido por Deus através da mediação do povo. "Um fraco rei faz fraca a forte gente" (III,138), e não o contrário, rei que está "no régio sólio posto" por "divino conselho" (x, 146). O súdito é o membro obediente da monarquia, sem resistência, passivamente obediente:

> *E porque é de vassalos o exercício*
> *Que os membros têm, regidos da cabeça,*
> *Não quererás, pois tens de rei o ofício*
> *Que ninguém a seu rei desobedeça* (II, 84).

"Lealdade firme e obediência" (v, 72) é a base do reino, tão mais necessária à medida que se estende o império.

> *E o rei ilustre, o peito obediente*
> *Dos portugueses a alma imaginando,*
> *Tinha por valor grande e mui subido*
> *O do rei que é de longe obedecido* (II, 85).

# 3 | O "reino cadaveroso"

**I.** O Renascimento em Portugal, submetido ao pêndulo que o levaria prematura e inapelavelmente à Contrarreforma, ainda que, antes de Trento, pela via da Reforma Católica, esgotou rapidamente a energia reformadora e revolucionária. Predominou, como se observou, depois de vacilações débeis, o preceito paulino, retor da política: "Todo homem esteja sujeito aos poderes superiores; porque não há poder que não venha de Deus" (Rm 13,1). No fim do século XVIII, depois do movimento pombalino, Tomás Antônio Gonzaga advertia: "A lei de nenhuma forma carece da aceitação do povo. Esta regra universal não admite mais que a exceção quando o rei cede do seu direito e consente que a lei, para obrigar, seja primeiramente recebida".[43]

O controle das Cortes tornou-se cada vez mais distante, pela raridade crescente de sua convocação. Uma poderosa corrente de pensamento português, expressa por Herculano, Rebelo da Silva, Teófilo Braga e Antero de Quental, admite que o pensamento português não chegou a se emancipar da Idade Média. Não conseguiu, em direção europeizante e não ibérica, assegurar o princípio da soberania popular, não obviamente a soberania popular imediata, sequer aos seus necessários pressupostos. Não vingou a tese da origem popular do poder, não obstante seu auspicioso aparecimento na Revolução de Avis, da supremacia da lei sobre o príncipe, da separação entre o rei e a Coroa, da doutrina da resistência ao poder tirânico. Dentre os mencionados, Herculano acentua, como influência deformante e básica, o centralismo, que aboliu o municipalismo. Centralismo é, na realidade, a pálida imagem de uma monarquia vergada debaixo da tarefa a que se propôs, no *tour de force* contra os meios de sua débil economia autônoma. A deficiência, fundada na incontrastável soberania do príncipe, na origem divina do poder, na incondicional obediência, retardaria a aceitação, depois do nascimento em outro sítio, da noção dos *direitos do homem*. O humanismo renascentista, fora da Península Ibérica, já conseguira formar o esboço da base das Declarações de Direitos, que, mais tarde, serviram de sustentáculo à ordem liberal.[44] Talvez haja precipitada antecipação em ver na própria descoberta da Índia o "termo da grandeza sólida e verdadeira de Portugal". A razão — indicava-a Coelho da Rocha — estava em que o governo via no comércio o fruto das conquistas, "não o prendia com estabelecimentos calculados, nem curava de remover os obstáculos que no futuro o podiam arruinar".[45] Desprezada a agricultura, expulsos os judeus, que levaram seus cabedais e sua experiência para animar o comércio e a indústria de outras nações, instituída a Santa Inquisição em 1536, todos os trunfos se concentraram na carta aleatória do comércio de trânsito. Já no tempo de d. Sebastião († 1578), o povo, abandonado os campos e sem emprego, aglomerou-se em torno dos mosteiros para viver da caridade. O Estado, promotor de favores e de riquezas, foi entregue, junto com a Igreja, às classes altas, à numerosa e empobrecida fidalguia.

**II.** LOGO QUE OS "FUMOS DA ÍNDIA" se mostraram ilusórios, esvaiu-se a veleidade renascentista portuguesa. A tragédia na África é a dramatização do fim, o fim inelutável que estava na base da empresa marítima. Com d. Sebastião desaparece, nas cinzas do "saber de experiências feito", o sonho imperial, sucedendo-se a modesta e decadente melancolia. As condições socioeconômicas foram o terreno fértil para a instalação da muralha que isolará Portugal da Europa, apoiado na Reforma Católica e na Contrarreforma. Há aparente incongruência entre o comércio internacional, para o qual o Reino era a base geográfica, e o isolamento cultural. Explica a contradição a própria estagnação do esquema econômico, com a passividade de Portugal. O país, nacionalmente constituído, manteve-se impenetrável à ciência europeia, ao pensamento político universal, regando o cordão sanitário com água benta e *autos de fé*. Três séculos durará a quarentena, imposta, em direta proporção, ao Brasil. A prisão de Damião de Góis, em 1572, o ano da publicação de *Os Lusíadas*, marca a definitiva vitória do "reino cadaveroso".[46] O humanismo, sob as severas penas da Inquisição, estava banido de Portugal.

O pensamento político português confinara-se nos limites impostos pelo sistema educacional e cultural tolerado. A Companhia de Jesus, que chegara em 1540 a Portugal, mais tarde ajustada como fiel intérprete do Concílio de Trento, cimentou a coluna opaca que, a pretexto de combater a heresia, isolou-o da cultura europeia. Iam para o olvido os movimentos criativos dos séculos xv e xvi, dissociados de uma prática tolhida. Em breve, o silêncio cairia sobre a produção dos escolásticos mais independentes, como Francisco de Vitória (1492-1546), com o relevo ao debate acerca do direito à autonomia dos índios americanos da Escola de Salamanca, robustecido por Francisco Suarez (1548-1617), que lançara a tese do necessário consentimento dos novos súditos à autoridade real. Por dois séculos, de meados do século xvi a meados do século xviii, vigorou o anacronismo que se veio a denominar segunda escolástica portuguesa.[47] A união com a Espanha (1580-1640) nada mudou do quadro, certo que as elites ibéricas se amalgamavam em igual obscurantismo, que legaram à América Latina. Os jesuítas ocuparam todo o ensino médio: ninguém entraria na universidade sem passar pelos seus preparatórios. O domínio foi extensivo à Universidade de Évora, que eles conseguiram dominar por inteiro e não só espiritualmente, como em Coimbra. A esta impuseram os estatutos, reduzindo as faculdades a três (teologia, cânones e leis, e medicina), banidas as ciências naturais, bem como a história do direito civil romano e português.

Na Contrarreforma portuguesa predominaria o espírito *escolástico*, se por isso entendemos um estilo circunscrito à repetição de princípios já

EXISTE UM PENSAMENTO POLÍTICO BRASILEIRO?

estabelecidos, onde não se fazem presentes a inquirição, a dúvida ou a pesquisa liberta de preconceitos. Esse predomínio acha-se expresso na *Ratio studiorum*, no monopólio virtual do ensino exercido pelos jesuítas e na ferocidade da censura inquisitorial pelos próprios Tribunais do Santo Ofício, ao longo do século xvii e na primeira metade do seguinte.[48]

O regime de estudo, com as férias prolongadas, o despotismo das postilas, a ausência de exercícios, formava letrados ornamentais, engastados ao tradicionalismo vigente. Os livros postos ao alcance dos alunos giravam em torno da *Suma teológica* (35a regra), lendo-se Aristóteles nos comentaristas autorizados. O *Index romano* proibia Montaigne, Bacon, Locke, Hobbes, Giordano Bruno, Spinoza, Malebranche. Em 1768, em pleno consulado pombalino, era proibida a venda do *Ensaio sobre o entendimento humano*. Em matéria de história, ensinavam-se coisas deste gênero, encontradas na *Corografia portuguesa* do padre Antônio Carvalho da Costa:

> A maior parte dos historiadores, assim estrangeiros, como naturais, dizem que esta cidade (Lisboa) foi fundada por Elisa, bisneta de Noé, 3259 antes da vinda de Cristo, da qual dizem alguns que tomara o nome de Lusitânia toda a província. Depois a reedificou o astuto Ulisses.

Como herança desse espírito, em pleno século xix, Herculano sofreu dura campanha de descrédito por haver duvidado da conferência entre Cristo e Afonso Henriques no campo de Ourique.

O rei d. Sebastião, pela lei de 1571, com o fim de "impedir as astúcias que o demônio usa para perverter o entendimento dos católicos", proíbe imprimir, importar, vender, emprestar e ter em casa livros "luteranos, heréticos e reprovados". A pena é a morte natural, com perdimento dos bens. A proibição alcança também os livros proibidos pelos "Santos Padres e pelo Santo Ofício da Inquisição", por motivo de proteção da fé, os quais só se podiam ter como licença dos inquisidores e prelados ordinários. A proibição, ponderado o tempo e o absolutismo, não é um fato extraordinário. A rainha Elizabeth, da Inglaterra, e seu sucessor também impediram a edição de livros sem real autorização.[49] A singularidade está na persistência secular da restrição. Causa espanto que os impedimentos, em dois séculos, não tenham encontrado, como na Inglaterra e na França, reação interna, por via direta ou oblíqua. A dependência intelectual casava-se à dependência ao príncipe, que desde 1641 não mais reuniu Cortes "só com o braço do povo". O parlamento existia como um favor do rei, raramente concedido, em uma nação inerte e passiva. O obscurantismo adotou, em certos momentos, a tática das ideias novas. No reinado de d. João v († 1750) criaram-se academias, como réplica católica aos grupos de renovação europeia, sob a óptica, entretanto, jesuítica. A Academia Real de História, não desprezível por alguns estudos pertinentes a sua área, reunia-se para aprovar as determinações do Vaticano, com juramentos e *Te-Deum laudamus*. Ao mesmo tempo, na primeira metade do século XVIII, os bruxos, possessos e feiticeiros mantiveram ocupada a Inquisição. O ouro do Brasil inchara a metrópole, mas não lhe mudara a estrutura, como reclamavam alguns espíritos que se antecipavam ao futuro. A superstição embriagava a ciência. Bartolomeu de Gusmão fez subir sua máquina aerostática. Logo recaiu nas suspeitas de feiticeiro e ajudante de Satanás.

O povo começou a desconfiar desse cultor da ciência que tantos serviços está prestando atualmente à civilização; começaram a circular rumores de que era visto conversar com o demônio à meia-noite, fazendo coisas estupendas, maravilhosas e mil outras extravagâncias que o jesuíta inspirava ao povo. Foi quanto bastou para o Santo Ofício tomar conta dele e ordenar a sua prisão como feiticeiro. Teria sido lançado às chamas, se não fugisse incógnito para Espanha, onde morreu desgraçado num hospital.[50]

Os bens da civilização, que se insinuavam em Portugal, sofriam a pressão ambiente, povoada de bruxarias e grosseira ignorância.

**III.** O MUNDO COLONIAL deveria ser, pelas normas absolutistas vigentes, uma cópia do mundo português. As normas da administração da "conquista" obedeciam aos cânones metropolitanos, ainda durante o período da união ibérica, que, na realidade, admitiu a autonomia administrativa de Portugal.

A literatura colonial era um aspecto da literatura portuguesa, da qual não podia ser destacada: o cenário americano servia para lhe dar sabor exótico, nunca para lhe dar autonomia, pois o cenário não basta se não corresponder à visão do mundo, ao sentimento especial que transforma a natureza física numa vivência.[51]

Manifestações existem, sem exigir uma literatura particular acerca de questões coloniais, especificamente coloniais. Em alguns momentos, a sátira em verso manifesta o inconformismo aos padrões estabelecidos. Esse será o caso de Gregório de Matos (1633- -96), em uma carreira de protestos que chegará até as *Cartas chilenas*, na segunda metade do século XVIII. A correspondência jesuítica — sem constituir uma literatura à parte — será outro ramo, em manifestações que incluem desde as *Cartas* de Nóbrega até a *Cultura e opulência do Brasil*, de Antonil (1649–1716). Outra manifestação da consciência colonial, às vezes inconformada com a administração e a metrópole, será o sermão, expoente do qual é o padre Antônio Vieira (1608-97). O pensamento político corre, no período colonial, dentro da ordem administrativa e, à margem, mas não sem relevância, nas manifestações literárias e de ensino, inclusive na catequese.

O ingresso do gentio na civilização portuguesa será obra principalmente das missões ultramarinas da Companhia de Jesus, que chegou ao Brasil com Tomé de Sousa, em 1549. O padre Manuel da Nóbrega (1517-70), um dos seis jesuítas, declara que "esta terra é nossa empresa", adequando a civilização indígena aos padrões portugueses: contra as mancebias, pela regularização conjugal dos convertidos, pela liberdade contra o *injusto* cativeiro dos índios, contra a antropofagia, pela pureza da fé, pela hierarquia eclesiástica, pela instrução e educação, com colégios e livros, pela agricultura e indústria local e pela boa imigração.[52] Depois de se estabelecer na capitania de São Vicente, propôs-se estender as missões ao Paraguai. Impediu-o o governador, temeroso de que a capitania se despovoasse com o cheiro das minas, então descobertas no Peru. A autoridade civil desconfiava que tais territórios estavam fora da jurisdição portuguesa. O sistema adotado para congregar os índios será o aldeamento, em estilo diverso da *encomienda* espanhola. O *Diálogo sobre a conversão do gentio*, "primeira obra propriamente literária do Brasil", lança os fundamentos da catequese.

Pensamento fundamental: os gentios são capazes de se converter em *direito* porque são homens, e de *facto* porque muitos já se converteram. O que urgia era criar circunstâncias externas que facilitassem a obra da graça, num regime de autoridade paterna, sobretudo com a educação dos meninos.[53]

Os índios aldeados aprendiam a doutrina e os costumes portugueses, firmando a reserva, de outro lado, da defesa do território. O problema era assegurar-lhes sustento e trabalho. A atividade tradicional dos índios, a caça, a pesca e o plantio da mandioca, encontraria, logo a seguir, as restrições do povoamento dos portugueses, que devoravam, pelo regime das sesmarias, as terras. Nóbrega queria que os índios tivessem suas terras próprias. O governador Mem de Sá demarcou sesmarias para servirem de assento às aldeias do Colégio da Bahia. Os conflitos com os colonos foram, todavia, frequentes, em torno da escravização do índio e das terras.

Numerosas aldeias se fundaram depois e nem sempre os encarregados de conceder terras viam com olhos catequéticos estas fundações, como sucedeu nos sertões da Bahia, na Jacobina e margens do rio São Francisco, lugares onde a seguir às perturbações paulistas do Sul e às guerras

EXISTE UM PENSAMENTO POLÍTICO BRASILEIRO? | 49

holandesas no Norte, que quebrantaram o espírito missionário, se tentou o aldeamento dos índios. Mas aí os donos das imensas sesmarias, em que já estavam repartidas as terras, interpretavam que por serem senhores delas podiam também dispor dos índios que as habitavam. Os conflitos foram inevitáveis e violentos. Até que o alvará régio de 23 de novembro de 1700 ordenou que se desse às aldeias do Brasil uma légua de terra em quadra, não a arbítrio dos donatários ou sesmeiros, mas onde os índios preferissem, ouvida a Junta das Missões. Davam-se as terras a eles, porque, "tendo-as os índios, as ficam logrando os missionários, no *que lhes for necessário* para ajudar o seu *sustento* e para ornato e custeio das *igrejas*". Prudente cláusula jurídica, de posse com o *usufruto* coletivo aos índios, aos padres e à Igreja, o que tirava a tentação aos vizinhos e confinantes de se intrometerem com as terras das aldeias.[54]

A favor da liberdade dos índios, obteve o padre Vieira, depois de ásperas disputas com os colonos, a Lei de 9 de abril de 1655. No sermão, defendeu os índios, sobretudo no *Sermão das tentações*, famoso ao lado do *Sermão aos peixes*, contra o cativeiro injusto, e do *Sermão da palavra de Deus*, este pregado na Corte. Missionário ele próprio, percorreu parte do território do estado do Maranhão, na linhagem do padre Nóbrega ao Sul.

**IV.** O CONFLITO ENTRE COLONOS E PADRES, estes aliados à autoridade civil, teve efeitos profundos no pensamento político especificamente americano. No Sul, com os bandeirantes, chegou a separar a sociedade do Estado, em um hiato em que se projetaria, ainda que larvarmente, uma nota de rebeldia nativista.

Reflita-se desde já que a severa atitude da Companhia, condenando essa fácil adaptação ao estilo de vida e à ética do indígena, foi uma das causas do conflito, tão violentamente desencadeado, entre jesuítas e colonos, uns e outros animados por dois sentidos de vida, não só diferentes, mas, com frequência, opostos. E apenas os colonos adquiriram, com a

50 | A REPÚBLICA INACABADA

fundação das Câmaras, a consciência e o órgão definidor das suas diretrizes próprias, essa oposição volveu-se, como sucedeu em quase todas as cidades brasileiras, e, particularmente, em São Paulo, em defesa do ataque organizado.[55]

O Colégio e a Câmara tornaram-se termos antagônicos, deixando um espaço de autonomia possível, dentro do sistema absolutista transplantado à colônia. Os bandeirantes, ora dissociados, ora dirigidos pela autoridade civil, foram uma peça essencial nesse espaço autônomo, particularmente quando resistem à invasão, pela via do Guairá, contra São Vicente. Eles reforçaram a secularização do poder, dessa forma mais denso do que na América Espanhola. Outro espaço nativista foi o que resultou das guerras holandesas.

Certas camadas ou grupos sociais mantinham acesa a recordação da experiência, quando mais não fosse por interesse corporativo ou estamental. Entre a "nobreza da terra", ela foi preservada graças à sua simbiose com as pretensões nobiliárquicas: nas ordens religiosas, ao desejo de fazer valer junto às autoridades régias os serviços, materiais e espirituais, por elas prestados à restauração.[56]

Abre-se, em consequência, um processo de crítica colonial, que se projeta desde 1654 com a expulsão dos holandeses, adquirindo cor revolucionária em 1817.

É durante a crise de 1710-1711 ou o movimento de 1817 quando melhor se deixa surpreender o imaginário político do nativismo; o que nas épocas de tranquilidade fora dito implícita ou veladamente via-se agora proclamado alto e bom som, mesmo quando, por prudência, mantinha-se uma parte do discurso fora do registro escrito.[57]

Os colonos adquiriram a consciência de que, sem ajuda da metrópole, haviam consolidado a posse territorial. A fidelidade à Coroa, com isso, formaria um vínculo contratual, com largos créditos nas fileiras da administração colonial, à "nobreza da terra". Todos os elementos dispersos — o conflito pelo índio e pela terra, a resistência ao fisco, o imaginário nativista — conjugar-se-ão, em dado momento, para o ajuste de contas com o sistema colonial. Esse núcleo formará a ideia de *direitos* dos colonos, que a metrópole despreza.

# 4 | *A ruptura pombalina*

**I.** O REENCONTRO DE PORTUGAL com a Europa não foi um raio em céu azul. Tem, firmado nas reformas de Pombal (Sebastião José de Carvalho e Melo, 1699-1782), longos antecedentes de natureza cultural e de natureza político-econômica. O certo é que os efeitos da incorporação do Iluminismo seriam imediatos e mediatos. Imediatamente, renovou-se o Reino, econômica e culturalmente. Mediatamente, com o reforço do absolutismo, desestabilizou-se o sistema, abrindo espaço à futura revolução liberal. Portugal contava, para a reforma, com valioso contingente de pessoas cultas, a maioria residindo no estrangeiro, muitos por cautela ao Santo Ofício. Entre os *estrangeirados*, Luís Antônio Verney (1713-92) era o mais ilustre deles. A denúncia da cultura portuguesa está no *Verdadeiro método de estudar* (1747). Culturalmente, Portugal achava-se na Idade Média, depois de haver proclamado, no Renascimento, o princípio do experimentalismo. Mais tarde, escreveu Herculano:

> Quando os diamantes e o ouro do Brasil vinham inundar Portugal de riquezas [...] então era preciso entulhar de frades, de capelães, de cônegos, de monsenhores, de principais, de escribas, de desembargadores, de caturras, de rimadores de epitalâmios e de elegias, o insondável sorvedouro das inutilidades públicas. Como de outro modo devorar as entranhas da América? Esta era a grande indústria portuguesa de então; para ela se deviam organizar os estudos. O Tesouro do Estado substituía a ação dos homens. Com agentes espertos para vender diamantes na Holanda e obreiros hábeis para cunhar ouro nos paços da moeda, estavam supridos trabalhos, educação do povo, atividade, tudo.[58]

As reformas preconizadas por Verney, Ribeiro Sanches (1699--1783) e d. Luís da Cunha (1662-1749), entre outros, encontrariam em Pombal o executor hábil e enérgico. A filosofia e a ciência, fechadas em círculos que as segregavam, voltariam a integrar o ensino, rompendo a escolástica. "Mas Descartes, Newton e Gazendo?" — pergunta um retardado defensor da escolástica. — "Eram por demais conhecidos em Portugal, posto que seguidos por poucos".[59]

A dificuldade, na renovação, não estaria em adotar um ou outro tópico da cultura europeia. Tratava-se, como percebeu Verney, de reorganizar todo o código mental do país, no seu sistema de ensino. Há sempre o risco, visível na época e nas suas efêmeras consequências, de adotar teorias de fora para dogmatizá-las. No tempo carcerário de duzentos anos, mudara na Europa a ciência, a religião, a política, a filosofia. Mais do que a filosofia, a religião, a política, a ciência, mudara a maneira de compreendê-las e de vê-las, debaixo da irradiação iluminista. Não havia em Portugal o veemente estímulo social para fechar o desacerto entre a história e o pensamento. Em plena indigência mental, o Reino mergulhou no Iluminismo pela mão de um ministro, à força, com espanto e surpresa. Incorporar resultados da atividade espiritual pareceu a Hegel tarefa semelhante à de incorporar produtos mortos. "A impaciência se esforça em realizar o impossível: chega ao fim sem os meios".[60]

O resultado não é todo o real, o qual está no devir, no seu desenvolvimento, levando em conta as etapas desprezadas.

**II.** DESDE QUE SE RESTAURARA A MONARQUIA, em 1640, os intelectuais portugueses — políticos e economistas — insistiam no esgotamento do modelo manuelino. O sistema econômico, simbolizado no reino da pimenta, chegara à agonia no século XVIII. Era necessária uma reforma, capaz de abranger, na sua amplitude, o país e o pacto colonial. Portugal tornara-se pensionista do Brasil, cujo vínculo com a metrópole se revela cada dia mais precário com o advento de outro centro, industrial e hegemônico, a Inglaterra. Os caminhos da América e da Ásia, frequentados sucessivamente pelos holandeses e ingleses, desvaneceram o sonho monopolista, sempre mais nominal do que real. O ouro do Brasil exauria-se rapidamente, de resto mal aproveitado na metrópole, que, sem fruí-lo produtivamente, o escoava para a metrópole da metrópole. O mundo europeu vivia na Inglaterra e florescia no Iluminismo francês, ao lado do "reino cadaveroso", entorpecido e anacrônico. O perfil da mudança fixou-se em um traço geral: engastar Portugal na Europa, da qual se distanciara, sem comprometer o absolutismo, a autoridade e o sistema colonial. As reformas econômicas se insinuavam pelos letrados, reverentemente, cautelosamente, aos ouvidos do príncipe. O motor das mudanças estava constituído e dele se irradiariam as medidas. O Estado seria o centro, sustentado e animado pela burguesia comercial. A lista dos inovadores é longa, particularmente vivaz nos séculos XVI e XVII: Luís Mendes de Vasconcelos, Duarte Ribeiro Macedo, José Acúrcio das Neves, Alexandre de Gusmão, d. Luís da Cunha, José Vaz de Carvalho, Manuel Almeida e Carvalho, entre outros.[61] Contribuem para a crítica os nacionais ou "castiços" e os "estrangeirados", todos hostis ao isolamento cultural, ao domínio da escolástica e ao controle inquisitorial.[62] Entre todos, avulta um "castiço", o santista Alexandre de Gusmão (1695-1753), pela influência que exerceu nos negócios públicos no reinado de d. João V († 1750) e pela percepção da crise. Mercantilista, como mercantilista seria Pombal, defendia a permanência do dinheiro dentro das fronteiras de Portugal. Denunciava, na balança comercial desfavorável, a fuga do numerário — o ouro brasileiro — que corria para a Inglaterra, sem nada deixar no seu lugar, senão a inchada pompa dos fidalgos. Sugeria, para consertar o desequilíbrio, reativar a agricultura, fomentando a indústria interna, além de expandir o comércio dentro e fora das fronteiras. Não receou criticar, na exposição de suas propostas, o Tratado de Methuen (1703), que, mais do que a troca de vinhos por manufaturas, carreava para o parceiro inglês a riqueza colonial.[63] Na Corte deslumbrada com o ouro do Brasil, sempre em trânsito, como de trânsito era a economia, a terra jazia sem cultivo, senão com a vinha, para amenizar as contas do Tratado de Methuen. Quando não se importava trigo, porque os lavradores não tinham como plantá-lo, o povo não tinha o que comer. Os fidalgos, fascinados pelo fausto, giravam em torno dos favores de d. João V, entregue ao luxo e aos desperdícios arquitetônicos. "A indústria nacional constava de óperas e devoções. O português só sabia ser lojista: todo o comércio externo estava na mão dos ingleses, principalmente, e de italianos".[64]

**III.** DENTRE OS *ESTRANGEIRADOS* AVULTA, pela influência que virá a exercer, Verney, com sua filosofia antiaristotélica e escolástica, com seu *Verdadeiro método de estudar* (1747), um, entre muitos, que viam, como Pombal veria, o Reino de fora, com seu escandaloso atraso.

O terremoto de Lisboa (1755) sacudiu a política e a terra, abrindo espaço para as reformas, conduzidas pelo ministro de d. José I († 1777).

> Antes daquele acontecimento (escreveu o marquês de Pombal) todas as reformas, que a política poderia intentar, dariam em falso [...] é necessário um golpe de raio, que abisme, e subverta tudo, para tudo reformar [...] Uma calamidade pública, de ordinário, reúne os corações, e espíritos. Quanto não pode fazer um grande reformador.[65]

As reformas partiam do claro pressuposto da decadência econômica e intelectual do Reino.

> A monarquia estava agonizando — reconhecia o ministro. Os ingleses tinham peado esta nação e a tinham debaixo de sua pendência: eles a haviam insensivelmente conquistado, sem ter provado nenhum dos inconvenientes das conquistas.[66]

O que se segue da alavanca reformista dará o contorno do pensamento político português, com imediata e duradoura influência no Brasil. Influência que se projetou pela via ideológica, com a renovação cultural, no preparo das elites que viriam decidir os destinos da Colônia e do nascente Império. Elas sobrepuseram-se, depois de muitas concessões táticas, à onda liberal, contemporânea do rompimento do pacto colonial. Voltar-se-á ao assunto.

**IV.** A BASE DAS REFORMAS POMBALINAS renovará o Estado, com a restauração da autoridade pública, fraca, corrupta e atrasada. O centro das mudanças se projetará na economia com agências e companhias de fomento. Nesse ponto, ao disputar a predominância inglesa, ao cuidar de incentivar a agricultura, a indústria e o comércio, reforçava o sistema colonial, com o enrijecimento do comando da metrópole. O absolutismo — "absolutismo esclarecido" e não "despotismo esclarecido"[67] — libertou-se de suas travas históricas, desarmando a fidalguia sem liquidá-la. Os impedimentos culturais removeram-se a partir da expulsão dos jesuítas (1759), com a renovação do ensino e do modelo universitário. Ao manter, embora atenuada, a aristocracia, retirando-lhe apenas o papel de controle político, sem substituí-la por outra classe, a burguesia comercial, o absolutismo adquiriu forma peculiar que o distingue do francês e do Iluminismo europeu. Afasta-se, dessa sorte, o pré-liberalismo aristocrático, que medrou, embora timidamente, como oposição irrealizada, na Corte de Luís XIV, ao qual se entronca o liberalismo moderno, em um caminho que vai de Fénelon até o duque de Saint-Simon, para, mais tarde, florescer em Montesquieu.[68] Recuperava-se o princípio, em plena monarquia absoluta, da intermediação do povo na origem divina do poder, princípio que se expande no constitucionalismo, depois apropriado pelo liberalismo.[69] O absolutismo português, com a renovação pombalina, ao contrário, reativava as raízes medievais, como fato, em um contexto cultural modernizante. O plano pombalino repousa sobre uma contradição, que se expandirá em uma ambiguidade. O Estado, o agente da reforma, utilizava, sem permitir-lhe autonomia, a burguesia comercial, posta ao lado da aristocracia vigiada. A reforma, dessa maneira, incide, de modo principal, sobre os delegados estatais, universitariamente reequipados. A ideologia, orientada pelo poder público, subordina o pensamento político, impedindo que ela se liberte para frequentar o espaço liberal.

As inovações, em consequência, não tocam as camadas populares. Elas "não atingem senão os setores privilegiados, como a nobreza ou o clero, o ensino superior e tudo o que possa haver um raio de confidência".[70] Cria-se o Colégio dos Nobres (1761) para expandir a cultura dos que, pelo nascimento, estavam destinados à diplomacia e às armas, com o traquejo nas línguas vivas, na matemática e nas ciências experimentais. Os estudos menores e preparatórios serão reformulados, em consequência da expulsão dos jesuítas, retirada a ênfase da língua latina e alcançando setores das classes médias, para cujo sustento se criou um tributo, o subsídio literário. Em todo o país criam-se cadeiras autônomas de latim, grego, retórica e filosofia, em um ensaio rudimentar do ensino laico e oficial. O ensino comercial se faz na Aula de Comércio. As reformas principais no campo da cultura serão: o Colégio dos Nobres (1761), a Lei da Boa Razão (1769), a criação da Mesa Censória (1768), a Reforma da Universidade (1772), a abolição entre cristãos-novos e cristãos-velhos (1773) e o novo regime da Inquisição (1774). O absolutismo não permitia a extinção dos instrumentos principais de repressão ideológica, a censura e a Inquisição, "remodelados e postos sob direta dependência do trono, que governa de ciência certa e vontade esclarecida".[71] O poder régio, "emanado do mesmo Deus diretamente", liberta-se de restrições eclesiásticas, das Cortes e do papa. A unificação da censura na Real Mesa Censória, embora areje o ambiente, não cede de sua severidade. Locke continuaria confinado, como banida ficaria a filosofia política europeia, permitindo, no máximo, a tradução, em 1768, dos

*Elementos de direito natural*, de Burlamaqui, livro que influenciou Rousseau e os constituintes americanos.[72] Não estava o paradigma europeu liberto da censura. A diferença estará na ausência de condições intelectuais que a refreiem ou a rompam. O estudo do direito natural, modernizado de seu ranço absolutista, será a fonte, em Portugal, do liberalismo. Cabral de Moncada encontra, não em Burlamaqui, mas no barão de Martini, adotado em Coimbra desde a reforma de 1772, a base da renovação, cujas sementes, lançadas em sucessivas gerações, vão abrindo "os canais subterrâneos de ligação entre a monarquia absoluta do século XVIII e a democracia liberal do século XIX".[73] Da universidade reformada sairiam os intelectuais que, ideologicamente, demarcariam no futuro a renovação política dentro do nevoeiro pombalino. Finalmente, embora restrita a uma tênue elite, Portugal saía do cárcere da Contrarreforma. A veneração sem crítica ao direito romano cede o lugar ao direito nacional, com a recuperação, fora do campo do direito, do Iluminismo. Sem audácia, a razão se recupera do formalismo escolástico e da subserviência à autoridade, o que produzirá efeitos políticos distantes, embora politicamente freados no reinado posterior (1777).

O método de comentários — observam historiadores da mudança — e de disputas formalistas, o uso de *postilas* (sebentas) são absolutamente banidos. O essencial dos cursos resume-se em compêndios, para evitar a dispersão, e o mestre expõe por dedução matemática ou por indução experimental. A história das ciências deverá acompanhar o seu aprendizado. A tendência experimentalista concretiza-se num Horto Botânico, num Museu de História Natural, num Teatro de Filosofia Experimental (isto é, um Laboratório de Física), num Laboratório Químico, num Observatório, num Teatro Anatômico, num Hospital Escolar [...]. A Faculdade de Artes, que era a que anteriormente iniciava os estudantes no espírito das disputas praticamente inverificáveis, é substituída pela de Filosofia, de cunho naturalista. Cria-se, enfim, a Faculdade de

Matemática, cuja frequência se torna obrigatória para os candidatos aos cursos finais, durante mais ou menos tempo.[74]

O espaço que está entre o pensamento político e a ideologia revela-se depois da queda de Pombal, com o desaparecimento de seu patrono — por que não inspirador? — d. José I († 1777). A provisoriedade de reformas, que abrangem apenas a elite e que não se alicerçam na hegemonia de uma nova classe, explode da Viradeira, com a perseguição ao ministro e o retorno das práticas beatas do Reino tradicional. A volta ao passado não conseguiria retornar ao ponto de partida, ao modelo manuelino. De outro lado, o *absolutismo esclarecido* também não conseguiria manter os padrões instalados. A elite se renovara — e a elite era quase tudo. Esses 27 anos de luz e de provisoriedade não seriam anulados com a beatice de d. Maria, depois d. Maria, a Louca: eles, os 27 anos, seriam um fato permanente, não como queria Pombal, não como queria a burguesia comercial, não como queria a nobreza, não como queriam os intelectuais. A Inquisição, apesar de seus surtos impetuosos e temporários, o jesuitismo aristotélico-tomista, o banimento da ciência experimental, foram para o museu das antiguidades, sem remissão, apesar do retorno repressivo. O absolutismo continuaria a reinar. Mas a veleidade liberal, às vezes por inspiração tática, outras vezes influenciada pela sua inelutável inspiração pedagógica, continuaria presente. O pequeno e limitado círculo que a universidade alimentaria afirmar-se-ia no futuro português e no futuro brasileiro. A reforma seria, ausente a nova hegemonia política, mais do que uma pincelada ornamental, menos do que uma mudança revolucionária. Oliveira Martins, ao realçar o consulado pombalino, não esconderia que a "nação de estufa, com gente de fora", teria mostrado ao português, beato e ensandecido, "que havia alguma coisa no mundo mais do que freiras e marmelada, outeiros e arruaças, piedosa luxúria e visões desvairadas [...] talvez um vislumbre de verdadeira luz raiasse já no cérebro nacional, quando ao observar a restauração das coisas pátrias, com a sua natural pachorra, o povo dizia depois: 'Mal por mal, melhor com Pombal'".[75]

As reformas pombalinas, na medida em que aliviaram o peso do ranço imobilista e jesuítico, descomprimiram o meio cultural. Mas entre esse passo e o liberalismo medeia distância imensa, não raro coberta pela fantasia histórica. Pombal encontrou o meio de encarnar, tentando superá-la, a "crise mental do século XVIII".[76] Tratava-se de aproximar o Reino velho do Reino novo, necessário para se adequar à Europa e sobretudo necessário para fomentar a economia, artificialmente ativada pelo ouro do Brasil e subterraneamente devastada pela Revolução Industrial, à qual o país permanecia alheio e, pelo Tratado de Methuen, vendido. Recomeçava-se, pela mão régia, o renascimento interrompido. Voltaram as ciências, agora renovadas por Newton, Laplace, Buffon, Lamarck etc. Há evidente exagero em dizer, como se disse, que os estatutos da Universidade de Coimbra se inspiraram em Montesquieu, Rousseau e Kant.[77] Ao contrário, o absolutismo continuou a imperar, corrompendo a presença europeia com o verniz da descompressão, na verdade seletiva e rigorosa em todos os setores suscetíveis de abalar a autoridade, campo no qual se destaca a timidez do *Verdadeiro método*. É certo que se difundiu a instrução pública, liberta das cautelas jesuíticas, com escolas de instrução primária no Reino e no Ultramar. Também é verdade que se abrandou a Inquisição, controlada pelo ministro, em pessoa de sua família, obediente mais aos poderes régios do que aos eclesiásticos. As novidades chegaram a permitir a tradução do teatro de Voltaire, autor que convivia com o "absolutismo ilustrado" do tempo. Como sempre acontece em períodos semelhantes, expandem-se as ciências politicamente neutras — a matemática e as ciências naturais. Na filosofia, evita-se o contágio do enciclopedismo.

Ainda nesta parte importante os nossos reformadores, ou revolucionários, se afastaram da França. Nesta imperavam, ou a filosofia cartesiana, que morreu estéril em Port-Royal, e inspirou as teorias hipotéticas e pouco sérias de Rousseau, ou a filosofia materialista, cética, apaixonada, violenta e exageradíssima, que teve a mesma sorte da metafísica. Os portugueses do século XVIII e sequazes do grande marquês de Pombal desejaram evitar o negativismo das ideias francesas, e mostraram toda a predileção pelos filósofos ingleses, mais práticos, sensatos e retos. Ao movimento imprimido aos espíritos pelo estadista não convinham, nem os exageros e hipóteses gratuitas da metafísica cartesiana, nem o ceticismo e descrença da escola materialista francesa.[78]

Verney advertira, no seu *Verdadeiro método*, que "nas matérias teológicas verdades novas não as há".

**V.** HÁ UM CAMPO, na corrente aberta pela descompressão pombalina, que forma um esboço de novo pensamento político, confundido com o liberalismo mas diferente dele. Será, na verdade, uma ideologia e uma filosofia política que entrara, mais tarde, no lugar do liberalismo. "Primeiro germinaram as ideias; os fatos e realidades vieram depois", diz Cabral de Moncada.[79] O veículo será a moral, a filosofia e, sobretudo, o direito, ainda presos ao direito natural. Pascoal José de Melo, lente de Coimbra, fruto da universidade renovada, incumbe-se de demonstrar que o código fundamental da monarquia portuguesa está nas Cortes: as Cortes de Coimbra que elegeram d. João I e as de 1641 que elevaram ao trono d. João IV. Sustenta o valor dos forais, com as garantias que deram ao povo, bem como a importância do regime municipal e comunal. "Não é uma obra, é uma barricada contra o absolutismo e o estado político e civil da nação portuguesa dessa época [...]. Esta obra tem para Portugal a mesma força revolucionária do *Espírito das leis*, de Montesquieu."[80]

Outros juristas e filósofos se seguem, sem chegar, embora admitindo-a implicitamente, à monarquia constitucional e parlamentar. Ribeiro dos Santos não citaria, mais tarde, nem Rousseau nem Montesquieu. Contrapunha as *leis do rei* às *leis do Reino,* num apelo irrevelado às Cortes. Depois de 1789, viriam os *afrancesados,* com leituras severamente proibidas no Reino. Predominava, sobre esses padrões, a presença de Bentham, *o Rousseau dos portugueses.* Dessa safra virá mais tarde Silvestre Pinheiro Ferreira (1769-1846), embora tardia sua presença. Outro lente de Coimbra, Antônio Soares Barbosa, segue na tímida trilha aberta por Verney, mas não aceita a ideia do *direito natural absoluto,* no modelo de Justiniano, Hobbes, Pufendorf e Rousseau. Acentua o valor da liberdade, como base das ciências morais, sem se permitir vinculá-la à política. Não esconde a igualdade natural e jurídica dos homens, rejeitando a teoria do contrato social. Antes de Vicente Ferrer (1798-1886), o sistematizador máximo do liberalismo português, Joaquim José Rodrigues de Brito, também lente em Coimbra, em um livro de 1804, procura renovar o direito natural, valorizando o bem-estar material, moral e intelectual como o fim da sociedade. Em reação ao pombalismo, entram em Portugal, ainda no fim do século XVIII, as ideias de Adam Smith. Daí por diante se abrirá o caminho da mudança em Portugal, dentro da pauta pombalina, com acento na renovação nacional e não nos direitos do homem. O Estado será o objeto da reforma, e só por via dele se cuida da sociedade.

Porque Pombal desarticulou a estrutura jesuítica, rompendo a imobilidade, seu nome vinculou-se ao liberalismo. A tese, que prosperou em muitas instâncias, esclarece o que, em Portugal e no Brasil, mais tarde se entendeu que este fosse o liberalismo. Liberalismo no qual a nova tônica descansa sobre a reforma do Estado, eventualmente na origem popular — popular, em termos — do poder. Oliveira Martins afirma que o Portugal pombalino "era um falso Portugal de importação, nas ideias, nas instituições, nos homens". O dinheiro do Brasil dava para tudo: dava para sobrepor ao Portugal embalsamado um Portugal postiço. Por essa via, pelas fronteiras, e pela alfândega, no contágio ideológico e na recepção da filosofia política, germinou a futura transformação da estrutura de poder. "Por isso mesmo que a máquina era construída com materiais da Europa, onde uma revolução se realizava nas ideias, os homens de fora vieram lançar no torrão português a semente das revoluções futuras."[81]

O desmantelamento do Santo Ofício, a reforma do ensino, a aproximação com a Europa seriam os pilares do futuro liberalismo. O assunto assumiu as proporções de uma polêmica. Contra a mitologia do precedente protestou Camilo, por ocasião do centenário, destacando a contradição entre democracia e o estadista do poder absoluto.

> Só a falta de um nome pomposo e aureolado de fulgores sinistros em que pudesse encarar a ideia do bem, a democracia, que não sabe fazer andar uma ideia levantada e grande sem a encostar às muletas dum título, adotou um marquês — o tipo emblemático do poder absoluto que, a um tempo, triturava fidalguia e ralé [...].[82]

**VI.** O CERTO É QUE A IRRUPÇÃO POMBALINA rearticulou o Estado, aproximando-o de setores novos, rompendo com a aliança — se não a hegemonia — eclesiástica, em uma transação com a burguesia mercantil, com o enfraquecimento do setor mais conservador da aristocracia, liquidando as diferenças entre cristãos-novos e cristãos-velhos. Por aí entraria em Portugal o liberalismo, com a Revolução de 1820, e por aí se fixaria o modelo liberal do Brasil, oficial e dirigido do alto, como apêndice do Estado. Liberalismo, pela sua origem, irrealizável, senão com a condição, historicamente impossível, de desarticular o aparelhamento estatal, para convertê-lo em guarda dos direitos individuais, não de seu tutor, mas sim de seu algoz.

No *Tratado de direito natural*, obra de 1768, encontra-se a súmula da filosofia política portuguesa, dentro da qual, com o limite ideológico, se articula o pensamento político. O livro é dedicado a Pombal e aprova a política do ministro, ao sobrepor o poder civil

64 | A REPÚBLICA INACABADA

ao eclesiástico, em convivência, porém, com o "absolutismo ilustrado". Sustenta a superioridade do Concílio sobre o papa. Nega a jurisdição temporal do papa: "Se o papa tivesse jurisdição temporal direta ou indireta sobre os reis, seguir-se-ia que o poder temporal do rei não era supremo na terra e que reconhecia outro superior que não fosse Deus".[83]

Não há a intermediação popular no poder, que emana diretamente de Deus.[84] O direito de resistência não existe, em nenhuma circunstância.

> Viveríamos sempre em uma continuada discórdia, se por qualquer injustiça houvesse o povo de se armar contra o soberano para o castigar e depor.[85] A minha opinião é que o rei não pode ser de forma nenhuma subordinado ao povo; e por isso, ainda que o rei governe mal e cometa algum delito, nem por isso o povo se pode armar de castigos contra ele. Já mostramos que os delitos do rei não podem ter outro juiz senão a Deus, de que se segue que como o povo não pode julgar as ações dele, o não pode também depor, pois que a deposição é um ato de conhecimento e por consequência de superioridade.[86]

À futura audácia de Pascoal José de Melo, que, sem contestar o absolutismo, resgatava a histórica origem eletiva dos reis, se contrapõe a doutrina oficial. Mesmo que eletivo o rei, a transferência do poder será irrevogável — este o leito em que pisariam os pensadores seguintes. "Todas as vezes pois que o povo elege a algum para seu soberano e este aceita, adquire logo o império de tal forma, que nem o mesmo povo lho poderá mais tirar nem ele carecerá de confirmação alguma, inda a do mesmo papa."[87]

O rei legisla, julga, tributa, com o domínio eminente sobre todos os bens dos vassalos, em regime patrimonialista. "A obrigação de se obedecer nasce da superioridade de quem manda, e não do consentimento do súdito." Mais: o príncipe não se obriga com suas leis. "Logo, não podemos pôr obrigação no rei, nascida de sua própria lei, pois que ele não pode exigir a si mesmo a sua observação."[88]

As reformas pombalinas irradiam-se no Brasil, entre os letrados, alguns egressos de Coimbra. Houve um arremedo do Século das Luzes, crítico, sem refletir com energia a crise do colonialismo.

> O nosso [depõe Antonio Candido] foi um Século das Luzes dominantemente beato, escolástico, inquisitorial; mas elas se manifestaram nas concepções e no esforço reformador de certos intelectuais e administradores, enquadrados pelo despotismo relativamente esclarecido de Pombal. Seja qual for o juízo sobre este, a sua ação foi decisiva e benéfica para o Brasil, favorecendo atitudes mentais evoluídas, que incrementariam o desejo de saber, a adoção de novos pontos de vista na literatura e na ciência, certa reação contra a tirania intelectual do clero e, finalmente, o nativismo.[89]

As expressões escritas maiores são, segundo o mesmo autor, *O Uraguai* (1769), de Basílio da Gama, de feição antijesuítica, *O desertor* (1771), de Silva Alvarenga, com o destaque posto na reforma intelectual, e *O reino da estupidez* (1785), de combate à Viradeira, de d. Maria († 1816; regência de d. João, depois o VI, em 1799). Era uma literatura integrada na portuguesa, embora o círculo de letrados que a produziu e o círculo maior ao qual pertenceram fossem atraídos pela inquietação colonial, com o vínculo liberal que a marcará, liberalismo só por transação ajustado ao liberalismo oficial que se expandirá, dentro do Estado, como reflexo da Revolução Portuguesa de 1820.

As manifestações literárias de nossa Época das Luzes não dão ideia certa acerca do nível educacional da população. No fim do século XVIII, a população do Brasil seria de 2,5 milhões de habitantes, dos quais 1,5 milhão livres, com cerca de 830 mil brancos, os únicos, pela origem social, aptos a se instruírem. Em Minas Gerais, por exemplo, em 1786, em uma população de 362847 habitantes, a porcentagem de escravos atingia 47%.[90] Embora houvesse biblioteca nos colégios, particularmente nos jesuíticos, a impressão local de livros era praticamente nula. As bibliotecas particulares eram raras, embora elas denunciassem a possibilidade de obter livros proibidos de circular. Southey retratou bem a situação, mostrando os limites que a circunstância impunha ao pensamento político, que, para se propagar, precisava formular-se por escrito, como por escrito também alcançava a audiência da metrópole.

Outra prova de miserável ignorância foi não se tolerar no Brasil tipografia alguma antes da transmigração da corte. Achava-se a grande massa do povo no mesmo estado como se nunca se houvesse inventado a imprensa. Havia muitos comerciantes abastados que não sabiam ler, e difícil era achar jovens habilitados para caixeiros e guarda-livros. Nem era raro um opulento sertanejo encomendar a algum de seus vizinhos que de qualquer porto de mar lhe trouxesse um português de bons costumes que soubesse ler e escrever, para casar-lhe com a filha. Contudo, havia, na maior parte das povoações, escolas públicas de primeiras letras, tomando os respectivos mestres bem como os de latim, na maior parte das vilas, o título de professores régios, instituição singularmente incongruente com esse sistema cego que proibia a imprensa. Os que tinham aprendido a ler poucas ocasiões encontravam de satisfazer o desejo de alargar os seus conhecimentos (se acaso o possuíam), tão raros eram os livros. Desde a expulsão dos jesuítas, nenhuma das religiões fizera timbre da sua literatura, nem do seu amor ao Estado, e as livrarias deixadas por aqueles padres tinham quase inteiramente desaparecido num país onde, não sendo conservados com cuidado, depressa são os livros destruídos pelos insetos.[91]

O quadro traçado por um contemporâneo, Luís dos Santos Vilhena († 1814), confirma o desprezo pela instrução. No tempo dos jesuítas, havia nos colégios sete classes, nas quais "se gastava meia vida de um estudante com o simples estudo de gramática latina".

Com o sistema dos professores públicos, depois instituídos, houve carência de recursos para manter a rede de ensino. O respeito ao ensino era mínimo, com a prisão dos estudantes mais bem aproveitados para servirem como soldados:

> não é [declara a propósito desses atos de tirania] das menores desgraças viver em colônias longe do soberano, porque nelas a lei que de ordinário se observa é a vontade do que mais pode. [...] Ser professor, e não ser nada, é tudo o mesmo.[92]

O traço mais saliente da reforma cultural não será, entretanto, a produção de alguns escritores, nem a disseminação do ensino, mas uma escola de elites. O bispo Azeredo Coutinho (J. J. da Cunha Azeredo Coutinho, 1742-1821) fundou o Seminário de Olinda, que introduzia no Brasil o novo ensino, divulgado por Verney e protegido pelo marquês de Pombal, centralizando a instrução da capitania, seminário "logo considerado o melhor colégio de instrução secundária no Brasil".[93]

Não tardaria em se manifestar, pelos padres aí educados, a mudança da mentalidade colonial até então modorrentamente imóvel.

68 | A REPÚBLICA INACABADA

# 5 | Os liberalismos

**I.** HÁ, NA BASE QUE CONSTITUI O EIXO sobre o qual gravitará o pensamento político brasileiro, o encontro de duas rotas. Caberá indagar quais eram essas correntes e qual a natureza dessa combinação sobre a qual repousa a pergunta acerca de um pensamento político autônomo e dinamicamente centrado no país. O momento e o processo da junção serão a Independência.

A independência, tal como se operou, teve aliás o caráter de uma transação entre o elemento nacional mais avançado, que preferiria substituir a velha supremacia portuguesa por um regime republicano segundo o adotado nas outras colônias americanas, por esse tempo emancipadas, e o elemento reacionário, que era o lusitano, contrário a um desfecho equivalente, no seu entender, a uma felonia da primitiva possessão e a um desastre financeiro e econômico da outrora metrópole. A referida transação estabeleceu-se sobre a base da permanência da dinastia de Bragança, personificada no seu rebento capital, à frente de um império constitucional e democrático, cujo soberano se dizia proclamado "pela graça de Deus e pela unânime aclamação dos povos", a um tempo ungido do Senhor e escolhido pela vontade popular (Oliveira Lima, 1947, p. 11).[94]

A *transação*, de que natureza foi? Consagrou a ideologia liberal, preparada pela filosofia política, ou foi uma mera contemporização, uma *conciliação*, que conserva o antigo com verniz novo? Permaneceu intocado, na junção, um dos elementos que iria ser represado sem nunca se expandir, uma vez que seu desenvolvimento dependeria de nova estrutura do Estado? Na mistura de dois *liberalismos*, qual será o liberalismo, o da transação, expresso na dis-

EXISTE UM PENSAMENTO POLÍTICO BRASILEIRO? | 69

solução da Constituinte de 1823 e na Constituição de 1824, ou o outro, que ficaria submerso e irrealizado quando sua realização era a condição necessária para a superação do passado?

**II.** O *ELEMENTO NACIONAL* compõe a corrente emancipacionista, larvarmente nativista, preso à crise do sistema colonial. Forma um círculo que se manifesta, com intensidade variável, nos movimentos de 1789 (Inconfidência Mineira), na repressão do Rio de Janeiro (1794), na Revolução dos Alfaiates da Bahia, de 1798, irradiando-se depois em 1817, 1824, em 1831, nas insurreições regenciais, em 1842 e eventualmente da Praieira, em 1848. Esse é um padrão político, que se contrapõe e contende com a reação e contemporização ao liberalismo da Revolução Portuguesa de 1820, o qual, irradiando-se no Brasil pela via da Corte, ditará o perfil político da Independência. O *elemento nacional* está no sentido certo: não se trata de um pensamento nacional, de um país como Nação, mas como núcleos não homogêneos, com um projeto — apenas como projeto — nacional. As circunstâncias — a dissolução do sistema colonial — teriam configurado as bases de uma consciência histórica, estamental e virtualmente de classe, sem que se possa configurar uma situação revolucionária, pelo menos no seu momento inicial, pela ausência do projeto. Mas o quadro é de um conjunto de *possibilidades*, em um processo difuso. Trata-se de uma *consciência possível*.[95] A *consciência possível* não atinge a realização na *consciência real*. Explica-se, com isso, que a filosofia política, livrescamente adotada, e a ideologia, perfilhada dogmaticamente, não se convertam na práxis, no efetivo fazer, realizar e transformar, mas em verbalismo desligado da realidade.

A crise do sistema colonial coincide com o processo de ruptura do absolutismo. Em torno de 1776, a independência das colônias britânicas coincide com o fim do consulado pombalino. "Do consulado pombalino à vinda do príncipe regente para a América transita-se nas águas revoltas da crise geral do Antigo Regime e do sistema de colonização mercantilista."[96]

A crise gerou forças contraditórias: de um lado, o neopombalismo, que se articula na transação promovida pela Corte, de outro lado, pelas tentativas de ruptura, na escala colonial autônoma. O fato que estava em questão era a penetração mundial do capitalismo industrial, que rompia os moldes do mercantilismo, sem que Portugal, sentindo o grave inconveniente da invasão, pudesse dispensar, em termos políticos, a aliança do país-líder da transformação, a Inglaterra. Para as colônias, o regime de trocas, do ponto de vista do produtor, dispensava o entreposto colonizador, mero intermediário, fiscalista, no velho regime da *economia de trânsito*.

Fixemos [depõe Fernando Novaes] o mecanismo básico do regime comercial, eixo do sistema da colonização da época mercantilista. O "exclusivo" metropolitano do comércio colonial consiste em suma na reforma do mercado das colônias para a metrópole, isto é, para a burguesia comercial metropolitana. Este o mecanismo fundamental, gerador de lucros excedentes, lucros coloniais; através dele, a economia central metropolitana incorporava o sobreproduto das economias coloniais ancilares. Efetivamente, detendo a exclusividade da compra dos produtos coloniais, os mercadores da mãe-pátria podiam deprimir na colônia seus preços até ao nível abaixo do qual seria impossível a continuação do processo produtivo, isto é, tendencialmente ao nível dos custos de produção; a revenda na metrópole, onde dispunham da exclusividade da oferta, garantia-lhes sobrelucros por dois lados — na compra e na venda. Promovia-se, assim, de um lado, uma transferência de renda real da colônia para a metrópole, bem como a concentração desses capitais na camada empresária ligada ao comércio ultramarino.[97]

Os historiadores e os contemporâneos, no fim do século XVIII, mostram, com toda a clareza, a inquietação colonial, os apertos da camada produtiva, da qual viriam os protestos contra a ordem colonial. Tudo estava em crise, o açúcar, o algodão, o ouro, e, mais tarde, as culturas emergentes. Sufocavam-nos o regime colonial, com os monopólios e estancos, o sistema de trocas, e, devorando tudo, o fiscalismo predatório, que compensaria a produção reprimida.

Cumpre advertir [nota o circunspecto Varnhagen] que todos os artigos de produção do país estavam tão sobrecarregados de direitos, e estes subdivididos de um modo tal, que nem mesmo o fisco sabia bem quanto arrecadava, nem os produtores quanto tão complexamente pagavam.[98]

A mão de obra escrava, tributada e encarecida, era aplicada em produtos de exportação, geradores de lucros imediatos, com o descuido da lavoura de subsistência, causando crises de fome da população desprivilegiada. Para acudir ao mal-estar, visível e expansivo, a estrutura repressiva exacerbou-se.

Grandes abusos havia que alto clamavam por emenda. Até agora tinham exercido os governadores autoridade despótica nas suas capitanias, não reguladas por leis, não refreados pelos costumes, não assoberbados pela opinião pública, por nenhuma responsabilidade contidos. Absolutos como outros tantos paxás, levavam aos subdéspotas turcos a vantagem de ter perfeitamente seguras as cabeças. Nos antigos tempos, quando para o serviço do Estado se carecia de alguma contribuição nova, era a matéria proposta pelo governador ao senado da câmara, e resolvida com o assentimento do povo: este direito continuaram as câmaras e o povo a exercê-lo até que em Portugal se apagaram os últimos vestígios de bom governo, estendendo-se então ao Brasil o sistema arbitrário sob o qual definhava a mãe-pátria. Tomou o governo colonial caráter meramente militar, sendo as câmaras convidadas não a consultar, mas a obedecer.[99]

**III.** A INTRODUÇÃO DAS TROPAS regulares enrijeceu o sistema de subordinação, com os recrutamentos forçados, que abrangiam, como se viu, os estudantes, perturbando o ensino.

Outro agravo [prossegue o mesmo historiador] vinha do modo por que se recrutavam as tropas regulares: o princípio era dar cada família que tivesse dois ou mais filhos solteiros, um para o exército, e serem presos para soldados todos os indivíduos de má nota entre dezesseis e sessenta anos de idade.[100]

É claro que a má nota corria por conta da vontade dos recrutadores, com o beneplácito, em última instância, dos governadores. Os comerciantes, a burguesia comercial, que depois se ligara ao *elemento reacionário* na transação da Independência, portugueses pela origem e pelos interesses, aliam-se ao poder, depois se integrando na Corte. Eles serão o esteio do liberalismo oficial, transmigrado de Portugal. O *elemento nacional*, o dos produtores reprimidos, com seus intelectuais — padres e letrados —, seguirá outro rumo. É hora de insistir na quebra da falácia do reacionarismo dos produtores, da propriedade agrícola, vinculada com os mineradores ao repúdio ao sistema colonial. Uma testemunha da época, Vilhena, documenta a ascendência, ao lado dos administradores nomeados pela Coroa, dos comerciantes. Observa que

tendo seus pais vindo não há muitos anos para o Brasil, para serem caixeiros, quando tivessem capacidade para o ser, porque a fortuna lhes foi propícia, e juntaram grandes cabedais, cuidam seus filhos, que o imperador da China é indigno de ser seu criado. [...] Sabe [continua] todo o mundo comerciante, que a praça da Bahia é uma das mais comerciosas das colônias portuguesas, e que o seu comércio, bem a pesar das nações estrangeiras, é somente privativo aos vassalos da Coroa de Portugal, sem que o possam manter, ou girar à exportação, mais do que para esse Reino, e algumas das suas colônias, ou senhorios; como sejam todas as costas, e interior do Brasil, ilhas dos Açores, e ainda Cabo Verde, Reino de Angola, e Benguela, Moçambique, ilha de São Tomé e Príncipe, além dos portos no golfo, e costas de Guiné. Compõe-se o corpo dos comerciantes existentes na Bahia de 164 homens [...] e que alguns destes comerciam só com seu nome, e com cabedais de personagens a quem seria menos decente o saber-se que comerciam. [...] Nem todos os compreendidos naquele número são matriculados, mas sim chamados comissários [...].[101]

**IV.** E OS SOBERBOS SENHORES DE ENGENHOS, os agricultores, os que eram reputados como os que mandavam, que eram eles? Que eram os mineradores ao lado dos comerciantes de ouro e diamantes e dos poderosos contratadores, espécie de funcionários do Estado patrimonialista? Entre os proprietários de terras, os que não fossem também comerciantes, qualidade a última que os aproximava da aristocracia colonial, estamentando-os, sofriam todo o peso do sistema colonial.

Grandes fortunas [ao deles tratar, nota Oliveira Lima] não existiam: o que havia eram extensas propriedades, proporcionalmente de escassa remuneração por não ocorrerem, com o sistema do monopólio mercantil, oportunidades de especulação. Aliás, as grandes fortunas são por via de regra antes industriais e comerciais do que agrícolas: os lucros agrícolas costumam ser moderados, sendo precisas circunstâncias excepcionais [...] para certos artigos darem elevados proventos. Os latifúndios coloniais apresentavam-se, em larga proporção, baldios e não podiam, nestas condições, assegurar um rendimento sequer suficiente e estável. O número dos ricos andava limitado, graças à divisão da propriedade, a não ser pelo resultado do próprio trabalho e felicidade: ora, com a obrigação do esforço individual, maior ou menor, cessava a primeira condição de uma aristocracia do lazer.[102]

Vilhena, em tintas mais vivas, descreve a relativa desvalia dos agricultores e senhores de engenho, comparados com os comerciantes, vinculados ao regime colonial e à administração pública, poderosa e onipotente.

Venho de dizer que um país extensíssimo, fecundo por natureza, e riquíssimo, é habitado por colonos, poucos em números, a maior parte pobres e muitos deles famintos. [...] Os senhores de engenho nada têm, a maioria deles, que a aparência de ricos; pois que a maior parte das safras dos seus engenhos, descrito na Carta v, não chegam para satisfazerem aos comerciantes assistentes. Todo o mais povo, à exceção dos comerciantes e alguns lavradores aparatosos, como os senhores de engenho, é uma congregação de pobres [...].[103]

Mas o cronista não esquece o estilo de vida: a "aparência de ricos" e os lavradores aparatosos". Os senhores de engenho são

soberbos de ordinário, e tão pagos da sua glória vã, que julgam nada se pode comparar com eles; logo que se veem dentro nas suas terras, rodeados de seus escravos, bajulados de seus rendeiros, servidos de seus mulatos, e recriados nos seus cavalos de estrebaria [...]. Esta é pois a glória dos senhores de engenho, e para maior auge dela, têm na cidade casas próprias, ou alugadas; cumpre muito que tenham cocheira, ainda que não haja sege, o que suprem asseadas cadeiras, que todos têm, em que saem acompanhados de seus lacaios mulatos, ornados de fardamentos asseados.[104]

**V.** A CONSCIÊNCIA DA EXPLORAÇÃO DO SISTEMA COLONIAL se expressa na ideologia liberal, que é, ao mesmo tempo, uma filosofia política. O pensamento político — tal como o conceituamos neste ensaio, como integrado na práxis — tem conexão necessária com o liberalismo? Por que, sem exame crítico, identificar a inassimilação, que não chegou a criar uma consciência nacional, com um tipo cultural? Será pobre e insuficiente a explicação do contágio ideológico. O contágio ideológico traduz uma situação estrutural que o permite, facilita e estimula. O vínculo deve ser reexaminado, para que se entenda a apropriação, que depois de 1820 se fará, desse legado, para que a consciência possível não se converta em consciência

EXISTE UM PENSAMENTO POLÍTICO BRASILEIRO? | 75

real. Os atores e ideólogos não mencionam a revolução, em uma conjuntura, embora não nacional, na realidade revolucionária.

Nessa crise, que expressa a desagregação de todo um regime e de uma colonização, é gerado o espírito revolucionário. Espírito revolucionário que, de resto, não é alimentado *apenas* por leituras importadas da Europa ou da América inglesa.[105]

Leituras importadas, seletivamente adotadas e rejeitadas, não para a definição, mas para um esboço de pensamento. O projeto, a utopia revolucionária, define-se com vacilação, transitando, mais tarde, pela transação de 1822. Há uma maneira irada e uma maneira suave de construir a ponte — a ponte imaginária que será a moldura da futura Nação. Ambas, a maneira irada e a maneira suave, não coincidem, entretanto, com o molde imposto pela Corte e que estará na Constituição de 1824. Talvez um acidente explique muita coisa: que a vinda da Corte, em 1808, tenha interrompido uma jornada, rompendo a autonomia de um processo e interiorizando a metrópole.[106] O fato, entretanto, como prova o desenvolvimento do século XIX, é que o rumo do *elemento nacional*, embora transacionado, permaneceu vivo, apesar de não dominante. Ele atua, na prática, no cerne do pensamento político, com a irrealizada superação. Irrompe, no curso da história, nos dois séculos, na dobra de todas as crises de sistema e de governo. A conjectura de um veio inesgotado permanece, portanto, atual e inexplicada, truncando o desenvolvimento de um pensamento político nacional, dinamicamente autônomo e capaz de levar a um estágio pós-liberal.

A emancipação intelectual do universo português, o acanhado universo mental metropolitano, ocorre gradativamente no penoso esforço de juntar ideias europeias e muitas vezes proibidas. Os conspiradores mineiros, homens de prol, proprietários e senhores de clientelas, não mais admitiam captar os favores oficiais para atenuar a carga do sistema colonial. O escopo era a separação da

76 | A REPÚBLICA INACABADA

metrópole e a organização de um Estado, republicano por necessidade. A justificação ideológica vinha pela via francesa, e, pela via francesa, se consolidava o modelo americano. Importância fundamental exerceria a obra de Raynal, a *Histoire philosophique et politique des établissements et du commerce des européens dans les deux Indes*, publicada originariamente em 1770, com muitas reimpressões sucessivas. O volume era encontrado nas bibliotecas do tempo, as apreendidas e as que se salvaram.[107] Circulava entre os conspiradores o *Recueil des loix constitutives des États-Unis de l'Amérique*, publicado em Filadélfia em 1778, que continha "Os Artigos da Confederação", mais as constituições da Pensilvânia, Nova Jersey, Delaware, Maryland, Virginia, as Carolinas e Massachusetts.[108] O padrão confederativo, vitorioso nos Estados Unidos, inscientes os conspiradores de suas deficiências, por carecerem de informações mais recentes, parecia-lhes viável, cogitando-se de uma união com São Paulo e Rio de Janeiro, sem a ideia nacional. O regime revigorava, por outros meios, o municipalismo, com suas Câmaras, que, refundidas em cada cidade, se subordinariam a um Parlamento Principal. Coexistente ao corte do vínculo com a metrópole, colocava-se o problema da representação, o problema, afinal, do governo. Ao deliberarem pela abolição do Exército permanente, em favor da milícia popular, reservavam o comando da força em favor dos principais. Para evitar a hostilidade dos escravos, em uma capitania onde eles constituíam a maioria da população, fixou-se o compromisso de libertar os mulatos e negros nascidos no país, como expediente de segurança do movimento.[109] "A conspiração de Minas foi fundamentalmente um movimento feito por oligarcas no interesse dos oligarcas, no qual o nome do povo se evocou como mera justificação".[110]

Era necessário, ao lado do sistema representativo a ser adotado, que se fixassem os direitos dos cidadãos, em movimento correlato à liberação do absolutismo metropolitano. Um pacto entre iguais, baseado em um catálogo de direitos, dava a nota necessariamente liberal. Nenhum constrangimento há entre liberalismo e escravidão, certo que o novo aparelho estatal protege os direitos, entre os quais, e, no caso, sobretudo, o de propriedade, abrangente dos escravos. O caminho da revolução passava, de outro lado, uma vez que se reorganizaria o Estado, pela via contratual: pela entrega do poder, que está nos revolucionários, a uma entidade a eles superior e deles dependente. Explica-se, dessa sorte, a popularidade de Rousseau e dos enciclopedistas, tudo pelo meridiano de Paris. A filosofia política portuguesa reinante sustentava a origem divina e imediata do poder, e, como se notou, repelia a ideia de resistência, ainda que criminoso ou tirano o rei. Não se mostrava adversa, de acordo com os pensadores do direito natural adotado em Coimbra, à admissão de que a sociedade civil ou cidade unia os homens "por pactos expressos ou tácitos, para haverem de gozar uma vida mais segura e mais tranquila".[111] Era o pacto de sujeição, irretratável e irrevogável. Por essa porta entraria, estimulada por Rousseau, uma revisão, em favor do pacto de associação. É de ver, entretanto, que, para aceitá-lo, negando a igualdade, era necessário um liberalismo mais consistente: o que estava na Declaração de Independência, depois no Direito dos Homens, corporificado na filosofia política de Locke, não de Rousseau, com sua direção coletivista. Igualdade, portanto, em termos: no modelo liberal, e não no modelo democrático. Embora francesas as influências — vindas da língua francesa —, o quadro mental percutirá o liberalismo de Locke, e de Adam Smith, conhecido e, sem que se tenha verificado, traduzido por um dos inconfidentes.

A *sugerência*, alimentada pelas leituras, traça um modelo suave de liberalismo, reputado "radical", que foi confundido com liberalismo irado. A linha de pensamento obedece à inspiração de Locke, que se filtra em todo o pensamento do século XVIII, inclusive em Rousseau.[112]

Duas proposições, ambas necessárias ao Estado a construir, ganham relevo. O Estado não cria a propriedade, mas é criado para protegê-la.[113] No conceito de "propriedade", vinculada ao trabalho, compreende-se "a vida, a liberdade e a possessão", o conjunto dos direitos naturais e não unicamente terras e bens.[114] O outro tópico define o governo, baseado no consentimento, como agente da *confiança (trust), o que permite à sociedade, em defesa própria, resistir ao rei.*[115] Com o *trust* não tem lugar o Estado patrimonialista. A presença de expressões das camadas populares tornou atraente, ao lado desse liberalismo, uma linha revolucionária, inspirada em Rousseau e Mably. A fisionomia suave do liberalismo será a de Voltaire — se é que Voltaire foi um liberal — e Montesquieu. O reformismo, que descende de Pombal, do *mercantilismo ilustrado*,[116] ao qual se filia José Bonifácio até a presença, ainda que tímida, de Adam Smith, nas reflexões de Azeredo Coutinho, por exemplo.[117]

**VI.** O LIBERALISMO IRADO terá sua expressão no Norte. Entre a Bahia e Minas Gerais estará o Rio de Janeiro, cuja presença conjuratória se limitará à descoberta de leituras proibidas e havidas como revolucionárias.[118] Para o oficialismo, a discussão das novas ideias nenhuma pertinência tinha com a realidade, na qual não identificava a crise do sistema colonial, nem sequer de seu arcabouço mental. Tudo não passava da difusão, segundo uma voz do quadro dirigente, dos "abomináveis princípios franceses", precedente das "ideias exóticas e alienígenas" de nosso tempo.[119] A chamada Inconfidência Baiana de 1798 traz a contribuição democrática, cujas bases, compostas dos setores desprivilegiados da sociedade, sentiam que poderiam tirar benefícios da quebra do sistema. Enquanto em Minas se encontrou um expediente manipulatório, na Bahia o elemento popular encontra, embora em mínimas proporções, a voz jacobina. Dessa vez não havia ambiguidade acerca da escravidão: todos seriam livres. Havia, na sociedade brasileira, uma insatisfação de pardos e artesãos, discriminados na sociedade, que veriam como possível uma aliança com os escravos, em um meio onde apenas um terço da população era branca. A inquietação foi detectada desde 1792 por um arguto observador, estimulada pela revolta escrava de São Domingos.[120] Para a historiografia conservadora, tudo não passava do "alastramento das chamas incendiárias da Revolução Francesa", dessa vez "com tendências mais socialistas do que políticas, como arremedo que era das cenas de horror que a França e, principalmente, a bela ilha de São Domingos acabavam de presenciar".[121] Haveria simplificação primária em caracterizar a conjura pelo simples contágio, como seria incorreto nela ver apenas uma luta dos homens de cor contra os brancos, nem sequer de escravos contra senhores. O movimento descolonizador e liberal compõe mais um elo do pensamento, que, mais tarde, adquirirá clareza e consistência. Nela aparece uma grande, no futuro próximo, influência liberal, a de Cipriano Barata, formado em filosofia na Universidade de Coimbra, cirurgião, proprietário e senhor de escravos. Sem claro compromisso com o antiescravismo, recomendava "cautela com essa canalha africana".[122] Os conjurados se propunham, pelas alusões às leituras estrangeiras, na ação nacionalizada, a contestar a supremacia do rei — "poder indigno", "rei tirano" — com veemência desconhecida até então. A base do movimento se fixará em concretas reivindicações — o comércio livre, liberto do monopólio colonial português —, sobretudo para os senhores de terras e de engenho, que, "além do monopólio, sofriam a exploração do capital usurário dos comerciantes portugueses, que emprestavam dinheiro ou forneciam escravos e roupas em troca de colheitas (açúcar, fumo e algodão)".[123] No que concerne ao comércio livre, lembre-se de que o inspirador era Adam Smith, lido pelo futuro visconde de Cairu, como lido fora pelos inconfidentes mineiros. O movimento nada tinha de socialista, em uma paródia da conspiração dos iguais de Gracchus Babeuf. O limite das reivindicações repousa na igualdade de direitos para todos, o que afasta qualquer precocidade socialista. Na definitiva opinião de Luis Henrique Dias Tavares:

> As aspirações sociais dos revolucionários de 1798 eram condicionadas pelas relações existentes numa sociedade escravista [...]. Sentiam o pre-

conceito da cor e as restrições injustas aos negros e pardos, mesmo aos livres, mesmo aos suboficiais das milícias ou das linhas. Todavia, a revolta contra essas inibições sociais e de cor era dirigida especificamente contra o poder luso. Os revolucionários não se erguiam — mesmo os escravos, libertos ou filhos de escravos — contra os latifundiários escravistas, exploradores diretos do trabalho escravo. Não os vendo como inimigos, o que é explicável, dadas as condições de uma colônia portuguesa do século XVIII e à própria natureza do movimento — basicamente republicano e de libertação —, responsabilizavam a condição colonial pelas injustiças e perseguições que sofriam.[124]

Os "abomináveis princípios franceses" (Rodrigo de Sousa Coutinho) entram em um rol de fontes gerais e de fontes vinculadas ao movimento. As fontes gerais são as do século, contrabandeadas em Minas, no Rio de Janeiro, na Bahia, em Pernambuco: Raynal, os enciclopedistas, Montesquieu, Condillac, Mably, além do populariíssimo Voltaire. Rousseau circulava na Bahia, em tradução portuguesa, não o Rousseau de *O contrato social*, mas o Rousseau da novela *Júlia ou a nova Heloísa*, tradução patrocinada pela loja maçônica Cavaleiros da Luz, pela via da qual teria havido assíduo intercâmbio com a França banida e revolucionária, não estranha à conjura de 1798. O movimento encontrou expressão — evitemos a dubiedade da palavra influência — em *O orador dos Estados Gerais de 1789*, na *Fala de Boissy D'Anglas* e em *O aviso de Petersburgo*.[125] *O Orador* coloca o rei dentro da doutrina do *trust*: ele é delegado da Nação e a ela deve prestar contas de sua conduta. O discurso de Boissy D'Anglas parece pouco pertinente à situação: trata de política internacional e de tentativa de isolar a França do mundo. O aviso de Petersburgo concerne ao desprezo com que são vistos os homens da "zona tórrida" e de uma Igreja compatível com os princípios do direito da humanidade. O texto tem em vista a crítica aos padres enfeudados aos poderes dominantes. Um passo de irreversível definição doutrinária estava dado. A soberania popular conquistava a categoria de premissa necessária à emancipação. O governante, em consequência, não seria o rei com poderes emanados de Deus, mas contratualmente fixados, em um regime republicano. Os que resistiam à ordem instituída ficavam advertidos, além disso, que deveriam contar com o princípio da igualdade, ainda que não a igualdade social, abolicionista e democrática.

**VII.** NA VERTENTE QUE ANALISA A CRISE meramente pelo colapso do sistema colonial, a transmigração da Corte, em 1808, cortara o vínculo emancipacionista do pensamento liberal. O monopólio comercial rompia-se pela própria natureza das coisas: a Corte, a metrópole, estava no Brasil. A abertura dos portos se fazia inspirada em personagem fundamentado em Adam Smith, o futuro visconde de Cairu, que, em outras circunstâncias, seria um fator desestabilizador da monarquia, como foram os conjurados de Minas e da Bahia. A *ala esquerda* do liberalismo perdia sua bandeira, em favor de uma futura *ala direita*, que tentaria, com êxito, metropolizar a Colônia. Desligar-se-ia, dessa sorte, a causa nacional da causa liberal. Por que o esquema não operou, deixando espaço ao liberalismo, em particular ao movimento de 1817, que traduz uma corrente indelével no pensamento político brasileiro, com o signo permanente da irrealização? De outro lado, a transmigração deixa um roteiro mais do que secular, que, passando pela Independência, dimensionará o esquema de poder, sem rupturas, em permanentes e continuadas conciliações. O estrangulamento da dinâmica política, da dialética filosófica, encontra seu ponto de partida em ousada hipótese.

Há uma terra incógnita a percorrer, encantada pelo fascínio das origens.

**VIII.** A MONARQUIA PORTUGUESA, pelos seus intérpretes mais perspicazes, percebeu que havia, na Colônia, mais do que conspirações isoladas, filhas da propagação dos "abomináveis princípios

*82* | A REPÚBLICA INACABADA

franceses". Em julho de 1789, um alto dignitário da Corte advertia que não havia pelo "que recear quanto ao presente, mas sim que prevenir para o futuro".[126] No final do século XVIII e início do XIX, depois dos acontecimentos de Minas Gerais e até a transmigração da Corte, procurou-se instituir uma política de compromisso. Luís Pinto de Sousa Coutinho será a voz mais significativa da proposta de mudanças, do alto de seu posto de secretário de Estado para assuntos ultramarinos. Propunha favorecer a prosperidade do Brasil, com a abolição dos monopólios e a atenuação da carga fiscal. Ousadamente, via a permanência da monarquia na transformação da Colônia em uma província. Suas ideias se debatiam com a oposição interna: combater o colonialismo ultramarino importava em provocar o nacionalismo na metrópole. Previa a mudança da Corte, em uma transação entre o mercantilismo e o livre-comércio, em um império luso-brasileiro, ao qual não era estranho o pensamento de José Bonifácio: "sobre o seu Brasil — escrevia-lhe Coutinho —, grande será seu destino".[127] Tratava-se, em um plano que discutia a própria conveniência do trabalho escravo, fonte de endividamento dos produtores diante dos comerciantes, de mudar para prevenir. Essa política, uma vez que não havia mudado a equação de forças, em uma colonização interiorizada, dita o procedimento do regente d. João. O liberalismo entrava na receita, como condescendência, para frustrar a mudança, esta realmente baseada no pensamento liberal.

Um ardiloso plano de resistência esboçara-se, porém, na imaginação do herdeiro da monarquia ao compreender o perigo iminente da separação, *plano que consistiu em conceder à colônia o máximo das franquias econômicas, para garantir o mínimo das cedências políticas*.[128]

Essa política, a da resistência, será posta em execução no Brasil, por d. João VI e Pedro I, de um modo que imobiliza o movimento político e transaciona para que, mais tarde, se mantenha, à custa de reformas, o núcleo neopombalino do Estado. Procurava-se divorciar, como se acentuou, a extinção do colonialismo do liberalismo. A atividade do pensamento político acentuou-se no ponto mais próspero da Colônia. As guerras napoleônicas, a rebelião de São Domingos, os infortúnios colonizadores nas possessões inglesas e norte-americanas restituíram Pernambuco aos melhores dias do começo do século XVIII. O açúcar voltara a reinar, em um espaço frequentado pelo imaginário nativista, ressentido com o revés dos mascates. *Em 1800, pensou-se em projetar uma república sob a proteção francesa, na qual se comprometeram prestigiados senhores de engenho.* Em 1817, chegar-se-á ao momento culminante do processo de descolonização, que conseguiu, pela primeira vez, empolgar o poder no território convulsionado.[129] O motor da insurreição seriam os produtores — os senhores de engenho — contra os mercadores que, transferida a Corte, mantinham os privilégios metropolitanos. O ingrediente popular, alastrando-se nos escravos, dará a medida de um liberalismo que, como liberalismo, não dispensa a defesa dos direitos individuais, embora no nível mínimo para formar a representação política.

> Na verdade, cumpre avaliar o peso das relações sociais desenvolvidas e agravadas — nas duas primeiras décadas do século passado, para que se percebam as motivações da ampla insurreição havida em 1817, aprofundada em 1821 e 1824 [...]. Os antigos senhores rurais, que dominavam a história do período anterior, transmudavam-se numa "aristocracia agrária" e, nesse sentido, procuravam afirmar-se em 1817; isto é, na qualidade de camada dominante e exceção feita de uma minoria que não conseguiu impor seus pontos de vista sobre a organização do trabalho livre escravista [...]. Na verdade, o que se observava era uma degradação paulatina nas relações entre a aristocracia nativa e os antigos mercadores que faziam as articulações do sistema colonial português. Na base de tal degradação, colocava-se o problema da propriedade: à propriedade dos "grandes filhos do país", contrapunham-se os "bens

dos europeus, cuja maior porção constitui a massa mais opulenta do comércio".[130]

**IX.** A POLÍTICA DE CONTEMPORIZAÇÃO DA CORTE encontra os obstáculos irremovíveis da administração portuguesa — transplantada com a Corte em 1808 —, na verdade o Estado, exposto na centralização, no sistema tributário e no favorecimento estamental ao colonizador. Formara-se, ao lado da burocracia estamental e portuguesa, uma subcamada brasileira, discriminada no Exército e na administração civil, o que, nas circunstâncias, lhe ditava a lealdade possível. O vínculo prenuncia uma aliança que voltará a se repetir em 1821, 1824, 1831 e 1848.[131] A revolução, capaz de atrair vultos como Antônio Carlos Ribeiro de Andrada (1773-1845) e Antônio de Morais Silva (1757-1824), além dos padres, mal definiu seu perfil republicano, sem lograr questionar a escravidão e a participação real das classes populares. Liberalismo não significava democracia, termos que depois se iriam dissociar, em linhas claras e, em certas correntes, hostis. Os intelectuais da revolução eram os padres — sessenta padres e dez frades —, a ponto de o movimento haver sido qualificado de *uma revolução de padres, o que traía a presença do Seminário de Olinda*.[132] Entre eles, sobressaem João Ribeiro e o próprio cronista da revolução, monsenhor Muniz Tavares (1793-1876).

O ano de 1817 marca um ponto de separação e um ponto de confluência na história do pensamento político. Daí se projetará, pelo reformismo, a transação da Independência, com a absorção da metrópole e do Estado português. Essa linha verá na revolução um equívoco, que certas concessões impediriam que se repetisse. Essa é a visão cortesã e da Corte, expressa por um Varnhagen:

> Nem cremos que o Brasil perde em glórias, deixando de catalogar como tais as da insurreição de Pernambuco de 1817, nós que fazemos votos pela integridade do império, e que vimos no senhor d. João VI outro imperador. E menos ainda lamentamos que não se conte desde 1817

a madureza da independência, *nós que a fazemos preceder da carta régia sobre o franqueio dos portos, e por conseguinte ao mês de janeiro de 1808*; e, portanto, com mais glória para o Brasil, que destarte remonta a sua emancipação colonial da Europa a uma época anterior a de todas as repúblicas continentais hispano-americanas [...].[133]

O fim político do colonialismo, já destruído economicamente em 1808, será a Independência, com o abandono da plataforma liberal, em favor da construção do Império. Essa linha adotará o nome, sem conservar a coisa, não por astúcia, mas pela limitação do princípio dentro do Estado transmigrado. De outro lado, prosperará o liberalismo, na letra e no espírito, já presente em 1817, com inclinação, em alguns casos, para as ideias democráticas, sem que se toque na situação escrava. Liberalismo nacionalista, não popular, com a cidadania negada às "baixas camadas da sociedade".[134] Muitos revolucionários de 1817, como Antônio Carlos, aderem à transação, que se deveria processar no interior da Assembleia Constituinte. A maior parte deles aceita o Império, mas com ele romperá quando este, ao se constituir, arquiva a intangibilidade dos direitos e a soberania nacional como fonte do poder, sem a precedência monárquica, a qual criará, dentro de si, um corpo que será o grande eleitor — o poder Moderador, a representação das camadas que associaram a descolonização ao liberalismo. Esse liberalismo será acoimado de *radical* para distingui-lo do acoimamento imperial.

**X.** Cipriano Barata (1762-1838) e frei Caneca (Joaquim do Amor Divino, 1779-1825) serão os críticos do processo de desvirtuamento do liberalismo.[135] Cipriano percorre o ciclo liberal completo — 1798, 1817 e 1824. Dá-lhe continuidade frei Caneca, que, acorde com o compromisso da Assembleia Constituinte, não aceita a outorga régia, nem o esquema andradino de Estado. Cipriano Barata, um dos deputados às Cortes de Lisboa, percebe que o absolutismo persiste apesar de 1822. Em torno da Independência, depois da dissolução da Assembleia Constituinte, governará o Partido Absolutista, percepção que será comum aos liberais da época.[136] Repelem, na sua doutrinação, o liberalismo da restauração, que aqui entrará em revide acoimador — "conter e dirigir", na fórmula de um alto conselheiro de d. João VI.[137] Na defesa constante do processo que o condenou à morte pela participação na Confederação do Equador, frei Caneca traça, com clareza, a medula de seu pensamento. Nega que fosse separatista e republicano, mas afirma, de acordo com seus escritos:

> A soberania estava nos povos. Os povos não são herança de ninguém. Deus não quer sujeitar milhões de seus filhos ao capricho de um só. Os reis não são emanação da divindade, são autoridades constitucionais [...]. Os povos têm o direito de mudar a forma de governo. As Cortes são superiores ao imperador. Clamando-se ao soberano congresso sobre alguma lei, que dele emanar, a qual contrária seja aos interesses dos povos, se estes não forem atendidos, desfeito está o pacto; cabe-nos então reassumir nossos direitos [...]. O povo do Brasil deu por generosidade o trono ao imperador. O governo absoluto, o maior de todos os males...[138]

Percebeu Caneca, ao acompanhar os trabalhos da Assembleia Constituinte e sua dissolução, que se estava a criar "não um império constitucional, sim uma monarquia absoluta". O absolutismo estava na ausência de representação nacional, ainda no grau limitado proposto pelos liberais. Inexistente ou inautêntica a representação nacional, perguntará:

> Que barreira haverá contra os ataques que o executivo fizer aos direitos da nação? Quem fará suspender a propensão do executivo para a tirania? [...] Quem punirá as arbitrariedades do ministério e seus oficiais? Qual será o cidadão que possa contar com a segurança de sua vida, da sua propriedade, da sua honra?[139]

EXISTE UM PENSAMENTO POLÍTICO BRASILEIRO? | *87*

A inspiração, em citações explícitas, virá de Locke e Montesquieu. Combate a "cabala portuguesa", o elemento colonizador, embora interiorizado, em nome dos "homens probos, constitucionais, ricos proprietários". A Carta de 1824 não estava na "esteira dos Locke, dos Hamilton", do *Espírito das leis*.[140] Pregava, coerente com o programa liberal, a rejeição da Constituição de 1824, com a consequente dissolução do pacto social, admissível pelo poder de resistência.

Nós queremos uma constituição que afiance e sustente a nossa independência, a união das províncias, a integridade do império, a liberdade política, a igualdade civil, e todos os direitos do homem em sociedade; o ministério quer que, à força de armas, aceitemos um fantasma irrisório e ilusório da nossa segurança e felicidade...[141]

Aí estará o *radicalismo*, cuja essência é o liberalismo norte-americano e europeu, socialmente conservador. O que importa acentuar é que esse liberalismo não pôde, em nenhum momento, compatibilizar-se com o Estado brasileiro. Os liberais têm, com o poder, uma relação tempestuosa ou ambígua: serão potencial ou realmente sediciosos, ou, sem tocar no Estado, farão a política conservadora. Essa cisão está na base do pensamento político brasileiro e terá consequências que impedem o desenvolvimento, a adequação do pensar ao fazer melhor: de incorporar ao fazer o pensar.

**XI.** O LIBERALISMO não conseguiu alterar a estrutura do Estado, instituindo um Estado protetor de direitos. Conseguiram os liberais, só eles, agregar camadas populares e urbanas aos seus objetivos, sempre frustradamente. O ponto de dissídio na Assembleia Constituinte será a precedência do rei sobre a Constituição. Mesmo com o malogro do compromisso dos liberais, não prosperou sua política para um sistema republicano e federativo. Dividem-se na facção exaltada e na facção moderada. Virá a época da Cabanada no Pará, da Balaiada no Maranhão, da Sabinada na Bahia e da Farroupilha no Rio Grande do Sul. De 1817 a 1850 formou-se a ideologia e a *consciência possível* esteve às portas da consciência real, como em 1831, quando tremeu o trono de d. Pedro. O Ato Adicional de 1834, com as facções congregadas, revelou-se instrumento suficiente para descentralizar o Império e manter os direitos que o Código de Processo Criminal de 1832 havia assegurado. Quem narra a história dos malogros é Teófilo Otoni (1807-69), discípulo de Cipriano Barata, fazendo renascer o liberalismo, que, mais tarde, cede ao aulicismo de uma cadeira senatorial, em 1864. "O 7 de abril foi um verdadeiro *journée des dupes*. Projetado por homens de ideias liberais muito avançadas, jurado sobre o sangue dos Canecas e dos Ratcliffs, o movimento tinha por fim o estabelecimento do governo do povo pelo povo por si mesmo, na significação mais lata da palavra."[142]

O acordo se fechara para salvar o princípio monárquico. Explica o autor da *Circular* o motivo de sua adesão aos moderados:

> E se a democracia criasse então uma oposição regular, eu não me chegaria provavelmente para os moderados. Porém a oposição começou a revolver na corte e na Bahia os mais perigosos instintos de nossa sociedade, chamou em seu apoio a espada de soldados indisciplinados, quando se tratava da solução das mais graves questões constitucionais. Órgão e defensor da democracia pacífica, o redator da *Sentinela do Serro* em tal contingência preferiu acostar-se ao princípio monárquico, contanto que a monarquia fizesse por meio de reformas legais na constituição largas concessões ao princípio democrático.

A inspiração seria republicanizar a monarquia com teses de Jefferson, que o autor menciona. As reformas cogitariam de anular o poder Moderador, abolir o senado vitalício e descentralizar, até a federação, o Império. Os liberais temiam, na amplitude da aliança, os portadores dos "perigosos instintos da nossa sociedade". Os conservadores, os absolutistas e os moderados recompõem-se e, em poucos anos, freiam o "carro revolucionário". Seu sustentáculo será a Corte, consorciada ao comércio, acumpliciado com o tráfico. O liberal Teófilo Otoni, de seu lado,

> nunca sonhou senão democracia pacífica, a democracia da classe média, a democracia da gravata lavada, a democracia que com o mesmo asco repele o despotismo das turbas ou a tirania de um só. Ao passo que censurava os chefes do Partido Liberal Moderado, porque desvirtuavam a revolução, de que se haviam apoderado, a *Sentinela do Serro* com mais energia estigmatizava os excessos anárquicos aplaudidos pelas folhas democráticas da Corte.

A aliança com a "classe média" dependia de outro país, o país da propriedade parcelada, com empresas urbanas, um país que não existia. Não foi difícil, vencida a onda que se abre em 1831 e abrange todo o espaço regencial, restaurar o conservadorismo, agora cristalizado em um partido. Em pouco, as reformas da estrutura estatal, ainda que tímidas, foram cortadas e podadas pela reação centralizadora. As franquias do júri — que asseguravam a justiça dos donos de terras e clientelas —, o direito de resistência, previsto no Código Penal, a exposição do poder Moderador, afastado o anteparo do Conselho de Estado, estas e outras garantias se amesquinhariam diante do poder oligárquico da Corte. Era o fim de um ciclo, com muitas jornadas de insubmissão, nos sucessivos malogros de um pensamento que não conseguiu se realizar; casando-se à prática.

**XII.** O LIBERALISMO teve uma base social definida, embora não compacta. Não contou com a burguesia industrial, como o europeu, por ainda inexistente o industrialismo interno. A Revolução Industrial atuou, entretanto, de fora, impulsionando — aqui em ideologia liberal atuante, *sugerente* — o liberalismo. Ele, ao con-

90 | A REPÚBLICA INACABADA

trário do modelo europeu, isolou-se dos "excessos anárquicos", das "turbas", dos "perigosos instintos de nossa sociedade", nas palavras de Teófilo Otoni. Conviveu com o escravismo, o que não o desajusta de seu arcabouço teórico, de acordo com o padrão mais persistente, o de Locke. Ocorreu que, articulado à descolonização, não logrou organizar o Estado, por carência estrutural e pela deficiência de uma consciência nacional real.[143] *Este não será, entretanto, o liberalismo que a historiografia leva em conta. Há outro liberalismo, com diversa fonte, que bem merece figurar entre aspas, havido como peculiar, específico do Brasil.*

**XIII.** QUE É ESSE *LIBERALISMO*, havido por específico no seu significado, que se expressa no século XIX?[144] Esse não é o liberalismo como consciência possível, vinculado à descolonização, o de Cipriano Barata e de Caneca. Esse liberalismo é outro e provém de duas fontes, ambas com passagem pelo filtro oficial: a dos descolonizadores em compromisso, como Antônio Carlos Ribeiro de Andrada, que pretendem, sob o pálio monárquico, com o aproveitamento da casa de Bragança, organizar uma transação, mantida a supremacia e a precedência do poder real. A outra fonte, a que dirigirá os acontecimentos, a que atuará dentro da práxis, como pensamento político, desvinculada da ideologia e da filosofia política, sacrifica os valores liberais em favor da manutenção do Estado reformado. Será, pela origem de seus executores e pela ênfase da obra, neopombalina. Seu momento de constituição será o período que vai da Revolução Portuguesa de 1820 até a dissolução da Assembleia Constituinte, em 12 de novembro de 1823. Ele — esse tipo de liberalismo — se define na presença da Revolução de 1820, tal como é assimilada pelas Cortes de d. João VI e d. Pedro I. Um ministro de d. João VI, Silvestre Pinheiro Ferreira (1769-1846), e um ministro de d. Pedro I, José Bonifácio de Andrada e Silva (1763-1838), serão os intérpretes do pensamento político dito liberal. Liberalismo que se esvazia para se cristalizar em *constitucionalismo*, na visão de um, e de unidade nacional, na visão de outro. Para o último, José Bonifácio, o velho nativismo, o nacionalismo, que era antiportuguês no ataque à exploração comercial, condensam-se em uma obra do Estado. Para o outro, Silvestre Ferreira, todo o movimento dos novos tempos estaria na consagração de um estatuto, ainda que nominal.

A Revolução Portuguesa de 1820 inscreve-se no processo de atualização ibérico com a Europa, tarda no século XIX e tarda no século XX. Ela reage contra o obscurantismo pós-pombalino, contra uma reforma interrompida, iluminada com a mudança social e política do continente. Os exilados, entre os quais avulta, em Londres, Hipólito José da Costa (1774-1823), com o *Correio Braziliense* desde 1808, não se mostravam fascinados pelos princípios da Revolução Francesa. Eram, como os futuros revolucionários, vítimas da repressão, que pretendia segregar policialmente Portugal do mundo. Em 1820, o fascínio pelos *"abomináveis princípios franceses"* estava atenuado pela invasão peninsular e pela restauração francesa, com a literatura que provocou em defesa da monarquia.

> É um erro bem grande [dirá um copioso historiador dos acontecimentos] supor que devemos tudo à Revolução Francesa [...] o movimento intelectual iniciado pelo marquês de Pombal tem um caráter acentuadamente nacional, por isso mesmo que foi criado nas nossas necessidades e no nosso meio. As ideias propenderam mais para as teorias inglesas, cujas escolas tiveram mais aceitação dos sábios portugueses. Depois, os excessos da Revolução Francesa produziram em Portugal a mesma impressão que na Alemanha. Os revolucionários portugueses, como os alemães, procuraram legitimar as mudanças políticas antes nas necessidades públicas e locais do que nas teorias francesas, cuja prática não foi das mais edificantes. [...] A cada momento que falam na necessidade de uma revolução, acrescentam logo que não a querem, como a da França, anárquica e sanguinária. Esta reação exagerada contra aquele país veio criar laços mais íntimos entre as ideias portuguesas e as dos sábios e publicistas britânicos.[145]

O trio — liberdade, igualdade e fraternidade — não frequenta os escritos dos revolucionários e reformistas portugueses. O apoio maior do movimento português repousará sobre a burguesia comercial, para a qual d. João VI, "mal se viu seguro no Brasil, começou a promover o desenvolvimento do novo império, à custa do *negociante português*, sobre cujas mercadorias lançou pesados impostos, enquanto abria os portos daquele país a todas as nações".[146]

Nesse ponto, a Revolução Portuguesa, que se propagou no Brasil e aqui foi sustentada pelo Exército português, mostrava sua face não exportável. Os interesses dos produtores brasileiros eram adversos aos negociantes portugueses, cujo projeto chegaria, se vencedor, ao retorno da metrópole: o liberalismo daqui era oposto ao liberalismo de além-mar. Além da distância em que se situava a Revolução Portuguesa da Francesa, aberta quando estavam exaustos os ímpetos igualitários e libertários, o líder máximo, Manuel Fernandes Tomás, invoca os precedentes pombalinos de sua formação coimbrã, quer vinculando o movimento à tradição das Cortes portuguesas, quer invocando Pombal sobre o problema do comércio de Portugal. Ele se propõe — e supõe que esse seja o escopo revolucionário — completar a reforma pombalina.[147] As tendências da burguesia comercial seriam mercantilistas, em um país desprovido de indústrias e com a agricultura em abandono. As Cortes de Lisboa firmaram, antes da Constituição, as *Bases da Constituição* pelo decreto de 9 de março de 1821, juradas no Brasil, o que abriu o espaço ao exercício dos direitos ao debate político, até então policialmente impedido. Essa terá sido sua contribuição real ao liberalismo brasileiro. Em Portugal, o pensamento liberal, posto que esboçado na Constituição, que não chegou a viger no Brasil, encontraria, depois de golpes e contragolpes, os seus fundamentos nas reformas de Mousinho da Silveira, que extirparam, na década de 1830, a agricultura do "parasitismo fidalgo e clerical".[148] Depois dos acontecimentos de 1831 a 1834, a história do liberalismo em Portugal deixou de ser "uma comédia de mau gosto".[149] Muito esperaria o Reino, entretanto, para completar, pela representação nacional, o edifício liberal.

A Revolução de 1820, nas suas consequências sobre a Coroa, levou Silvestre Ferreira ao ministério de d. João VI. Seu nome distinguia-se fora do círculo cortesão, pelas preleções de filosofia, na sala do Real Colégio de São Francisco. Pertence, ao lado de José Bonifácio e Pereira da Fonseca, o futuro marquês de Maricá, à revista *O Patriota*. Procede do grupo que, desde Coimbra, adotara o pombalismo, sem retrair as reformas ao círculo traçado e inconformado com sua interrupção no reinado de d. Maria I, ao qual pertencera d. João, como regente. Convencido, depois da relutância inicial, de que deveria adequar-se à onda revolucionária portuguesa, com o risco da sobrevivência da Coroa, d. João VI socorre-se dos préstimos de Silvestre Ferreira, "não só um espírito de uma independência fundamental e irreconciliável, como um reformador implacável, posto que manso, a ponto de não raro parecer paradoxal e por vezes quimérico".[150] Ele será, com suas dilações e suas concessões, o padrinho do "novo sistema representativo no Brasil". O impulso ganhara o Exército e o clero, num ímpeto que aos espíritos da ordem parecia anárquico e aniquilador das prerrogativas régias. O ministro cogitava — este o limite de seu reformismo — ficar

> num caminho a igual distância dos desmandos revolucionários, que queriam reduzir a realeza a uma ficção, e das ilusões dos retrógrados, que julgavam possível continuar a fazer pouco da revolução que rompera fremente na península.[151]

Ele aceita o constitucionalismo, havendo-o como sinônimo de liberalismo, para organizar, na monarquia constitucional, o sistema representativo. Para que fosse liberal o sistema, digno do nome, deveria formar-se sobre um núcleo de direitos e garantias individuais, constituindo a organização dos poderes em promotores e defensores desses fundamentos, sob a garantia da representação na-

94 | A REPÚBLICA INACABADA

cional.[152] Questionável é que se trate de liberalismo — trata-se de uma reforma absolutista, com o caráter de liberalização.

O propósito de Silvestre Ferreira — é o que evidenciam seus escritos e sua ação — consiste sem dúvida em contribuir para que se completem as reformas iniciadas por Pombal, promovendo a liberalização das instituições políticas e, dessa forma, completando o processo de inserção de Portugal na Época Moderna. Outro não era o ideal de parcela representativa da elite de seu tempo.[153]

Na súmula de suas ideias — segundo palavras suas —, o exercício do poder legislativo, encarnado pelas Cortes, far-se-ia com o "concurso e o consentimento do rei".[154] A monarquia constitucional teria dois eixos: as Cortes, expressão da vontade popular, e a aristocracia, composta de uma nobreza hereditária, mas pelo mérito habilitada ao governo. A vontade popular — diria o liberalizante — depurar-se-ia por um meio "insignificante, mas único que existe": que "os homens menos espertos de cada povoação se louvem em outros mais instruídos nos interesses dos povos".[155]

**XIV.** Em momentos de crise, surge sempre uma voz que revela o que os atores políticos escondem, velados na severa fisionomia da ação. O conselheiro e espectador, que irrompe subitamente no Rio de Janeiro, neste ano de 1821, será o conde de Palmela (Pedro de Sousa Holstein, depois duque, 1781-1850), como recado inglês de ceder para não perder tudo. Era o absolutista vestido de liberal, opinando que, antecipando-se às Cortes, d. João VI outorgasse uma carta constitucional. O cosmopolita e cético, oportunista e realista, trazia a lição de Luís XVIII, que aprendera nas Cortes europeias, na convivência de Madame de Staël e Benjamin Constant. Se fosse possível resistir, resistir-se-ia; caso contrário, transigir-se-ia, antecipando as reformas às que fossem exigidas. "Palmela tornou-se adepto do constitucionalismo saído da santa aliança, ou da liberdade, não inspirada na soberania nacional e nos interesses dos povos, mas da liberdade inspirada nos interesses das Coroas."[156]

É o liberalismo como tática absolutista. Seu parecer, no qual aconselha a outorga de uma Constituição, claramente explica o teor do liberalismo vigorante:

> E, para me explicar melhor [dizia a d. João VI], direi que no meu conceito Vossa Majestade tem duas coisas a fazer: a primeira é conceder o que já agora não pode negar; a segunda é impedir que essas concessões passem de certos limites, o que sem dúvida aconteceria se se deixassem em Portugal os revolucionários legislar sem freio e sem receio. O primeiro objeto conseguiria Vossa Majestade por meio de uma carta constitucional que promulgasse; o segundo só poderia obter-se indo Vossa Majestade em pessoa, ou mandando o seu filho primogênito, para inspirar respeito e servir de centro aos bons portugueses.[157]

Esse o esquema que será posto em marcha, ora como coluna principal, ora como expediente subsidiário no constitucionalismo brasileiro. Trata-se do modo comum de pensar, em uma geração formada na atmosfera absolutista, arejada pelo Iluminismo e pelas reformas pombalinas.

**XV.** A organização do regime constitucional brasileiro não é conversível, ao contrário do que entendeu a historiografia brasileira, no liberalismo. O teor de suas ideias não ultrapassava o neopombalismo, tais como expressas por José Bonifácio. O ponto de partida não é a carta de direitos, nem sequer a Constituição. No início de 1822, contra Ledo, Clemente Pereira e Januário da Cunha Barbosa, explodia o futuro Patriarca em palavras duras: "Hei de dar um pontapé nestes revolucionários"; "Hei de enforcar estes constitucionais na praça da Constituição" — ditos, ao tempo, a ele atribuídos. Seu projeto, na realidade, partia de outra base: a independência "moderada pela união nacional".[158] Queria um governo forte

96 | A REPÚBLICA INACABADA

e constitucional, "forte porque constitucional, para desimpedir o caminho para o aumento da civilização e riqueza do Brasil".[159] Pessoalmente, como percebeu com alegria o embaixador da Áustria, não era "nem democrata, nem liberal".[160] O centro de seu esquema de construção nacional será o Estado, no esquema pombalino. "O Estado nacional brasileiro nascia de uma tradição absolutista com uma forma liberal, para cooptar interesses econômicos divergentes, tais como o senhor rural e os do comerciante urbano."[161]

Hipólito José da Costa, este com mais títulos de liberalismo do que José Bonifácio, receitava as reformas pela via do poder, de cima para baixo.

> Ninguém deseja mais do que nós as reformas úteis; mas [a] ninguém aborrece mais do que nós, que essas reformas sejam feitas pelo povo; pois conhecemos as más consequências desse modo de reformar; desejamos as reformas, mas feitas pelo governo; e urgimos que o governo as deve fazer enquanto é tempo, para que se evite serem feitas pelo povo.[162]

A anomalia desse liberalismo não era a convivência com a escravidão, mas a nota tônica do sistema constitucional, colocada no Estado, e não no indivíduo, em seus direitos e garantias.[163] Os inconvenientes do escravismo estavam presentes no espírito de José Bonifácio, como no de Hipólito, sentidos que foram no próprio século XVIII, como atesta Vilhena. O liberalismo não é inconciliável com esse escravismo. A participação popular no liberalismo, ao contrário da democracia, exclui da cidadania não apenas o escravo, mas os setores negativamente privilegiados, aqui e na Europa, sem escândalo ostensivo. A liberdade teria barreiras — como as tem no liberalismo — ostensivas e profundas no horizonte mental do formulador da Independência. Em texto apresentado à Assembleia Constituinte, por ele escrito e lido sob a responsabilidade de d. Pedro, define o cerne de suas ideias, no fundo absolutistas, com o verniz liberalizante. Reclama dos deputados uma constituição que, pondo barreiras inacessíveis ao despotismo, quer real, quer democrático, afugente a anarquia, e plante a árvore daquela liberdade, a cuja sombra deve crescer a união, tranquilidade e independência deste império. [...] Todas as constituições, que, à maneira de 1791 e 1792, têm estabelecido suas bases, e se tem querido organizar, a experiência nos tem mostrado que são totalmente teoréticas, e metafísicas, e por isso inexequíveis, assim o prova a França, Espanha e ultimamente Portugal. Elas não têm feito, como deviam, a felicidade geral: mas sim, depois de uma licenciosa liberdade, vemos que nuns países já apareceu, e em outros ainda não tarda a aparecer o despotismo em um, depois de ter sido exercitado por muitos, sendo consequência necessária ficarem os povos reduzidos à triste situação de presenciarem e sofrerem todos os horrores da anarquia.[164]

Excluídos os modelos revolucionários da França, da Espanha e de Portugal, o que resta? Sobra o constitucionalismo da restauração de Luís XVIII, uma vez que não se alude ao sistema norte-americano, rejeitado pelo conteúdo republicano.

**XVI.** O PENSAMENTO DA RESTAURAÇÃO incumbe-se de separar o liberalismo da democracia, unidos inicialmente pelo individualismo. A conexão entre democracia e liberalismo mostra sua face contrária. Conjurar a soberania do povo, ao mesmo tempo em que proclama, define e organiza a liberdade, será o esforço de Benjamin Constant, Staël, Royer-Collard e Guizot.[165] Sua preocupação estará não em proteger a liberdade, mas, temendo a democracia, vigiá-la num equilíbrio de poderes, dos quais nenhum tem realmente origem popular. A *bête noire* será Rousseau. O inspirador, Benjamin Constant, com as brochuras que publica a partir de 1814, dogmaticamente aceitas. "Rousseau [diria Constant] amava todas as teorias da liberdade, mas forneceu o pretexto a todas as pretensões da tirania."[166]

A liberdade dos antigos, pelo seu teor participativo, continha o perigo de aniquilar os direitos invioláveis ao Estado. Só a liberdade moderna conseguiu estabelecer a barreira que os garantem. A nota tônica recai sobre o regime representativo, em uma conciliação que leva em conta os poderes públicos, no fundo excluindo o "perigo" democrático.[167] Esse liberalismo, que já havia passado pela crítica dos conservadores, como Joseph de Maistre e De Bonald, emancipava-se da própria maioria, como instância legitimante.[168] O resíduo, sobre o qual prospera o liberalismo restaurado, será a organização do poder, limpo das impurezas despóticas, de um lado, e, de outro, com a recuperação da eficiência do poder, não apenas o instrumento capaz de evitar o arbítrio. O caráter outrora meramente negativo do liberalismo, em uma vertente aberta desde Montesquieu, seria negado, em proveito de um mecanismo a organizar e a construir.[169] Por essa via entraria um quarto poder — o "poder neutro" —, denominado na Carta de 1824 poder Moderador, caricaturado pelo absolutismo dos tradutores. Quanto ao povo, o limite era Montesquieu: liberdade do povo, não poder do povo.

A ossificação do modelo liberal, o absolutismo mascarado de d. João VI e de d. Pedro I, pela voz de seus intérpretes, soldado ao liberalismo restaurador, desclassificou todas as concepções liberais autenticamente liberais. O constitucionalismo, que se apresentou como o sinônimo do liberalismo, seguiu rumo específico, particularmente na Carta outorgada de 1824. O ciclo se fecha: o absolutismo reformista assume, com o rótulo, o liberalismo vigente, oficial, o qual, em nome do liberalismo, desqualificou os liberais. Os liberais do ciclo emancipador foram banidos da história das liberdades, qualificados de exaltados, de extremados, de quiméricos, teóricos e metafísicos. Com a terminologia herdada da restauração — *radicaux* —, "os radicais foram expulsos da história do pensamento político".[170] Seu liberalismo foi afastado, mas não superado, nem ultrapassou o estágio de *consciência possível*. Que significará a exclusão, hoje irrecuperável, em virtude da mudança da estrutura, da *sugerência* que o tornou um dia necessário?

# 6 | *O elo perdido*

UM PENSAMENTO POLÍTICO sem liberalismo, essa a conclusão? Na verdade, um pensamento político que o arredou, que vitoriosamente lutou para arredá-lo da vida nacional — o que não é a mesma coisa. A corrente banida, porque banida e não inexistente, atua, ainda que subterraneamente, irrompendo na superfície em momentos de desajuste do sistema e da crise. Uma interrogação: qual a consequência atual do elo perdido? Hoje, com a mudança no campo histórico, seria impossível recuperar o tempo perdido, que ocuparia o espaço de um anacronismo. Como ideologia importada, de outro lado, teria atividade adjetiva, retórica, ornamental, sem impacto sobre a dinâmica política. A ideia sugere que o liberalismo, uma vez superada a luta emancipacionista colonial, seria inútil, postiço, matéria morta no território das ideias políticas.

A realidade é outra. A ausência do liberalismo, que expressava uma dinâmica dentro da realidade social e econômica, estagnou o movimento político, impedindo que, ao se desenvolver, abrigasse a emancipação, como classe, da indústria nacional. Seu impacto revelaria uma *classe*, retirando-a da névoa estamental na qual se enredou. Interrompida ficou, em consequência, a luta do produtor na crise do sistema colonial e do produtor quando a Revolução Industrial penetra no país. O liberalismo, ao se desenvolver autenticamente, poderia, ao sair da crisálida da *consciência possível*, ampliar o campo democrático, que lhe é conexo, mas pode ser-lhe antagônico. Por meio da representação nacional — que é necessária ao liberalismo — amplia-se o território democrático, e participativo, conservando, ao superá-lo, o núcleo liberal. Chegar-se-ia a um ponto em que o que fosse democrático pressuporia o espaço dos direitos e garantias liberais, socialmente ampliáveis. A democracia, em uma fase mais recente, partiria de um patamar democrático, de base liberal, como valor permanente e não meramente instrumental. O quadro seria, em outra paisagem, o de nível europeu, sem que uma reivindicação, por mínima que seja, abale toda a estrutura de poder. O Estado seria outro, não o monstro patrimonial-estamental-autoritário que está vivo na realidade brasileira. Da incongruência da dinâmica do pensamento político, resultou que todas as fases suprimidas se recompõem como substitutos em uma realidade absolutista, ainda que reformista, neopombalina em um momento, industrialista em outro, nunca com os olhos voltados ao povo brasileiro, primeiro no respeito aos seus direitos, depois às suas reivindicações sociais. Com o salto, criou-se um monstro, tal como na imagem de Euclides da Cunha: o "Hércules Quasímodo". Quasímodo, entende-se, pelo histórico aleijão. O Hércules é a charada da fábula.

# Parte II
# A modernização nacional

**I.** EM 1915, em um ensaio que faria época, acerca da Alemanha imperial, Veblen celebrou, na corrida entre as nações pelo desenvolvimento, as vantagens do atraso (*the advantages of backwardness*). Inaugurava-se, com o paradoxo, um debate, que evocava um retalho de história do mundo, que até então permanecera na sombra, reservada a área luminosa às nações desenvolvidas. O paradoxo não acaba aí: se o país, no começo da corrida, situa-se nas últimas filas e por isso privilegia a sua trajetória, correlatamente a liderança sofre o castigo de se haver adiantado (*the penalty of taking the lead*). Entre as duas marcas — a que assinala o país atrasado e a que indica o paradigma — situa-se o fenômeno que se chama a *modernização* — que outrora, guardadas as diferenças de tempo e de estrutura histórica, constituiria a europeização ou a ocidentalização. Duas nações, na primeira metade do século XX, depois de uma arrancada que as destacou no mundo, eram os exemplares da modernização: a Alemanha e o Japão. Os dois países teriam, ao se industrializarem, assimilado e incorporado ao seu desenvolvimento a tecnologia dos países paradigmaticamente adiantados, queimando etapas, sem pagar, em termos sociais e econômicos, o alto e aflitivo preço que os ingleses pagaram pela conquista da liderança.[1] Não previra Veblen, embalado pela imagem de retórica — as vantagens do atraso —, um oxímoro que vale tanto como o "contentamento descontente" de Camões, da eventual patologia, congenial às modernizações. O que ele supunha ser uma franja incidental se revelaria, nos meados do século, uma enfermidade, só extirpável com o desaparecimento da própria modernização, como fenômeno aderido ao país em desenvolvimento.

Haveria, dessa maneira, no país atrasado, um tempo célere, que encurtaria a distância para alcançar a primeira fila. Um *tour de for-*

*ce* o distinguiria do paradigma. No ponto de chegada, a diferença deixaria de existir, situados os modernizadores, também eles, entre os líderes. O caminho a percorrer, pelo país atrasado, não seria, dessa sorte, o mesmo do país desenvolvido. O prefácio de *O capital*, de 1867, na parte que afirma que "o país industrialmente mais desenvolvido mostra ao país menos desenvolvido tão somente a imagem do próprio futuro", conteria só uma meia verdade.[2] E ainda com uma diferença: a realidade no país atrasado no voo pelo desenvolvimento seria, socialmente, muito pior do que a do líder, somando as misérias modernas às misérias herdadas.[3] Uma nação pode aprender com as outras e, depois que *descobrir a pista da lei natural do seu desenvolvimento*, não pode saltar etapas por decreto, embora esteja no seu poder minorar e abreviar as leis do parto — acrescenta o esquecido prefácio. O desenvolvimento começa com a descoberta dessa *pista da lei do desenvolvimento*. Antes que ela se revele, como uma iluminação valorativa, a sociedade atrasada dorme, sem as tensões que aí começam. Se o desenvolvimento é mera extensão de uma fonte desenvolvida, como nas colônias gregas e, possivelmente, nos Estados Unidos com relação à Inglaterra, não se pode falar em modernização.

**II.** O CONFRONTO DAS DUAS TESES define, com clareza, o perfil da chamada *modernização*. Pode-se, se a modernização é de fato o que Veblen supôs que ela fosse, encadear uma em outra, entre as nações, em um regresso ad infinitum. A Alemanha teria se modernizado de acordo com o modelo inglês; a Inglaterra, em sequência ao padrão europeu ocidental. Assim seria, se o desenvolvimento se tivesse operado por esse processo. Mas se, afora a *modernização*, há o caminho da *modernidade*, além da atração do antecedente existe algo mais. Há a descoberta da *pista da lei natural do desenvolvimento*. Sem a impureza positivista, que está na ideia de lei, existe aqui um eco hegeliano — o desenvolvimento como devenir, como atualização — que nega a hipótese do encadeamento regressivo de modernizações, e da própria modernização, como via de desenvolvimento. Esse é um tema a que se voltará. Diga-se, por enquanto, que a *modernidade* compromete, no seu processo, toda a sociedade, ampliando o raio de expansão de todas as classes, revitalizando e removendo seus papéis sociais, enquanto a *modernização*, pelo seu toque voluntário, se não voluntarista, chega à sociedade por meio de um grupo condutor que, privilegiando-se, privilegia os setores dominantes. Na modernização não se segue o trilho da "lei natural", mas se procura moldar, sobre o país, pela ideologia ou pela coação, uma certa política de mudança. Traduz um esquema político para uma ação, fundamentalmente política, mas economicamente orientada, para usar a língua de Weber. A ação social que dela decorre não parte da economia, como expressão da sociedade civil. Na *modernidade*, a elite, o estamento, as classes — dizemos, para simplificar, as classes dirigentes — coordenam e organizam um movimento. Não o dirigem, conduzem ou promovem, como na *modernização*.

A *modernização*, quer se chame ocidentalização, europeização, industrialização, revolução passiva, via prussiana, revolução do alto, revolução de dentro, ela é uma só, com um vulto histórico, com muitas máscaras, tantas quantas as das diferentes situações históricas. Talvez se possa dizer, ainda, que a *modernização*, ao contrário da modernidade, cinde a ideologia da sociedade, inspirando-se mais na primeira do que na segunda.

**III.** FUNDAMENTALMENTE, a modernização é um traço de linhas duplas: a linha do paradigma e o risco do país modernizável. Quando ela, a modernização, se instaura como ação voluntária, quem a dirige é um grupo ou classe dirigente — com muitos nomes e de muitas naturezas — que, na verdade, não reflete passivamente a sociedade sobre a qual atua. Tal grupo, para mudar o que não vai, ao seu juízo, bem, começa por dissentir da classe dirigente tradicional. O desvio, entretanto, não altera a pirâmide social, nem os valores dominantes. Um exemplo, para antecipar, será a projetada e frustrada reforma que se quis derivar da recepção do positivismo comtista, no século passado. Militares, engenheiros e médicos, uma elite que não conseguia dar as cartas no estamento imperial — depois chamado a *pedantocracia legista* —, formam, não uma nova sociedade, mas um novo estamento, para que ocupe o lugar do antigo. E claro que tal ascensão insegura só resultará em uma mudança espasmódica, limitada, incapaz de imantar toda a sociedade. A pauta dupla que o emoldura, com duas forças dentro de um projeto, não pode se dissolver, porque a isso se opõe a necessidade da elite dissidente de controlar, medir e regular o âmbito da mudança, sempre circunscrita aos valores que não pode alterar. Desse molde as modernizações brasileiras nunca se emanciparam, prisioneiras de uma estrutura econômica, intangível à sua ação.

**IV.** As MODERNIZAÇÕES, como modelo de desenvolvimento, assumem um perfil definido já no século XVIII. A Rússia de Pedro, o Grande (1682-1725), se propôs, no desesperado atraso econômico em que se encontrava, entrar em disputa com países mais adiantados, o que a obrigou a procurar alcançá-los a ferro e fogo. Igualmente, o descompasso de economias, nas quais uma sugava — real ou presumidamente — a outra, levou Pombal (1775-7), "reunindo corações e espíritos", como dizia, a procurar estancar a sangria. Era necessário reformar a monarquia e a economia: "A monarquia estava agonizando. Os ingleses tinham peado esta nação e a tinham debaixo de sua pendência: eles a haviam insensivelmente conquistado, sem ter provado dos inconvenientes das conquistas".[4] As reformas partiam de uma plataforma intelectual, ideológica: antes de tudo, recuperar o pensamento científico, tolhido pela escolástica. Uma economia calcada sobre a burguesia comercial, cevada de estímulos e privilégios, viria a ser, no futuro, também manufatureira, não ao modelo inglês, alvo inatingível pela modernização mercantilista, mas segundo o sistema colbertiano. A nação seria reorganizada, com um absolutismo que não se constrangia de admitir o despotismo, favorecendo os setores "privilegiados, como a nobreza e o clero, o ensino superior e tudo o que possa haver em um raio de confidência".[5] Sobre esta pedra, que mal durou o tempo de um reinado, formou-se a base, nunca abalada, de todas as modernizações brasileiras.

A modernização, no Brasil, encontra, na sua primeira versão histórica, uma modernidade em maturação. As inovações de d. João recaíram sobre um país em transformação, dirigindo-o e, ao mesmo tempo, freando-o e renovando-o com o transplante da Corte portuguesa no Rio de Janeiro. O espírito pombalino permeou a obra da Independência, mediante severo controle da ascensão social que a emancipação política deveria produzir. Entre a sociedade civil, frágil e vigiada, e o estamento aristocrático, deu-se uma transação, alterada em torno dos meados do século XIX. A conciliação política, desarmando os antagonismos, regularia e controlaria a mudança social. Mantida a pirâmide — mantida a "ordem", como se dizia —, o Império escravocrata adia sua mais urgente reforma social, a do cativeiro, logo adiante, para se modernizar. Sem o sonho das manufaturas, arquivado o projeto colbertiano, joga-se na febre das estradas de ferro e dos melhoramentos urbanos. O centro da economia desloca-se para as ferrovias, "o maior — dizia o ministro da Fazenda do Governo Provisório — dos instrumentos de civilização e o mais generoso de todos os sistemas de proteção ao trabalho, em todas as suas aplicações nacionais".[6] Sem as garantias de juros e a proteção estatal não haveria a estrada de ferro. A agricultura, devastada pelos financiadores de escravos e safras, mal deixava recursos para edificar algumas cidades brasileiras, cuja infraestrutura dependeu, para se fazer, também do capital importado.

Em um conto de 1884, Machado de Assis faz a caricatura do ciclo ferroviário, tocando em suas três notas. Em primeiro lugar, a estrada de ferro é o progresso: "o Brasil está engatinhando, só andará com estradas de ferro". Depois, a estrada de ferro é a própria indústria. Em terceiro lugar: o país deve dedicar-se "exclusivamente

— notai que digo exclusivamente [diz o personagem, enfaticamente] — dos melhoramentos materiais". O advérbio exclui a questão servil e o debate institucional.

**V.** As estradas de ferro não trouxeram o progresso, nem o país começou a andar. Os "proventos da escravidão"[7] mal conseguiram uma superficial modernização pré-industrial e mercantilista. Como todas as modernizações, essa deixou os seus espectros. Compare-se o que restou da prosperidade do café, entre 1860 e 1900, servido por estradas de ferro: os campos calcinados e as cidades-fantasmas. Falhara a dedicação, exclusiva aos melhoramentos materiais, da sátira. A mudança dar-se-ia, pensava-se, com o retorno do espírito de Pombal, reerguendo a tocha da ciência. No último quartel do século passado, exaurida a euforia da conciliação, em política, e do ecletismo, em filosofia, revoou sobre o país "um bando de ideias novas [...] de todos os pontos do horizonte [...] Positivismo, evolucionismo, darwinismo, crítica religiosa, naturalismo, cientismo em poesia e no romance [...] transformação da intuição do direito e da política [...]".[8] As correntes de pensamento diziam que havia um mundo renovado, que era preciso rearticular ao país cadaveroso. O veículo para a renovação era a ciência — a ciência em filosofia, a ciência em poesia, a ciência na literatura, a ciência na política. Era a *ciência como salvação*, retomando-se, nas elites que a promoviam, os elos visíveis das reformas pombalinas.[9] Todas as ideias postas em circulação acentuavam que a "ciência era o valor mais alto da cultura humana, capaz de resolver todos os problemas".[10] O desenvolvimento do país dar-se-ia, portanto, pela via da ciência, cultivada nas academias militares, na Escola Politécnica e nas faculdades de medicina. Comte recupera Pombal, em um Iluminismo, como o do déspota português, tolhido e politicamente condicionado.

Agora o desenvolvimento se implantaria com o milagre da industrialização rápida, promovida por um *poder espiritual* de cientistas. A elite dissidente — dissidente, mas nem tanto, como observamos — forma uma comunidade cujo centro se comporá de militares. Uma circunstância definirá essa liderança. O país se engajara em uma guerra continental, que, a julgar pelos precedentes, prometia não ser mais que uma excursão nas fronteiras do Sul. A penosa e angustiada vitória, depois de quatro anos inglórios, mostrara a fraqueza e o atraso do país. Se o país era atrasado, cumpria formar, sobre o retardatário, um país diferente, para outras guerras. Essa visão do país com relação a *outro* é uma visão pombalina, o criador, em língua portuguesa, do Exército permanente. A tarefa se definia, quer pela ideologia, quer pelos fatos históricos — em lugar de tarefa pode-se falar em missão — para instituir o progresso no trópico, além dos limites do comercialismo, que gera o Império exportador e importador. Sob a vigilância de uma *república ditatorial* (*ditatorial* a república por inspiração comtiana e também porque, para tamanha obra, se exigia, como veio a se entender ainda um século mais tarde, e é sempre congenial às modernizações, a coação e a repressão), criar-se-ia, fomentar-se-ia, estimular-se-ia uma classe de empresários, sempre tutelados. Uma classe dentro de um estamento. A elite divergente, em oposição à *pedantocracia legista*, que representava o atraso dos tempos pré-científicos, ditos metafísicos, forma um grupo dirigente, que, apesar da sua coesão, nunca conseguiu ser dominante, nem se transformar em uma classe governante. Seu programa e sua ideologia, ainda que filtrada por meio do liberalismo, viria a ter uma presença permanente na história brasileira, entroncando-se à base pombalina. Essa talvez seja uma das chaves da história brasileira, ainda não suficientemente identificada e iluminada.

O positivismo, cujo cerne era a ciência como missão, recende a Saint-Simon, traindo o mestre de Comte e o próprio Comte inicial, em um retorno às origens, germe da futura tecnocracia. Pode-se conjecturar que tal positivismo estaria infiltrado com a ideologia industrial que predominava na França de Napoleão III, mas sem condescender, senão longinquamente, com as ideias socialistas do mestre.[11]

Com a homenagem verbal à ideologia liberal, debaixo de constituições de papel, além da grande modernização de 1889-90, na verdade uma gigantesca bolha industrializante, sucedem-se, no espaço de menos de cinquenta anos, muitas outras. O progresso era tudo, os direitos do cidadão não existiam, inclinando, tais empresas, as classes altas para o evolucionismo de Spencer, apto a abrigar as teorias racistas que, ao justificarem-nas, davam-lhe uma base biológica. Para citar exemplos: houve a modernização médica, com a vacina obrigatória, uma obra que bem poderia ser feita por um personagem de Ibsen, a modernização urbanística, no Rio de Janeiro, que expulsou moradores e proprietários pobres de suas casas sem que se lhes permitisse o acesso ao juiz. Só faltou, para se caracterizar uma modernização, a tesoura de Pedro, o Grande, cortando, em pessoa, a barba de seus boiardos, ocidentalizando-os com um toque de magia barbeiril.[12] O processo faz pensar na "acomodação entre elementos hostis".[13] O povo, por esse meio, não participava da mudança: ele a padecia. Foi o que quis dizer Euclides da Cunha, ao notar que estávamos "condenados à civilização".[14] De que dependia a industrialização, perguntavam-se os modernizadores? Ela depende, tão só, de um foco *acelerador, difusor e propulsor* do "nosso desenvolvimento industrial, a que se veio imprimir inaudita atividade", festejava o ministro do Governo Provisório, em 1890.[15] Leiam-se os números, soprados por Próspero, no país de Caliban: o movimento industrial da praça do Rio de Janeiro, em 1888, era de 400 mil contos, em 20 de outubro de 1890 chegava a 1,2 milhão de contos![16] Em dois anos, o Brasil, outrora mesquinho e acanhado, mediocrizado e adormecido pela rotina, obrigava a Europa a curvar-se perante ele: entramos, de golpe, gloriosamente, magicamente, no mundo moderno. Em nome do liberalismo, o industrialismo favorecido de Hamilton ocupa o lugar de Pombal e Colbert, debaixo da sombra de Augusto Comte.

**VI.** NO DESENHO DE PAUTA DUPLA — a da modernização que recobre a modernidade —, uma das linhas repele e vê a outra, na ambiguidade da sombra contra a luz. Culturalmente, a linha inferior critica, ri, escarnece, zomba da sisuda e grandiloquente construção do futuro. A pauta que vê a caricatura, a pauta da modernidade, nem sempre comprometida com a tradição, percebe que, realmente, há uma industrialização nascente, oculta sob os fogos de artifício da agitação da praça do Rio de Janeiro. Há não só industriais que lançam ações na Bolsa, mas também industriais que produzem, em luta pela proteção alfandegária,[17] buscando um tipo de apoio diferente do que a modernização prodigaliza. Contra barreiras econômicas e políticas, muitas vezes escalando os muros sem derrubá-los, uma indústria moderna estava em nascimento. Mais tarde, ela se aliara às classes altas, em um consórcio entre o burguês, o fazendeiro e o banqueiro.[18] A essa conjunção de classes altas, conciliando-se a uma realidade patrimonialista e burocrática, somou-se a domesticação das classes subalternas no clientelismo. Essa coligação do alto, com o enfeudamento popular, excluiu os menos abastados, classe média e operários, do papel de árbitro das divergências dos grandes. Dessa sorte, a sociedade civil, já sufocada pelo projeto modernizador, perdia toda a função política e, por essa via, também a função econômica. Este era, na verdade, o limite da modernidade: mal e apenas permitia a autonomia das classes altas, ao contrário da modernização, que as aprisionava e as dirigia, mas, em comum uma e outra, excluíam do pacto social o povo.

O incentivador da industrialização, o promotor, o acelerador e o difusor, personificado em um nome próprio e não em um grupo, chama-se Simão Bacamarte, o herói da sátira de Machado de Assis, *O alienista*. "A ciência é meu emprego único." Em Itaguaí, nos tempos coloniais, logo depois da eclosão da Revolução Francesa, ele instala uma casa de loucos. No primeiro momento, recolhe na Casa Verde, o nome do estabelecimento na voz popular, os loucos, assim considerados os que todos identificavam como tais. Os seus métodos científicos podem sair, inclusive pelas alusões, do *Cours de Philosophie Positive*. Até agora, a loucura era uma ilha perdida no oceano da razão, de certo momento em diante seria um continente. Por força dessa teoria, compulsoriamente, o alienista recolheu quatro quintos da população atrás dos muros do hospício. Em um terceiro momento, a loucura é outra coisa: é normal e exemplar o desequilíbrio, mas é patológico o equilíbrio. O que a sátira diz é que, pela ciência, não é possível identificar o que é modernização do que não é: a modernização de hoje, se o critério para avaliá-la é a ciência, pode ser a contramodernização de amanhã. Diz mais: a ciência, impenetrável ao entendimento do vulgo, retira a este o poder de contestá-la,[19] validando, dessa forma, o poder despótico do tecnocrata. Se houvesse tempo, poder-se-ia ainda discutir a descontinuidade da superposição das teorias e doutrinas, *implícita ao processo das modernizações, sem que a teoria anterior exija ou suscite a posterior*, revezando-se por urgências ideológicas. Examinar-se-ia, também, a descontinuidade das ideias, circunstância que exclui a ideia de progresso, tal como definida desde o século XVIII. O tempo, não sendo contínuo, é cíclico, irracionalizando o desenvolvimento econômico e social, como nos trabalhos de Sísifo.

De outro lado, sempre satiricamente, o espectador não vê o desenvolvimento nos números que deslumbram os homens de negócios, nem na euforia dos governantes. Ele vê, no mundo dos negócios, o jogo: o jogo oficialmente bancado. O cronista em meados do século, diante da febre ferroviária, zombava: "Ao jogo, cidadão, ao jogo! [...] Lançai uma estrada de ferro desde São Cristóvão até o Pará; desmontai as cachoeiras de São Francisco [...]; fundai um banco, dois mais, de hipotecas, tudo o que quiserdes, porque o nome nada tem com a instituição em si".[20] O ousado cronista, ao imaginar uma estrada que partisse de São Cristóvão — a residência do imperador — até o nada, sugeria, em uma imagem, o oficialismo, a especulação, a inanidade da empresa. A mesma nota vibra em outra sátira, esta agora sobre a modernização do fim do século, em *O encilhamento*, do visconde de Taunay. Queria-se, na voz da caricatura, promover, agora e já, o progresso dentro da ordem, rom-

114 | A REPÚBLICA INACABADA

pendo com a "acautelada morosidade e a paciente procrastinação" da rotina. O país dormia, hipnotizado: era preciso acordá-lo. Malograda a industrialização, a modernização far-se-ia na agricultura, sob a direção do dr. Bogóloff, de Lima Barreto. Os porcos seriam do tamanho dos bois, os bois, do tamanho dos elefantes, graças à ciência, prescrita sacralmente, pelo grande químico e fisiologista inglês H. G. Wells.

**VII.** O POSITIVISMO POMBALISTA produz, neste século, dois frutos tardios: 1937 e 1964. Em ambos os momentos, o estamento militar, em rearticulação, no primeiro tempo, a ponto de aceitar um líder civil, dispondo de sua presença e de sua queda, proclamou-se modernizador, reformador, com o progresso dentro da ordem. Ou com o desenvolvimento sombriamente envolto na segurança nacional. No segundo caso, em 1964, a má *performance* do país na guerra, de onde saiu sem o previsto prêmio de ingressar no mundo das potências, com lugar marcado no Conselho de Segurança da ONU, engendrou uma sinistra ideologia, cultivada na Escola Superior de Guerra, fundada pelos oficiais decepcionados com a excursão à Itália. Repetia-se a hora da Guerra do Paraguai (1864-9), em uma história mais circular do que progressiva. Não quero dizer que 1964 veio da decepção da guerra, nem que a mudança do fim do século passado decorra da Guerra do Paraguai. O que se quer dizer é que o molde político da mudança se deve, em parte maior, ao papel das Forças Armadas dentro do país. Excluído, para efeito de raciocínio, o Exército, a República decerto viria, mas não viria como veio. Já 1964 é impensável sem as Forças Armadas no exercício de um extravagante poder político. Em ambos os casos, a modernização, como tarefa voluntarista, sem as convulsões de 1937 e 1964, se adequaria, com toda a certeza, à modernidade, sem a ingênua queima de etapas. Mentalmente abstraído esse fator, pode-se admitir uma febre de modernidade, como o período Juscelino, que não foi uma modernização. O regime de 1937 queria uma rápida industriali-

EXISTE UM PENSAMENTO POLÍTICO BRASILEIRO? | *115*

zação, expandindo, sobre uma industrialização de modernidade e de guerra, empréstimos e estímulos oficiais. Não aderiu, apesar da nota aguda do nacionalismo, à tese dos industriais das trocas desiguais com os países adiantados, o que exigia, para reequilibrar o sistema, a industrialização em larga escala.[21] O regime de 1964, para caracterizá-lo em um traço drástico, foi uma industrialização em que os industriais não tiveram voz no projeto — eles se transformaram, em escala sem precedentes na história nacional, em concessionários dos favores oficiais.[22]

Significativo é que as sátiras sempre acentuem, ao caricaturarem os acontecimentos, o advento do *dies irae, dies illa* — "o dia da cólera, aquele dia" (terrível). Indicam que as modernizações, que se desenvolvem entre saltos, espasmos e surtos, deixam, na cauda, um cortejo de espectros e malogros. Seus êxitos são os êxitos da modernidade, que viriam sem aquelas, ou que elas perturbaram. Seus malogros são só delas: os campos calcinados do café, as ruínas do Encilhamento, ruína oficial e que foi oficialmente paga, os subprodutos da favelização com a modernização urbana, a militarização política legada por 1937, e, em 1964, o símbolo maior: o fantasma das usinas atômicas. Mas, se as sátiras registram o dia seguinte, elas não falam de 1937 e 1964. Silenciam porque a sátira se detém diante do odioso, desenvolvendo-se para uma catarse conciliatória. Se Chaplin não produzisse a sua sátira de Hitler antes dos campos de concentração e das câmaras de gás, não mais a produziria. Em segundo lugar, desde Platão[23] e Aristóteles[24] identifica-se a sátira como forma literária que olha em direção ao *outro*. O ataque é da sua essência, como é a zombaria, o humor.[25] Ora, nem em 1937 nem em 1964 a dualidade era a visão dupla, desvendável pela sutileza do satirista. Havia, com uma intensidade nunca vista antes, a pauta dupla, mas a pontaria em direção ao *outro* era um ataque sem humor, insuscetível de zombaria. Entre uma pauta e outra não era possível a conciliação, em um desfecho de catarse liberadora. Ao contrário, a dualidade continuaria, mesmo nas anedotas e nas lenientes caricaturas da imprensa do ditador. Esta é uma reflexão para outro momento: por que a sátira contra d. Pedro ii, contra os positivistas, mas não a sátira contra Stálin, contra Hitler (salvo o precoce Chaplin)? A dualidade está presente, mas já não é mais a dualidade solúvel, conciliável, mas a dualidade que, mantendo o ataque, despede-se da graça, do humor da zombaria e do riso catártico. Houve, dessa maneira, uma suspensão do mais convincente gênero literário brasileiro (também em Portugal, notava Eça de Queiroz).[26] Mas o problema não é a sátira, mas a dualidade que está debaixo da sátira — uma dualidade que persiste ainda que a sátira saia do campo.

**VIII.** É indispensável, para a compreensão da pauta dupla — que é a própria modernização —, acentuar que entre uma linha e outra, entre a linha da modernização e a linha da modernidade, há uma *oposição* (*Gegensatz*), que, mais que uma diversidade, não se funde em uma contradição (*Widerspruch*).[27] A oposição pode, uma vez que não chega à contradição, e daí à superação (*Aufheben*), conciliar-se e acomodar-se em um quadro sem afirmações e sem negações. A conciliação fixa, ceticamente, a indefinição como norma. A oposição está depois da diversidade e antes da contradição.[28] Na oposição o oposto é o *seu oposto*: a diferença entre uma pauta e outra está, portanto, acabada: os elementos estão *contrapostos*. Porque o oposto é o oposto do *seu oposto*, há um influxo entre as duas pautas. Por exemplo, a modernização vai até a modernidade possível, deixando de haver oposição quando uma linha é um enclave, como nas inovações "disruptivas". Igualmente não há oposição quando há, entre uma realidade e outra, uma extensão ou um prolongamento, como no exemplo mencionado das colônias gregas. Porque há a oposição, há uma diferença qualificada pelo devenir — um movimento condicionado e limitado, mas um movimento —, ela não se confunde com a imitação, com a cópia mimética. A oposição, tolhida e freada, reflete-se abstratamente no pensamento, sem ser realidade. A dualidade é vista como um impedimento à atividade humana e como um obstáculo ao real desenvolvimento, a um desenvolvimento que seja mais do que um passo sobre outro passo. Expliquemos.

Na duplicidade, no desacordo, na separação das pautas, uma linha, a da modernização, acumula, soma, progride, enquanto a outra, a da modernidade, atualiza, aperfeiçoa, desenvolve. O movimento, no último caso, se de modernidade se trata, não é um reflexo, nem meramente uma transição, mas o processo que não depende de comandos externos para se realizar. O exemplo hegeliano para o desenvolvimento é a planta: a planta não se desenvolve por uma força externa, mas a partir de seu germe, que a contém de modo ideal (nesse passo tem sentido o que se diz no prefácio da edição de *O capital* de 1867: *a pista da lei natural do desenvolvimento* — a planta, para se desenvolver, se tivesse consciência, perceberia que se desenvolveria de acordo com o germe, jamais contra ele). O conceito e o exemplo mostram que não é a força externa, uma direção superior, um enxerto, o que desenvolve a planta, que, com o crescimento, apenas muda de forma. Para transpor a ideia hegeliana à nossa hipótese, deve-se dizer que a modernização não vai além da modernidade: além da modernidade só existem os espectros e as ruínas do *dies irae*. Fora daí só existem convulsões, espasmos e quedas. O desenvolvimento é uma realização. A progressão, que a modernização é capaz de fazer, é uma passagem de um para outro, enquanto o desenvolvimento é o aparecimento de algo adequado ou que o ser comporta, que estava na essência do ser. O conceito de desenvolvimento aproxima-se do conceito de energia — a exterioridade da energia. "Um fim exterior não se apresenta senão como um acidente que interrompe ou perturba a realização ativa da finalidade interna, como um acontecimento que não obedece à necessidade interior ao ser ao qual afeta" (Hegel). O processo por necessidade externa, a progressão, impulsionado por uma vontade tecnocrática não é mais do que um fim subjetivo de um grupo

*118* | A REPÚBLICA INACABADA

de pessoas, incapaz, por não se irradiar como força interna, de se incorporar à história. Por isso, em certos casos, as modernizações, depois que chegam ao fim, que é quando a elite, como a encarna Simão Bacamarte, muda de objetivos, parecem nunca ter existido. Elas se circunscrevem ao tempo circular, com uma memória condicionada ao tempo precário, que dura enquanto outra onda se sobrepõe à atual, desfazendo-se ambas. A história que daí resulta será uma crônica de déspotas, de governos, de elites, de castas, de estamentos, nunca a história que realiza, aperfeiçoa e desenvolve. A história, assim fossilizada, é um cemitério de projetos, de ilusões e de espectros.

Para clareza da exposição, retornemos a um dos pontos de partida: a *pista da lei natural do desenvolvimento*, com a obediência às *fases do desenvolvimento*. O som hegeliano é óbvio. O desenvolvimento não pode ser a matéria de decretos, nem é assim que uma nação aprende de outra. Uma elite não pode, pela compulsão, pela ideologia, gerar a nação. A nação que quer se modernizar sob o impulso e o controle da classe dirigente cria uma enfermidade, que a modernidade, quando aflorar, extirpa, extirpando os modernizadores. Todos os países que sofreram modernizações — Alemanha, Japão, Itália, da Península Ibérica e do Leste Europeu — expulsaram, para que o desenvolvimento se irradiasse ao povo, a elite, a classe dirigente, a burocracia coletivista. A modernidade emergiu com a ruptura, construindo, sobre a ruína das autocracias, o desenvolvimento, capaz de se sustentar com movimento próprio, eliminando, junto com os males antigos, os males modernos. Todos deixaram de ser uma dualidade, uma imobilizada oposição de direções, para revelarem sua identidade cultural, num voo próprio, dentro do universo, libertos da tradição e da contemplação nacional.

**IX.** PROPÕE-SE AGORA, depois de muitas modernizações, mais uma modernização, que se supõe legitimada pelas urnas. Trata-se não de uma modernização pombalino-positivista, mas de uma modernização neoliberal, com o rótulo de *social-liberalismo*. Ela quer uma "centro-esquerda *modernizadora*". O projeto se imporia, na confessada retórica do seu principal fautor, trazido nas asas de Mosca e Pareto. O social-liberalismo entraria em circulação como uma *ideologia*, uma *fórmula* política, do alto, como se pretendeu, pela palavra de Gentile, qualificar o fascismo como fruto do liberalismo italiano.[29] Mais uma vez uma elite dissidente — dissidente, porém conservadora — pretende, pela via do Estado, anular o Estado. O paradigma parece estar nos Tigres Asiáticos, que teriam (ao que erroneamente supõem) ingressado no mundo, inscrevendo-se na primeira fila, montados no liberalismo, contra o dragão do Estado. O Estado, diante dos estarrecedores índices de miséria, limitar-se-ia, na sua administração, a promover e, se houver sobras públicas, a assistir a população. Abdicaria de um programa de distribuição de rendas — entregue à mão invisível — com todas as suas implicações econômicas e sociais, por exorbitante aos fins do Estado. O liberalismo, em toda parte uma ideologia da sociedade civil, seria aqui uma ideologia do Estado para a sociedade civil, que recebe as diretrizes do tipo de Estado que pode criar. O corte do Estado — o chamado Estado produtor, na verdade o Estado interventor — dar-se-ia com o redimensionamento das tarefas públicas. Ele confunde o Estado, que é, em certos momentos, uma burocracia capaz de tutelar e de arbitrar os interesses sociais, com o funcionalismo. O Estado se tornaria um mero planejador da infraestrutura, sobre a qual assentariam as obras econômicas que estimulassem o desenvolvimento, voltando as costas ao país, ao país de uma minoria sitiada por uma maioria faminta e pobre. A proposta implodiu, tal o seu irrealismo, antes mesmo de se formular. Os choques econômicos, os planos que se sucedem aos planos, enterrando uns aos outros, assim que malogram, só conseguiram, como fez o Império, como fez o Encilhamento, como fizeram 1937 e 1964, formar os seus ricos, que florescem ao lado dos ricos arcaicos. O país, eletrocutado pelo projeto modernizador, não reagiu: não o aceitou, nem o

*120* | A REPÚBLICA INACABADA

sacudiu de suas costas, por carência de meios institucionais. Dessa vez, os espectros vagam nas ruas, sem emprego, miseráveis, depois de, perdendo tudo, perderem a esperança.

**X.** PERCORREMOS, em quase duzentos anos de história, modernizações que sepultaram modernizações, planos que substituíram planos, uma obra de Sísifo. Somemos às penas de Sísifo, condenado a subir e descer regularmente e ciclicamente a montanha, o castigo de Tântalo, rei da Frígia, com sede e com fome, com os pés na água, debaixo da árvore que alimenta. Em nenhum desses surtos, mal entrados em uma modernização abortiva, encontramos a *pista da lei do desenvolvimento*, a que aludíamos no início. Esbarramos, com seus desvios patológicos, em uma empresa de paranoias sucessivas. Todos os movimentos modernizadores visaram formar, construir, modelar a economia, em um campo em que, se racional, a economia não se molda, não se constrói, nem se forma com os instrumentos empregados. O que se forma, sob a tutela de uma classe diretora, orientadora, dirigente, não é a racionalidade do paradigma, que não é a dessa classe dirigente, mas de uma economia diversa, centrada em uma outra equação econômica.[30] Essa é a explicação do fato de perecerem, quando em confronto com o mundo, os empreendimentos gerados pela modernização desvinculada da modernidade.

As modernizações, entre nós, procuraram, sem alcançar, a modernidade industrial e, por se orientarem do alto, de cima e de fora, não são capitalistas. Por sua vez, o industrialismo não gerou o liberalismo econômico, porque o liberalismo econômico não se gera por decisão oficial. Daí não saiu uma ordem política liberal, perdida na sombra ideológica permeada pela elite. O liberalismo econômico, ao se implantar, perverteu-se na conquista, irracionalizadora por natureza, dos favores oficiais. O regime político, retoricamente liberal, acolheu-se, repetidamente, ao primeiro susto, mais fictício do que real, debaixo da proteção das baionetas. A recuperação da modernidade, para desvendar-lhe o leito por onde ela corre, não se faz do alto, pela revolução passiva, prussianamente ou pela burocracia. O caminho que leva a ela é o mesmo caminho no qual trafega a cidadania: essa via, que só os países modernos, e não modernizadores, percorreram, não tem atalhos. Os atalhos estão cheios de atoleiros de autocracias. Se o relógio da história não tem um curso fatal, ele não se deixa adiantar para que o relojoeiro queira alcançar, ao nascer do sol, o meio-dia, trapaceando o espectador e trapaceando-se a si próprio.

# Parte III
# A ponte suspensa

**1** | *A história artística* > *125*
**2** | *A ponte suspensa* > *129*
**3** | *O liberal e o adjetivo* > *134*
**4** | *A mina submersa* > *139*

# 1 | *A história artística*

Reaparece, em nova edição,[1] *Um estadista do Império*, cujo primeiro lançamento ocorreu em 1897-9. Volvido quase um século do primeiro contato com o público, surpreende-se, nos livros históricos, nos debates parlamentares, nas teses de ciência política, a persistência do painel que Joaquim Nabuco, ao biografar o pai, fixou do Segundo Reinado. O esquema da obra persistiu, quer nos quadros, quer nos retratos dos atores, aparentemente invulnerável às construções que o seguiram. O próprio Euclides da Cunha, comprometido com valores da vertente oposta e de inspiração diversa, não escapou ao sortilégio, ao fixar o perfil de uma época — *Da Independência à República*. Houve, convém recordar, a facção dissidente e contestatória, que negou a verdade do palácio encantado, erguido e iluminado sobre as primeiras labaredas do desencanto republicano. Mas, incapaz de um trabalho de revisão, manteve-se obscuramente à margem, sem convencer e sem ser convencida.

Desde logo, pondere-se que a duradoura influência de *Um estadista* não se deve ao número dos leitores. Por ano, 250 pessoas terão percorrido as páginas do livro básico do Segundo Reinado. Paradoxo aparente entre o restrito círculo de leitores e a influência que gozou a obra. Paradoxo aparente, repita-se, que se desfaz, ponderando a pobreza, a extrema indigência do mercado consumidor no Brasil de todos os tempos, sobretudo até os anos 1940. José Veríssimo e Olavo Bilac, este suposto favorecido do público, assinalavam que os escritores liam-se uns aos outros — "nós vivemos a escrever", dizia o último, "quase exclusivamente para os oficiais do mesmo ofício". Um autêntico êxito de livraria, na primeira e segunda décadas do século, constituía-se com a venda de mil exemplares. O escritor dirigia-se ao seu público, à sua *elite*, elitizando-se para ser compreendido. O público leitor não existia, círculo limitado, como sucedâneo do ilusório público leitor. Daí uma característica, fundada no elitismo já mencionado: "na ausência", depõe Antonio Candido, "de públicos amplos e conscientes, o apoio ou pelo menos o reconhecimento oficial valeram por estímulo, apreciação ou retribuição da obra, colocando-se ante o autor como ponto de referência". Daí um circuito particular e singular, entre o autor e o leitor, admirando e validando essas teses adversas à sua ação social e política, mas ideologicamente comuns, base de entendimento superior, palaciano, das antecâmaras. Campos Sales, republicano histórico, foi um dos primeiros a aplaudir e consagrar *Um estadista*, sem embargo do saudoso monarquismo visível na letra e na inspiração. As divergências dentro dos corredores do poder seriam sempre conversíveis ao oficialismo condutor, salvo na hipótese extrema da subversão, quando o autor abandona as boas e polidas maneiras da gravata inglesa. Essa vivência íntima entre leitor e escritor possibilitou a manipulação do primeiro pela crítica bem instalada, hoje rompida pela ampla cultura universitária.

Outra circunstância, que é uma singularidade, contribuiu para tornar *Um estadista* invulnerável à necessária revisão crítica. O livro ornamento, o livro luxo de eruditos, o livro diversão de letrados, encontrou afinidade com o leitor de Joaquim Nabuco, artista que fez da história obra de arte. Lançado para se integrar na constelação dos ensaios históricos, escapou de sua órbita e passou a gravitar em outra galáxia, a sua, a própria, a congenial ao seu espírito. Semelhante teria sido o destino de *Os sertões*, apesar de haver conquistado o chamado público. A ciência de Euclides da Cunha, autenticada pelos sábios do seu tempo, se não está morta e sepultada, claudica em ambos os pés. Não obstante, *Os sertões* vive com luz crescente, lido e amado por gerações e gerações, até à consumação da língua portuguesa. Não seria também o caso de *Casa-grande e senzala*? Não se trata só de leituras diferentes, realizadas por pessoas dotadas de visão diversa, com novas reinterpretações — fenômeno específico das obras de arte. A explicação é outra, identificada pela teoria literária — veja-se Karl Vossler — como a mudança de instâncias, com o deslocamento da instância histórica para a instância estética. O curso de *Um estadista* não teria sido diverso, ferido de imperfeições documentais e de duvidosos pressupostos historiográficos, permanecendo, sem embargo, vivo, no elegante estilo imagístico, metafórico, como convém às suas inspirações românticas, com a graça francesa do verbo, vista, ainda no começo do século, como irremediável mácula. Na denunciada francesia está — ao contrário do que supunham os críticos e o próprio autor — um dos trunfos do estilo, liberto da hierática e fradesca tradição lusa.

Artística e não histórico-científica é a sua óptica de biógrafo e ensaísta. Ao desvendar os elementos que lhe formaram o *juízo histórico*, depois de lembrar as influências literárias de Chateaubriand e Renan, alude a Macaulay, do qual herdou "a frase, a eloquência, o retrato e a encenação histórica", acrescentando que muito deveu a Mommsen, Curtius, Ranke, Taine e Burckardt.[2] Curtius e Mommsen não teriam formado a perspectiva, mas ministrado informações, sobretudo o último, acerca da escravidão no mundo antigo. Quanto a Macaulay, Taine e Burckardt, compreende-se, entendida a afinidade aos historiadores artistas. Ranke, invocado nesse rol, parece extravagante, se obedecida sua lição da desvinculação do historiador do curso dos acontecimentos. Mas, ponderando melhor, a lição é autêntica, embora não compreendida em toda a intensidade: o ator não atua para a praça pública, para a poeira das ruas e estradas, mas para o "solitário juiz da biblioteca do futuro".[3] A própria sobrevivência histórica do senador José Tomás, o biografado, estaria a depender do rumo dos que vierem a escrever sobre o passado.[4] Ante o tribunal restrito e seleto, o biografado haveria de renascer e influir, mortos os jurados e acusadores da hora presente. Tal norma revelará, contra o fundo da lição de Ranke, mas coerente na forma, a nostalgia do passado, sem a secura crítica que desmascara, rompe os mitos, expulsa dos sonhos as fantasias e da vigília os fantasmas.

Na realidade, desamparada a frieza de Ranke, aparece, luminoso e eloquente, o calor partidário de Macaulay. Surge e conquista o biógrafo, com seus achaques, o morbo biográfico (a lues boswelliana) que o mestre desdenhou, sem fidelidade ao anátema. Macaulay, depois de meditar sobre a maneira de escrever a história, em ensaio que abandonou, ensinava que ela deveria ser "um misto de poesia e filosofia". "Imprime no espírito verdades gerais por meio da representação viva de certos personagens e incidentes. Mas, de fato, os dois elementos hostis que a formam nunca puderam constituir uma amálgama perfeita." A história propriamente dita constitui o *mapa*, enquanto a outra se compara à *pintura* de uma paisagem. Um é o escultor e o outro o anatomista. Inconformado com o divórcio das perspectivas, recusou a imitação servil e mecânica dos documentos, para realçar o poder seletivo do historiador, sua paleta de luz e sombras, que legitimamente lhe pertence.[5] Aí está puro, sem mescla, o olho do biógrafo do senador José Tomás, pretendendo alcançar o processo histórico com o fino trabalho do escultor e pintor, cavalgando o documento frio, mas indócil ao artista. O cirurgião plástico quer reconstituir a carne, mas com a preocupação do escultor, Pigmalião de bisturi. Se a forma for imperfeita, que padeça o engenheiro, preocupado em construir a ponte sem suportes e com lanços ousados.

# 2 | *A ponte suspensa*

"A POLÍTICA IMPERIAL era pela ousadia de sua elevação, distância do seu lanço, uma verdadeira ponte suspensa."[6] Mas a política de José Tomás, em alguns pontos, completava e aperfeiçoava o mapa: ele era monárquico e a política do tempo nem sempre guardou a fidelidade à Coroa.

> Sem o Império, ele via o separatismo — que era o instinto popular, a fórmula do isolamento, da disseminação, da apatia, como do bem-estar e comodidade da população, dos sentimentos todos que constituíam o *bairrismo* — levando de vencida a frágil e titubeante razão política, ou a ambição de uma pátria maior, que queria consolidar a união.[7]

José Tomás sabe que a ponte suspensa não tem suportes — ele se esforça, com a fidelidade ideológica à monarquia, em construí--los, certo da precariedade da edificação política — "é uma torre altíssima e desconjuntada sobre o mais flutuante dos solos".[8]

Aí está tudo, ou quase tudo: a ponte suspensa não pode durar sem as colunas, que não devem pairar sobre o lodo (o negocismo dos caudatários do Tesouro), nem sobre o territorialismo (bairrismo), amalgamado ao *instinto popular.* Dois perigos a evitar — o povo *inorgânico* e o *federalismo* (o de 7 de abril), por meio de transações continuadas e novas. Um e outro significam a República, com os dois desenlaces possíveis: a quebra da unidade e o poder do povo, que iria parar na tirania (o jacobino de Floriano). Para confirmar a tese nostálgica, cria Joaquim Nabuco duas falácias, uma antes e outra depois do fato, insciente esta de suas consequências. Para ele, de 1831 a 1840, durante a Regência, a República existiu — República de fato, República provisória — e consagrou o desastre, o completo desastre. "Se a maioridade não resguardasse a nação como um parapeito, ela ter-se-ia despenhado no abismo. A unidade nacional, que se rasgara em 1835 pela ponta do Rio Grande do Sul, ter-se-ia feita toda em pedaços."[9]

Proclamada a República, ainda uma vez, sugestionado pela metáfora da ponte suspensa, vê o outro risco, agora em curso de realização. O *país oficial* cede a outro golpe, não ao federalismo sem o poder Moderador, mas ao povo sem peias, a sociedade intelectualmente governada, "sugerida de baixo para cima".[10] O aristocrata da ponte suspensa, cujo herdeiro será o elitismo, alarma-se e clama pela ordem, só visível no Império restaurado ou no elemento militar e nacional: todas as fórmulas são possíveis, contanto que a anarquia seja banida. Certo, a oligarquia (patronato — estamento) era uma realidade. Mas a República quis aboli-la com o golpe radical e irresponsável. "O método radical é mandar abrir as portas para que todos entrem, como a República fez a 15 de novembro. Desde que fora há público desejoso também de assistir ao espetáculo, o meio de não haver descontentes parece que é retirar as cancelas."[11] Da abertura não nasceria o regime democrático, mas uma nova minoria, com a agravante de se constituir de *parvenus* — os lugares do teatro são limitados, embora não numerados. A nova oligarquia viria não da ordem federal, que permaneceu alheia à sua visão do futuro, mas do militarismo sem o filtro do poder Moderador; só com este conversível ao governo militar.[12] Sem povo — "o vasto inorganismo que só em futuras gerações tomará forma e desenvolverá vida"[13] —, a oligarquia republicana seria mais predatória que a imperial. Carente a sociedade civil de instrumentos e meios de coesão, só restaria uma ou outra tutela, com a desvantagem, para a republicana, da ausência de um poder neutro acima das facções. O federalismo — a síntese possível —, só a monarquia o instalaria, e, malogrado o esquema, viria a anarquia espontânea, com a sequela do Terror, como previra Taine, coroada por um novo despotismo.

Essa a inspiração de *Um estadista*: a ponte suspensa, alheia às forças territoriais e ao povo constituído. Mas a ponte, artisticamente colocada sobre as águas maculadas de lodo, teria suas colunas, que o historiador, por não querer vê-las, as denuncia por espúrias. A denúncia maior não está gravada nas palavras solenes e puras de *Um estadista*, mas em seus outros escritos, os parlamentares, os de imprensa e em *O abolicionismo* (1883). Todo o Império descansa sobre o regime escravocrata, repete e reafirma antes de 1889: "[...] trata-se de uma sociedade não só baseada, como era a civilização antiga, sobre a escravidão, e permeada em todas as classes por ela, mas também constituída, na sua maior parte, de secreções daquele vasto aparelho".[14] A sociedade civil pareceu-lhe, em certo momento, um arranjo, mera acomodação ao monstro espúrio. Mas, extirpado o cancro, sente, sem dizê-lo e provavelmente sem inteira consciência do fato, que os efeitos perduraram na ausência da base. A causa, portanto, seria outra e inversa a perspectiva: o regime escravocrata só teria sido possível diante da estrutura peculiar da sociedade e das características especiais do Estado e da economia essencialmente exportadora e não essencialmente agrícola, em uma nação que tudo importa.

O primeiro dos mecanismos pelos quais a agricultura sustenta uma parte importante da sociedade é o crédito. O antigo fazendeiro trabalhava para o traficante que lhe fornecia escravos, como o atual trabalha para o correspondente ou para o banco que lhe adianta capitais. Uma boa parte da riqueza nacional é eliminada do país pelo comércio de exportação, cujos lucros ficam em parte no estrangeiro, mas uma boa porção dessa riqueza pertence de direito aos que fornecem a lavoura de capital. Estes alimentam nas cidades uma considerável clientela de todas as profissões. A lavoura, porém, não sustenta somente os que lhe emprestam dinheiro a altos juros, sustenta diretamente a sua clientela, que a serve nas capitais. Mas o Estado tem um aparelho especial chamado apólice, do qual os bancos são as ventosas para sugar o que resta a lavoura de lucro líquido.[15]

No fundo do painel escravista havia a persistente e incômoda vida econômica e social do Império, que, por um momento, tentou ignorar, confundindo-a com a simples secreção do escravismo. Se as linhas da nostalgia monárquica da biografia dissimulam, as entrelinhas revelam e desmascaram. Duas intervenções põem a nu o monumento ornamental: o painel da sociedade da maioridade e aquela do final do Segundo Reinado. A sociedade do Primeiro Reinado, deplora o fidalgo,

> desaparecera, com seus hábitos, sua etiqueta, sua educação, seus princípios, e os que figuravam agora no prestígio eram os novos políticos saídos da revolução ou os comerciantes enriquecidos. Tudo mais recuava para o segundo plano: a política e o dinheiro eram as duas nobrezas reconhecidas, as duas rodas do carro social. Quando a primeira se desconsertava, vinham as revoluções, no fundo tão oficiais como o próprio governo, simples fenômeno, como ele, da empregomania, que se ia generalizando: quando era a segunda, vinham as crises comerciais, que se resolviam pela intervenção constante do Tesouro.[16]

O caráter patrimonial, e não liberal, do Estado, com suas bases comerciais e de sustentação recíproca com os governos, será a nota ainda no fim do Império.

> Desde o princípio, o calor, a luz, a vida para as maiores empresas, tinha vindo do Tesouro. Em todo tempo, as grandes figuras financeiras, industriais, do país tinham crescido à sombra da influência e proteção que lhes dispensava o governo [...]. Eles, políticos, eram os vermes do chão; a especulação, a planta vivaz e florescente que brotava dos seus trabalhos contínuos e aparentemente estáveis; eles desanimavam, ela enriquecia [...] a queda do trono, no momento, passa quase despercebida ao mundo financeiro, ao gigantesco parasita que havia sugado a melhor seiva de nossa política [...].[17]

A ponte suspensa tinha, sem prejuízo da metáfora decorativa, suas colunas, e os lanços eram mais curtos do que supunha a imaginação do historiador artista. Nos lanços se fixavam as aspirações utópicas, o liberalismo popular e o federalismo; debaixo das colunas passaram os enxurros da vida econômica que, por mancharem as águas, não deviam ser mostrados. A visão nostálgica tem sua ideologia, que repele a realidade, transforma-a, purifica-a, para se converter em bandeira pública.

# 3 | O liberal e o adjetivo

O CELEBRADO DITO DO VISCONDE DE ALBUQUERQUE — "não há nada mais parecido com um Saquarema do que um Luzia no poder"— contém maior dose de malícia e de veneno do que se supôs. Não está o velho fidalgo a dizer que o liberal transita para o campo conservador, sem rubores e sem dramas de consciência, e vice-versa, em alusão ao presumido incaracterístico dos partidos imperiais. O que se contém na frase célebre é coisa diversa: o liberal, por obra do poder e quando no poder, atua, comanda e dirige como um conservador, adjetivando, no máximo, sua filiação partidária. Não se trata do descompromisso maquiavélico e oportunista de uma elite solidária, que, para mandar, muda de camisa, contanto que mande e continue mandando. Essa face é expressão de outra realidade, que gradua a consciência do dirigente, não raro com algum drama interior e dilemas pungentes. O liberal, se convertido em governo, cede às estruturas e à ideologia que lhe permitem dirigir o leme, leme unicamente feito para aquele navio, que só com ele pode navegar. Ele crê em um dogma, mas, para frequentar a igreja, deve praticar o culto contrário, sob a pena da excomunhão eterna. Certo, entre o conservador e o liberal o dissídio, no século XIX, depende do adjetivo e não do substantivo. No liberalismo há de tudo: conservadores, liberais puros, radicais, republicanos e aristocratas.[18] Antes de tudo, a reverência ao trono é essencial, como essencial será o não compromisso com o povo, com a democracia, embora procure ser representativo, sempre que a representação secrete uma camada pedagógica de dirigentes. Ainda neste século, Croce advertia que o liberalismo tem como inimigo, não só o absolutismo, senão também o ideal democrático. Separa o liberal do democrata o problema da igualdade, crente o último na religião da quantidade, fiel o primeiro à religião da qualidade, das classes dirigentes, abertas e móveis, mas dirigentes e não dirigidas ou escravizadas à tirania do maior número. O *demos*, na palavra de Hamilton, um dos fundadores do pacto norte-americano e aristocratizante, seria a *great beast*. No plano teórico do século xix, os muitos tipos de liberalismo, sobretudo os que se inspiram em Montesquieu, Constant e Tocqueville, guardam das inclinações democráticas, nas quais veem, em última instância, o absolutismo das maiorias. Verdade, entretanto, que não fizeram derivar o liberalismo político do econômico, vendo nele, em alguns lances, seu antípoda, ao contrário das ideias correntes mais tarde. Advertiram, desde cedo, que a liberdade do poderoso e do desamparado tem conteúdo diverso, insinuando que, da confusão, viria a tentação de entregar o domínio econômico a um grupo diretor tecnocrático, que alcançaria, nos seus controles, o próprio núcleo dos direitos civis. No terreno comum, amavam a um só deus, o deus progresso do século passado, *deus ex-machina* — que curaria todos os males sociais e políticos.

Na prática brasileira, o liberal, além da distorção sofrida pelo tipo de Estado, perdia-se em máscaras de muitos feitios e cores. Joaquim Nabuco, ele próprio que se proclama um liberal, não denuncia o poder pessoal — o vértice da oligarquia — por sua qualidade despótica, "porque com os nossos costumes o governo há de ser ainda por muito tempo pessoal, toda a questão consistindo em saber se a pessoa central será o monarca que nomeia o ministro ou o ministro que faz a câmara". Ele acusa, ao contrário, o governo pessoal de não ser um governo pessoal nacional — "em benefício do nosso povo sem representação, sem voz, sem aspirações mesmo".[19] Esse poder doma os chefes e o povo, "como se domam serpentes venenosas",[20] serpentes que são nada mais que os caricatos titulares da soberania nacional. Longe do modelo anglo-saxão, respirando o bolor bragantino, o liberal se propõe educar, corrigir, tutelar o "inorganismo" (o povo), mas atento às suas travessuras e rebeldias. Antes de tudo, a arte pedagógica terá o cuidado de ensinar a nadar fora da água, prezando uma qualidade que se supõe o próprio liberalismo — a tolerância.

A tolerância é um dos instrumentos da atividade liberal, mas com ela não se confunde. Ao contrário, destacada da premissa maior, ela será o oposto do liberalismo. Em lugar das liberdades públicas e dos direitos individuais — da liberdade de autonomia e da liberdade de participação —, a tolerância à imprensa e mesmo aos seus excessos, às opiniões diversas, ainda que republicanas, à palavra eleitoral, embora se anule pela compressão e pela fraude. Nesse tecido, a tolerância desmente o liberalismo: permite, podendo proibir; aceita, podendo recusar; admite, podendo reprimir. A essência do liberalismo estará em outro rumo: no controle e na limitação do poder por obra da lei e da constituição, não nominais, mas efetivamente operantes. Na tolerância não há uma qualidade superior, mas um ardil, que revela a fraqueza do sistema, o qual, de adiamento em adiamento, prolonga a sua hora fatal. Não há liberalismo, mas o arbítrio autoritário, que talvez não empregue suas melhores armas por desconfiar da eficácia da pontaria. O imperador é o mais tolerante dos tolerantes, e, em consequência, o menos liberal, como bem sentiu Sales Torres Homem, ao proclamar que a violência aberta não é o maior perigo dos povos livres. "A sofisticação gradual das instituições respeitadas nas formas exteriores e corroídas na medula [...] eis os verdadeiros perigos que devem temer", consubstanciados na "má paródia do regime constitucional".[21]

Um contraste, todavia. Na hora do ostracismo político, na oposição, o liberal importa a teoria ilibada, exuma as lições de 7 de abril e ameaça todos: o trono e a oligarquia. Dedo em riste, veias intumescidas, pena incendiária — ele ameaça — ameaça sem representá-lo — com o povo, com as ruas em tumulto, as praças revoltas. Nessa conduta, ele não é o liberal, mas o político de ideias transitórias e provisórias, que, se não acomodado, erguerá reivindicações, não suas, mas inimigas da ordem e do sistema. Entre a ameaça e o fato, intervém a tolerância, o "pacto tácito entre os adversários", o

*136* | A REPÚBLICA INACABADA

"salão onde as boas maneiras são indispensáveis", regido pela flexível e cética encarnação do poder Moderador, d. Pedro II.[22]

Na ópera encenada, não destoa do espetáculo o senador José Tomás. A estátua corporifica todas as irradiações da vida política macia, embora entre a estátua e o bronze haja marcantes dissonâncias que o espaço não permite, por ora, assinalar. Ele, o biografado, na sua migração conservadora para a cidadela liberal, será o retrato das boas maneiras conciliatórias, conciliatórias no poder. Por três vezes desempenhará esse papel, uma vez efetivamente e duas vezes malogradamente. Na Conciliação (1853-7) traduziu o pensamento do imperador e da oligarquia, "depois do choque da última guerra civil do império, de abrir a política aos elementos liberais proscritos, sem tirar a direção dela ao espírito conservador".[23] Essa será — no título do seu discurso — a *ponte de ouro*. Mais tarde, passará para o bando liberal, com a Liga, não sem a desconfiança dos históricos, sob o comando do maior político da época, Zacarias, ao qual Joaquim Nabuco quer, a todo custo, desdourar o cetro. "A probabilidade é a que a Liga teve sempre, como teve a Conciliação, a simpatia, o apoio e a cooperação constitucional do imperador, que via nela o desenvolvimento da ideia conciliadora de 1853."[24] A terceira tentativa conciliatória será o Gabinete Rio Branco, do qual sai a Lei do Ventre Livre (28/9/1871). Agora, entretanto, será um liberal que colabora com os conservadores, contra o aviso de seus correligionários, que, eventualmente acordes ao programa, não queriam ceder as glórias ao partido adverso. José Tomás, fiel às suas origens, não se solidariza com os cálculos políticos de Zacarias. Seus companheiros esperavam subir ao poder sobre o malogro de Rio Branco, deplorando o ministerialismo do colega. Os liberais perdem a bandeira emancipacionista, enquanto José Tomás via outro dilema, não o velho conservador versus liberais, mas conservadores versus republicanos.[25] Para salvar a monarquia, ele sacrifica o Partido Liberal.

Depois de 1868, José Tomás terá o papel de *chefe espiritual* do partido, chefia que o episódio de 1871 trinca de modo irremediável. Já em 1873 ele se sente estranho entre os novos camaradas, nos quais percebe "o triunfo da agitação democrática, que devia, em 1889, levar de vencida o Trono [...] o perigo da onda revolucionária, do radicalismo intransigente, cioso e inimigo da autoridade, por essência republicano".[26] Não perceberá que a anarquia, o otimismo demolidor, pouco terá a ver com o povo, com o qual, lembrado do retrato de Michelet de Danton, confunde Silveira Martins, no fundo o primeiro federalista, e não agitador popular, que perturba os serenos debates parlamentares do Segundo Reinado.

No painel de atores educados, de liberais e conservadores, paira um tipo de liberalismo, o de José Tomás, que será o do biógrafo: "o liberalismo utilitário e o conservantismo histórico", fórmula sem arbítrio copiada de Burke.[27] Magro espólio de uma vida de transações e comando, filho de um sentimento que o biógrafo atribuirá a si próprio: "ao que me impediu de ser republicano na mocidade, foi muito provavelmente o ter sido sensível à impressão aristocrática da vida".[28] Aristocratismo que é não só *fumo de pacholice*, na denúncia do maior dos contemporâneos, mas uma armadura que guarda o sistema, ideologicamente, como, mais tarde, o elitismo será o escudo das oligarquias estaduais. Uma sombra, confundindo a nostalgia e o anacronismo, turbará não só a visão da história, mas o processo e o curso dela.

# 4 | *A mina submersa*

Um estadista do Império, de inspiração nostálgica e obra de arte que ilumina, embelezando e estilizando uma época, não será apenas o inocente libelo ervado contra a República. Seu papel não se resume, plasticamente, a um dos mais elegantes painéis estéticos da história. A Grande Era Brasileira, segundo a solene palavra do autor, orquestrar-se-ia com outras biografias de personagens que nela atuaram, sobretudo daquele que ocupou o centro do teatro.[29] Ao lado da duvidosa concepção estética do período histórico, animado por quadros e retratos justapostos, há uma herança, fruto da obra e de seus pressupostos, capaz de irradiar efeitos perturbadores ao historiador e ao autor político do futuro. Atualiza-se o legado em dois lances opostos: a oligarquia esclarecida, sobranceira aos extremos, de boas maneiras, emoldurada no poder Moderador, com um chefe neutro e superior às facções internas, contra, na outra ponta, a tirania potencial, popular na origem, anárquica no fundo. Um terceiro termo, territorial e federal, seria inexequível e resvalaria para o segundo termo, se não sustentado por um centro nacional e dirigente, educador e de autoridade, sobrepondo ao país real — o inorgânico — o país oficial do patronato, aristocratizante ou elitista.

A teia ideológica, construída sobre uma realidade retocada, está longe de se reduzir a uma inocente incompreensão histórica, geradora que é de outras incompreensões que projetam sobre a história do país um dos freios ao processo de mudança social. Solidifica, petrifica manchas idealizadas, estilizadas, esteticamente estilizadas, dificultando o consumo transformador da memória, a superação permanente, gerando o anacronismo e as explosões modernizadoras, duas faces da velha moeda. Conserva, dentro da corrente, debaixo das águas, invisíveis aos navegantes, minas submersas, que, por impedirem a corrida ao mar largo, perturbam o ritmo sincrônico do movimento social e econômico. A interação entre o novo e o velho, que conserva e nega, na ascensão a patamares superiores, torna-se descoordenada, quer fossilizando o passado, quer transformando a mudança em veleidade e utopia. As instituições, já desprovidas de funções ativas e dinâmicas, atuam sobre a realidade, em reflexos vegetativos, desvirilizando-a, emasculando-a. Tornam-se opressivas sobrevivências, ornamentais mas pesadas na sua pompa, ditando normas desajustadas ao presente. A sociedade civil, dotada de conteúdo próprio, desvincula-se do Estado, que deixa de atuar, mas conserva a estrutura herdada. Ou o contrário: o Estado modernizador fere a sociedade civil passiva, obrigando-a a passos mais largos do que suas forças permitem. Um exemplo, que o próprio Joaquim Nabuco revela, diz respeito às classes sociais: "Todas elas apresentam sintomas de desenvolvimento ou retardado ou impedido, ou, o que é ainda pior, de crescimento prematuro artificial".[30] Os desvios daí provenientes enchem as páginas de estudos clássicos, Tocqueville, Taine, Hegel, Marx (*le mort saisit le vif*), Weber, Bloch. A história, nas suas virtualidades, firma-se sob o influxo de tais características, como uma vez se disse, em uma casa composta de inúmeras escadas e raros aposentos.

A velha estrutura política, incapaz de articular-se com as forças florescentes e em ascensão, perde a legitimidade condutora para se arvorar, por conta própria, na tutoria do governo, desconhecendo a maioridade dos pupilos, confundindo comando com arbítrio — arbítrio provocado pelo descompasso entre a base e a ficção do controle. A submissão à autoridade traduz, fora da legitimidade, a anarquia metodizada, reprimida. A aristocracia converte-se no papel dos pergaminhos duvidosos ou do elitismo imposto. Daí duas situações possíveis: a explosão ou o Terror, ou as duas coisas, juntas, simultâneas ou sucessivamente.

As etapas históricas não canceladas, não absorvidas, não superadas sugerem, na imagem de um museu de antiguidades e de objetos ainda não postos no mercado, uma dialética multiespacial e multitemporal. No quadro global, povoado de dissonâncias temporais e espaciais, subsistem nódulos irracionais, ilhas não redutíveis ao movimento ascensional de novas classes ou ao desenvolvimento do país, focos de resistência que se recusam a acertar o passo, ao lado de árvores adubadas artificialmente. A polirritmia se alimenta das instituições anacrônicas, de suas ideologias aristocráticas e elitistas, obscurecendo o degrau seguinte na escada modernizadora ou da mudança social. Sem embargo da pureza de vistas do biógrafo, aí fica a erva má presa ao solo, a parasita que entibiará o tronco secular. Surpreendente o contraste entre o Joaquim Nabuco nostálgico e o Joaquim Nabuco abolicionista? Como abolicionista, ele foi tachado de anarquista, comunista, petroleiro — quem se lembrará hoje dessa palavra para injuriar os adversários? —, mas, no fundo, o renovador era um aristocrata, também ele um *liberal utilitário*.

Entre a arte e a história há um abismo, que não será atravessado com as asas chumbadas ao passado, lastimando as excelsas glórias perdidas.

# Assembleia Constituinte:
# A legitimidade recuperada

**1** | *O que significa uma constituição > 145*
**2** | *O colapso do poder constituído > 154*
**3** | *O círculo vicioso do poder:*
*Da força ao estado de direito > 161*
**4** | *Os fundamentos da legitimidade > 178*
**5** | *As falácias da legitimidade > 191*
**6** | *A evasiva da legitimidade:*
*O remendo constitucional > 203*
**7** | *A legitimidade recuperada:*
*A Assembleia Constituinte > 215*

# 1 | *O que significa uma constituição*

EM CONFERÊNCIA FAMOSA, reproduzida em livro largamente difundido, com mais de um século de notoriedade, Ferdinand Lassalle formulou uma pergunta clássica: *que é uma constituição?* Pretendia o teórico e o militante da social-democracia, com a indagação, reduzir a termos concretos, e, como se dizia ao tempo, científicos, a ideologia do constitucionalismo, como movimento político, que ganhara dimensões a partir do fim do século XVIII e tomara corpo no início do século XIX.

Para que se tenha ideia do problema, basta recordar-lhe o reflexo na história e na vida brasileiras. A conquista de uma constituição expressava, segundo o roteiro da época, a limitação, se não a extinção do absolutismo e do poder arbitrário, concentrados nos reis. A experiência norte-americana, primeiro exemplo de uma Constituição escrita e solenemente ratificada, suscitava, acelerando as contribuições políticas europeias e clássicas, o esboço possível da emancipação colonial mediante um estatuto supremo, redutível às próprias bases de uma nação independente.

O Brasil entrou no processo constitucionalista pela porta que a Revolução do Porto abriu (24 de agosto de 1820), sempre retardado não só em relação aos Estados Unidos e à Europa sacudida pela Revolução Francesa, senão com referência à própria Península Ibérica. O brigue de guerra português *Providência*, que chegou ao Rio de Janeiro em 17 de outubro daquele remoto ano, trouxe a notícia do acontecimento e alvoroçou a pacata corte de d. João VI. Os sublevados do Porto, no momento ainda sem a solidariedade de Lisboa, juristas e letrados com o estímulo ostensivo dos comerciantes, apoiados pela guarnição local, exigiam uma constituição, capaz de fixar as relações entre os cidadãos e o governo, que reproduzisse

ASSEMBLEIA CONSTITUINTE | *145*

as linhas mestras da carta espanhola de 1812, restaurada em março de 1820. Desde logo, o soberano, supondo-se inabalável e seguro no seu abrigo tropical, que escolhera desde 1808, para se resguardar dos sustos de uma Europa à mercê do domínio de Napoleão, refugiou-se, para conjurar a crise, no expediente dilatório e escapista, molde típico dos poderes dominantes de além e, depois, por herança, de aquém-mar. Em lugar de aceder aos anseios nacionais, que em breve conquistariam Lisboa e todo o reino, deliberou convocar as velhas e anacrônicas Cortes da monarquia, segundo o antigo e consagrado estilo, reunidas, pela última vez, em 1698. Elas estariam autorizadas a apresentar emendas, alterações ou disposições, "que acharem úteis para o esplendor e prosperidade da monarquia portuguesa, que vós enviareis imediatamente à minha real sanção, como convier, segundo os usos, costumes e leis fundamentais da monarquia".

Dessa vez não funcionou a solércia real, acuada diante de uma nação unida e decidida a conquistar sua soberania. As mornas cortes monárquicas, que se queria ressuscitar, ganharam o contorno de uma legítima Assembleia Constituinte, com o nome de *Cortes Extraordinárias e Constituintes da Nação Portuguesa*. A elas, depois de muitas tergiversações, aderiu d. João VI, forçado pela pressão ultramarina e pela pressão que se formou nesta parte do reino unido. Pela primeira vez em sua história, os brasileiros elegeram e enviaram a Lisboa representantes a uma constituinte, que, embora extremada no seu colonialismo, teve relevante papel indireto e involuntário na independência do Brasil. O ingresso no caminho constitucional seria, porém, irreversível, ainda que, sempre segundo o modelo contemporizador e conciliador, a soberania nacional e popular fosse negada, freada, mutilada e, mais tarde, golpeada.

Depois dessa rápida digressão aos primórdios da nação pré-independente, a pergunta de Lassalle assume maior consistência, para que seu exame, abandonada a ambiguidade de conceitos, estruture o real arcabouço da constituição. Nesse campo verbal e conceitual,

146 | A REPÚBLICA INACABADA

muitos são os sentidos da palavra, distinguindo-se o conceito filosófico, jurídico e histórico, a par das muitas classificações, quanto à forma, em escritas ou costumeiras, no processo de reforma, em rígidas e flexíveis, quanto à origem etc. Para evitar a reprodução erudita de teses e discussões, fixem-se unicamente, dentro do termo, as acepções que se completam, ao tempo que revelam seu conteúdo político e histórico. A afirmação de Lassalle de que todos os países "possuem ou possuíram sempre, e em todos os momentos da sua história, uma constituição real e verdadeira" é correta, porém unilateral. Correta e, na verdade, de grande alcance, é também a identificação da origem do movimento moderno que reclama uma constituição ou uma constituição nova. "Somente pode ter origem", responde,

evidentemente, no fato de que nos *elementos reais de poder* imperantes dentro do país se tenha operado uma *transformação*. Se não se tivessem operado transformações nesse conjunto de fatores da sociedade em questão, se esses fatores do poder continuassem sendo os mesmos, não teria cabimento que essa mesma sociedade desejasse uma constituição para si. Acolheria tranquilamente a antiga, ou, quando muito, juntaria os elementos dispersos num único documento, numa única carta constitucional.

A *constituição social*, ou a constituição em sentido social, à qual se referia, na Antiguidade, Aristóteles, não esgota o conceito de constituição, mutilando, ao contrário, sua face moderna, *jurídica e normativa*. A constituição em sentido jurídico, embora apoiada na constituição social, que traduz e espelha as forças sociais e econômicas do país, ordena, organiza e transforma a realidade em sistema de normas e valores, capazes de ditar regras no campo do dever ser. A constituição jurídica apela para o homem, como agente da história, homem apto a construir uma ordem política voluntária e consentida — artifício despido de arbítrio. Neste último aspecto é que se define o constitucionalismo moderno, voltado para o controle do poder, com os freios impostos à discussão dos governantes.

A conjunção da face social à face jurídica da constituição, ao incorporar as conquistas do constitucionalismo moderno, forma uma constelação dialética, que dá a dimensão e a realidade de uma força política. Deve-se atentar, na relação entre o fenômeno social e o fenômeno jurídico, para o que Hegel denominava *ação recíproca*: "a causa não só tem um efeito, mas o efeito se comporta para com ela mesma como causa". A sintonia das normas constitucionais e a realidade do processo do poder, entendido este na sua expressão real, asseguram a legítima autenticidade da constituição normativa, distinguível das constituições nominais e semânticas. Na constituição realmente normativa ela não é apenas juridicamente válida, senão que está integrada na sociedade, em consonância com a sociedade civil, em perfeita simbiose, sem discrepância, na sua prática, entre os detentores e os destinatários do poder, em leal observância. "Somente neste caso", afirma Karl Loewenstein, "pode-se falar em constituição normativa: suas normas dominam o processo político ou, inversamente, o processo do poder se adapta às normas da constituição e se submete a elas. Para usar de uma expressão de todos os dias: a constituição é a roupa que se ajusta bem e que realmente veste." No outro extremo está a constituição semântica. Embora a constituição se aplique na sua plenitude, sua realidade não é senão a formalidade escrita da situação de poder político existente, para o exclusivo benefício dos detentores de fato do poder, que dispõem, para executá-la, do aparelhamento coativo do Estado. Se não houvesse nenhuma constituição formal ou escrita, o comportamento de fato do poder não seria outro ou sem diferença de nota. A constituição, com esse caráter, não limita, controla ou freia o poder, senão que o estabiliza e congela, reduzindo ao grupo de seus detentores, reunidos em torno de um ditador, de uma junta ou de um partido. A roupa não veste, como no caso da constituição normativa, mas esconde, dissimula ou disfarça. Entre a constituição normativa e a constituição semântica, segundo a lição aqui reproduzida, situa-se a constituição nominal. Há, neste caso, a desarmonia entre a situação de fato — a constituição social — e as normas constitucionais, tidas por prematuras, na versão conhecida da menoridade do povo. Com o tempo, pelo desenvolvimento de condições reais, a constituição viria a ser aplicada, reduzida, no presente, a um manual educativo. A roupa está no armário, recortada e envolta em naftalina, pronta para ser vestida quando o corpo cresça e saiba usá-la sem rasgá-la. Enquanto esse dia não chega, os detentores do poder mandam e desmandam, também eles envoltos na confortável — confortável para eles — esperança do futuro, seja do país grande potência, do país rico ou do país educado.

O exercício da estrutura real do poder, revestida pela forma jurídica, indica e aponta para a essência do fenômeno constitucional. A autocracia — o exercício do poder sem freios e sem controles dos destinatários do poder — não caracteriza o estado constitucional, dentro de parâmetros históricos e sociais, reduzido a mero utensílio verbal, espécie de homenagem da força ao direito, da mesma maneira que a hipocrisia, segundo um moralista, é a homenagem que o vício presta à virtude. O constitucionalismo moderno — do qual brotou a concepção de que a constituição consagra um sistema de freios e controles ao poder — radica na ideia da divisão do poder. O controle do governo tem suas origens, segundo uma velha vertente, no conceito de direito natural. Contra a burocracia real, grupos, classes e estamentos, centrados nos barões e nas cidades livres, trataram de assegurar um estatuto que lhes permitisse a autonomia de ação, defendendo-se do despotismo arbitrário, por meio de esferas separadas de poder. As revoluções inglesa e francesa revelaram, de modo delimitado e definido, essas tendências. De outro lado, a doutrina cristã da personalidade humana, que se prolongou no protestantismo, na inviolabilidade de direitos individuais, contribuiu com outra base para que se configurasse o caráter limitado do poder. Essas tendências amadureceram na Inglaterra

ASSEMBLEIA CONSTITUINTE | *149*

e nos Estados Unidos, de onde se irradiou, ainda no século XVIII, seu prestígio sobre o continente europeu e, logo depois, na América do Sul, entrosado, no último caso, à independência nacional. A extraordinária influência do livro de Montesquieu — *O espírito das leis* —, que denunciou as diferenças entre o sistema político inglês e o sistema francês, atesta um dos momentos altos do constitucionalismo moderno, na implícita sugestão do controle do poder, pelo mecanismo da sua divisão.

No fundo do movimento constitucionalista reside a preocupação de desmascarar o despotismo — todas as formas de autocracia — pela identificação dos males e riscos do arbítrio. Acentue-se que, nos primeiros golpes contra ele desferidos, havia o cuidado liberal, também entendido no seu sentido econômico, de proteger a propriedade, o que resultou, em certos momentos históricos, na degenerescência do princípio. Para resguardar a propriedade sacrificou-se o liberalismo político. Ocorre que, historicamente, o liberalismo não foi, na sua origem, democrático, senão burguês e, em muitos resíduos, aristocrático. A democratização crescente, todavia, mostrou que a democracia, para que se conserve e desenvolva, não poderia se dissociar do liberalismo que, por sua vez, se divorciou do seu reverso econômico. A democracia, pode-se afirmar, democratizou o liberalismo, expandindo-o em direção a direitos concernentes à participação social. Ao lado das objeções iniciais no arbítrio, por consagrar a impossibilidade de traçar normas calculáveis e previsíveis, acaso mais sensíveis às atividades comerciais e industriais, outras ganharam maior relevo, com atributos que não diziam respeito apenas à garantia da propriedade.

O combate ao arbítrio teve como ponto central o estabelecimento do governo da lei, o governo da lei e não dos homens, de acordo com a moldura clássica. Lei, dentro desse movimento reivindicatório, não significa apenas uma fórmula ou um rótulo. A lei seria a expressão de um poder independente — o Poder Legislativo —, decorrente de uma convenção pactuada e livremente estabelecida pelos destinatários do poder. As ordenanças de um tirano ou de um ditador seriam leis unicamente pela sua face externa, por lhes faltar a *legitimidade*, que é a fonte de autoridade e não exclusivamente do poder, legitimidade que procura responder convincentemente à pergunta: por que obedecer? O arbítrio, ainda quando cercado de "leis", embora se proteja na força, não consegue estabelecer as bases de nenhum governo efetivo e estável. O poder legítimo, dessa forma, só se mostra compatível com a paz social, regulação da sociedade por meio da lei autêntica, mediante controles e freios que nela se expressam primariamente. O arbítrio não tem fronteiras e é vago. Constitui a guerra potencial entre governo e governados, impedida ou adiada apenas enquanto funcionam os aparelhamentos repressivos. A propriedade pode ser confiscada pelo arbítrio, perturbada a liberdade, com a ameaça à vida, sem que, em contrapartida, se revigore a autoridade. O que um governo pode fazer contra os agressores da ordem por meio da lei, estes não podem fazer contra ele. Mas o que ele fizer fundado no arbítrio, nada pode deter que se faça contra ele, dado que, nesse caso, a lei não existe, substituída pela força de obrigar ao cumprimento de ordens, que podem emanar de minorias, vigorosas porque mais bem armadas. Se a liberdade pode ser arbitrariamente suspensa ou anulada, todas as garantias de funcionamento do governo serão inúteis, redutíveis, em última instância, à boa índole do detentor do poder. Se os juízes e os jurados podem ser presos arbitrariamente, quem seriamente assegurará que suas sentenças são imparciais, quando, sobre elas, pesa sempre a ameaça, oculta ou ostensiva, da mão do chefe e dos delegados do Poder Executivo? Que garantia há de que uma lei foi deliberada livremente, em favor do povo, se os legisladores estão permanentemente ameaçados de serem expulsos do Congresso e, além de expulsos, encarcerados? O despotismo e a anarquia têm em comum o fato de que assentam sobre o arbítrio. Uma vez instaurado, o arbítrio penetra em todas as instituições, desfigura todo o quadro governamental, sem que resguarde, dentro dele, uma ilha

ASSEMBLEIA CONSTITUINTE | 151

onde se abrigue a liberdade. É de sua natureza a capacidade de se alastrar e contaminar todo o corpo social, corrompendo os mecanismos burocráticos engendrados para evitar que ele se expanda.

O constitucionalismo nasceu e se aperfeiçoou na luta contra o absolutismo, seja o que, pela tradição, se articulou dentro de um país, seja o que se prolongou no colonialismo. Deve-se dizer, entretanto, que, nas suas expressões iniciais, o constitucionalismo não era democrático. A Declaração da Independência dos Estados Unidos e a Declaração dos Direitos do Homem da França, ambos documentos do século XVIII, proclamaram a igualdade dos homens, cláusula que se entendeu, entretanto, em caráter formal, sem incidência real. Um largo espaço de tempo, com a emergência de novas classes sociais e grupos, antes tidos por subalternos e privados de voz, levou a que se ampliasse e se desse corpo à igualdade, por força da crescente participação no direito de votar e nas decisões públicas. Não se tardou a verificar, embora a consagração de novas conquistas abalasse velhos dogmas, que o controle do poder, imposto para resguardar e garantir a liberdade, criou uma cadeia de direitos, solidariamente vinculados e em permanente expansão. Os direitos de reunião e de associação, na sua feição clássica, expandiram-se na liberdade sindical, conjugando-se a direitos novos, impropriamente chamados de direitos sociais.

Depreende-se do movimento histórico que deu lugar ao constitucionalismo e do papel que as constituições desempenharam na sociedade moderna que o controle do poder — o banimento do arbítrio — é a pedra angular de todo o processo. Sem a existência de freios reais não se pode falar de governo constitucional, freios que, para que controlem o poder, articulam-se a partir do consentimento e das decisões dos destinatários do poder. Fosse o processo instaurado em linha contrária — pelo pacto excludente e elitista dos detentores do poder — não haveria controle, mas a mera distribuição do privilégio, na comandita do mando entre os beneficiários da autocracia. Obviamente, os controles, se pretendem ser efetivos, devem consagrar procedimentos permanentes, o que só se alcança pela via da constituição. Nesse campo, como já se observou, se distinguem as constituições normativas das pseudoconstituições, as constituições fictícias de todas as autocracias. Na verdade, sem a plenitude da participação do povo, o governo não será nunca um governo constitucional, mas governo de fato dissimulado em aparências constitucionais ou sem essas aparências. A função, que se prolonga no sistema de freios ao poder, orienta e constitui o processo constitucional.

A constituição em sentido social e a constituição em sentido jurídico constituem as duas faces da constituição política. Uma constituição não é, desse modo, a mera síntese das condições reais do poder, nem um conjunto esparso de regras jurídicas. Da interação desses dois fatores, dirigidos pela vocação dos destinatários do poder de controlá-lo, se afirma a essência da constituição, inadmissível, portanto, como maquiagem das pessoas ou dos grupos que se assenhoreiam da força. Obviamente, o sistema de freios não significa a negação da autonomia e da esfera específica de atuação dos detentores do poder. A limitação do poder, de outro lado, não exclui a cooperação dos poderes constituídos, sem prejuízo de sua independência. Com a constituição, o poder não apenas se organiza, senão que, submetido ao controle de baixo, se legitima, estabelecendo as regras fundamentais que permitem a emergência de novas forças sociais, sem privilegiá-las e sem oprimir as minorias que outrora foram maiorias, assegurando-lhes os meios de entrar e sair do poder sem abalos sociais e sem convulsões políticas. A constituição, finalmente, é a suprema força política do país, nas suas normas e valores, coordenadora e árbitro de todos os conflitos, sempre que fiel ao Poder Constituinte legitimamente expresso.

# 2 | *O colapso do poder constituído*

O MOVIMENTO MILITAR DE 1964 depôs o presidente da República, entregando o poder, na sua primeira hora, ao sucessor constitucional, na época o presidente da Câmara dos Deputados, que ficaria no exercício do cargo até a realização das eleições pelo Congresso Nacional. A intervenção na normalidade política teria, à primeira vista, o mesmo curso de outras que se processaram na vigência da Constituição de 18 de setembro de 1946. Os precedentes de 1954, com a variante de 1961, indicativos da transitoriedade do poder de fato, sempre remediado, com a interpretação oportunista da Carta Magna ou sua reforma (1961), faziam crer que tudo se resumiria na mera substituição do corpo dirigente, sem mudança estrutural. As pessoas seriam outras, recrutadas, todavia, dentro do quadro elitista, com ou sem maquiagem constitucional. As expectativas autorizavam essa conjectura, diante dos protestos dos grupos inconformados e rebeldes, acordes nas denúncias à conduta subversiva dos dirigentes políticos no poder.

Apesar dessa superficial impressão, as crises anteriores e a insuficiência do programa social e político previsto na Constituição de 1946 pareciam revelar um fenômeno mais profundo: o esgotamento institucional. Realidades novas e emergentes não encontravam expressão no texto constitucional, liberal na essência, mas restrito na perspectiva democrática, inibidor da equação dos conflitos operários e restritivo nas possibilidades de viabilizar reformas de ordem social e econômica. De outro lado, a Carta de 1946, moldada sobre a experiência da ditadura de 1937-45, supunha que a maneira mais segura de evitar a autocracia estaria no limite drástico dos poderes do presidente da República. Premido dentro dessas duas características, o Congresso Nacional tornou-se o foro real do jogo político, fragmentado, entretanto, em correntes partidárias incapazes de consti-

154 | A REPÚBLICA INACABADA

tuir uma maioria homogênea. Enquanto houve uma combinação de forças articuladas ao presidente, a eficiência do sistema resistiu às congênitas debilidades, dramaticamente reveladas no quinquênio 1961-5, que não chegou a se completar. Todas as tentativas de reformar as regras básicas da Constituição foram infrutíferas, não obstante a generalizada consciência da necessidade das alterações, mais de uma vez propostas. Sobre o campo minado dessa incipiente crise institucional — o esgotamento das bases operacionais do estatuto maior vigente — irrompeu o movimento de 1964, que só definiu os seus objetivos por meio da edição do Ato Institucional de 9 de abril, depois batizado de nº 1. A mudança institucional especificava-se, desde logo, por um traço característico: o deslocamento do Poder Constituinte do povo ("todo o poder emana do povo e em seu nome será exercido" — Constituição de 1946, art. 1º) para a revolução, denominação que adotou o movimento para se identificar, distinguindo-se das intervenções golpistas anteriores. "A revolução vitoriosa", declarava o preâmbulo do Ato Institucional nº 1,

se investe no exercício do Poder Constituinte. Este se manifesta pela eleição popular ou pela revolução. Esta é a forma mais expressiva e mais radical do Poder Constituinte. Assim, a revolução vitoriosa, como o Poder Constituinte, se legitima por si mesma. Ela destitui o governo anterior e tem a capacidade de constituir o novo governo. Nela se contém a força normativa, inerente ao Poder Constituinte. Ela edita normas jurídicas sem que nisto seja limitada pela normatividade anterior à sua vitória.

Os comandantes em chefe do Exército, Marinha e Aeronáutica, em nome da revolução vitoriosa, invocando o apoio, que lhes pareceu inequívoco, de toda a nação, substituíram, em nome do povo, o Poder Constituinte, reformando a Constituição e editando normas transitórias, insuscetíveis de apreciação pelo Poder Judiciário. Não prometia a revolução, ao contrário dos precedentes históricos brasileiros, outro ato legitimatório subsequente, fundado na convocação popular, senão que se considerava completa e definitiva pelo fato de sua vitória.

Desde logo, essa inovação se desviava de dois precedentes da vida política nacional, 1889, com o advento da República, e 1930, no final violento de um período de 41 anos de ordem institucional. Nessas duas ocasiões, os movimentos armados e vitoriosos, capazes de se caracterizar como revolucionários, assumiram a forma de governo provisório, até que as Assembleias Constituintes dispusessem de maneira definitiva (Decretos nº 1, de 15 de novembro de 1889, e 18 398, de 11 de novembro de 1930). Outro precedente seria invocável e é vez ou outra trazido ao debate, envolvido na duvidosa tese de que só as revoluções vitoriosas podem convocar constituintes. Na verdade, sempre que há crise ou o colapso de uma ordem constitucional, ela só se recompõe pela deliberação constituinte — a deliberação constituinte do povo, se democrático o sistema a instituir. A Constituinte de 1823, bruscamente dissolvida, foi convocada *antes da Independência* (Decreto de 3 de junho de 1822), exatamente como meio de enfrentar uma crise em perspectiva, estabelecendo as bases da transição. As revoluções vitoriosas, se procuram a legitimidade democrática, não podem prescindir da Assembleia Constituinte, que organize o Estado dentro das coordenadas dos representantes do povo. As Assembleias Constituintes são, de outro lado, meios preventivos para limitar e controlar o poder, preparando a sociedade para a mudança política, por meio de uma moldura jurídica, exatamente para evitar a ruptura revolucionária.

A afirmação de que a revolução se investe no exercício do Poder Constituinte, pedra angular sobre a qual repousa toda a estrutura institucional da ordem jurídica gerada desde abril de 1964, deve ser discutida e analisada. À primeira vista, no mundo moderno, as rupturas revolucionárias foram sucedidas ou foram contemporâneas de um movimento constituinte, como demonstram os precedentes brasileiros. O que está em causa, entretanto, é o real postulado de 1964, cujas consequências se irradiam até hoje: se a revolução em si, encamada pelo grupo que se apossa do poder, tem validade constituinte, sem outras e complementares medidas. A tese importa, desde logo — como está explicitamente declarado no preâmbulo do Ato Institucional nº 1 —, no afastamento da eleição popular, na confissão declarada do amálgama dos comandantes em chefe do Exército, da Marinha e da Aeronáutica com a revolução, grupo restrito, mais tarde alargado nos detentores do poder em torno da pessoa do presidente da República.

Para evitar uma digressão embaraçosa, não se discutirá, diante da ciência política, se o movimento de 1964 realmente foi uma revolução ou se, ao contrário, foi mais uma das intervenções golpistas características do sistema de 1946. Houve, na realidade, a substituição dos dirigentes políticos, com a mudança das regras do esquema de comando, sem transformação social ou econômica. Sua nota de atuação se traduziu pela autonomia de um segmento político dominante — um estamento e uma elite — que, de cima para baixo, procurou, em nome da segurança nacional, modernizar a estrutura do país, moldando-a dentro de padrões conservadores. De qualquer sorte, inegável e declarado foi o deslocamento do titular do Poder Constituinte, apropriado em favor de uma camada dirigente, ou pretensamente tal, justificada em si mesma, sem prestar contas ao povo, alheio a qualquer responsabilidade perante a nação. "Destituído (o governo) pela revolução, só a esta cabe ditar as normas e os processos de constituição do novo governo e atribuir-lhe os poderes ou os instrumentos jurídicos que lhe assegurem o exercício do poder no exclusivo interesse do país." A promessa, implícita na declaração do prazo em que vigoraria o Ato Institucional — até 31 de janeiro de 1966 —, da transitoriedade dessa apropriação do Poder Constituinte, desfez-se com a edição de outros Atos, faculdade que durou até a entrada em vigor da Emenda Constitucional nº 11, de 13 de outubro de 1978. Nesse período, toda a fachada constitucional se fixou por esses instrumentos de força, muitos deles incorporados ao texto do estatuto básico vigente.

Nem todas as revoluções se deflagram a partir de um "grupo constituinte", assim como não se pode identificar a supressão da ordem constitucional com o Poder Constituinte, apto a atuar e elaborar uma constituição. A revolução é um ato antijurídico contra o direito positivo e instituído do país, ferindo o ordenamento estatal vigente. De outro lado, leva, dentro de si, um direito próprio, em germe, originário, em busca de definição e de consolidação. "A revolução se caracteriza pela violência, porém violência dotada de embrionária organização jurídica." Entre a infração à ordem vigorante e o estabelecimento da ordem nova existe um período provisório e, frequentemente, instável, que muda de leito, até que se defina em nova constituição, assim entendida aquela fixada e ordenada pelo Poder Constituinte do povo. Um autor brasileiro, insuspeito de simpatias pelo movimento em favor da constituinte, Manoel Gonçalves Ferreira Filho, distingue, com clareza, o ato constituinte, embora em afronta ao direito positivo da revolução: "Sumariamente", escreve,

> a dinâmica da revolução pode ser assim resumida: um grupo promove um movimento contra a constituição. Contra a constituição, sempre, mas cuja amplitude pode ser muito variada. E essa amplitude variada vai depender da motivação e refletir-se na intensidade dessa revolução. Esse grupo triunfa. Pelo simples fato do seu triunfo, ele vai, explícita ou implicitamente, editar um ato constituinte. Esse ato constituinte não é propriamente uma constituição, mas tem a pretensão de fundar uma ordem ou uma nova ordem jurídica; importa, sempre, na renovação do fundamento da ordem jurídica.

"Mas", prossegue mais adiante,

> esse ato constituinte contém simplesmente uma pretensão, isto é, esse ato não se aperfeiçoa enquanto não se implementa uma condição, que é uma condição resolutiva. A condição resolutiva é a condição da eficácia. Em outros termos: o ato constituinte só se transforma em consti-

tuição quando se suplementa uma condição resolutiva, com a qual ele é editado, a condição de eficácia. Ou seja, no caso, a aceitação global por parte dos governados, por parte do povo.

A aceitação, na espécie, não se traduz pela mera aquiescência passiva ou induzida, se a boa-fé está em causa, por um plebiscito, expediente grosseiramente utilizado pelas ditaduras para se perpetuarem no poder. Se lançar mão desse recurso, o grupo revolucionário, que só se legitima na constituição, estará, no máximo, prolongando sua provisoriedade, por meio de outro ato constituinte, renovando, na melhor das hipóteses, outra revolução no seio da originária. Ao *ato constituinte* — a quebra da ordem constitucional com a pretensão de se legitimar em uma constituição — falta o traço essencial do constitucionalismo, o controle do poder por meio de mecanismos aceitos, pactuados ou consentidos pela soberania popular, base de toda democracia.

As revoluções são movimentos de quebra da ordem que venceram, encabeçadas por um grupo que se destaca de dentro do Estado ou irrompe da sociedade civil. Nem todas, como se notou, procedem de um impulso constituinte, conforme a dolorosa lição histórica que demonstra inúmeros exemplos de ruptura do ordenamento jurídico, que, ao manter o poder, apela unicamente para a violência, perpetuando o governo de fato, ainda que dissimulado em instituições supostamente legais ou jurídicas. No momento em que se socorrem preponderante ou exclusivamente da repressão, a sua fachada jurídica se constitui em expedientes de força, em *medidas* equiparáveis às decisões próprias dos momentos de emergência, espécie de estado de sítio, transitório pela sua natureza, que se prolonga e quer se prolongar no tempo. Os movimentos autocráticos, que se expressam revolucionariamente, impedem que o núcleo constituinte se expanda, limitando e inibindo as condições de sua realização, nomeadamente com a supressão das liberdades, além do período da tomada de poder. A liberdade de expressão e a de reunião são tidas como subversivas, o que nega, na busca de consenso, a igualdade de oportunidades às correntes dissidentes ou minoritárias. O plebiscito é, em regra, o meio adequado para consagrar esse congelamento ditatorial, recurso ao qual se equipara a reforma ou emenda constitucional ou leis de emergência, por obra de parlamentos expurgados ou eleitos em condições restritivas, exatamente como aconteceu na Alemanha hitlerista e na Itália de Mussolini. Esse foi o caso também da União Soviética, que, depois de vitoriosa a revolução comunista, dissolveu a Assembleia Constituinte, sem, de imediato, convocar outra, fato que levou Rosa Luxemburgo a denunciar a origem de uma autocracia, prevendo o stalinismo. "Eles (Lênin e Trótski)", escreveu a atualíssima líder socialista,

> não queriam, não podiam confiar a sorte da revolução a uma assembleia que representava a Rússia contemporânea de Kerenski, o período de oscilação e de ligação com a burguesia. Bom! Só restava convocar logo, em seu lugar, uma assembleia saída da Rússia renovada, e sem lhe conhecer as dificuldades. Ao invés disso, Trótski concluiu, devido à insuficiência especial da Assembleia Constituinte em outubro, pela superfluidade de todas as Assembleias Constituintes; ou melhor, ele generaliza até negar valor de qualquer representação nacional saída de eleições populares durante a revolução.

"Mas o remédio", prossegue um passo adiante, "inventado por Lênin e Trótski, a supressão da democracia em geral, é ainda pior do que o mal suposto para curar; de fato, obstrui a fonte viva, a única donde podem surgir correções para todas as insuficiências congênitas das instituições sociais: a vida política ativa sem entraves, enérgica, das mais extensas massas da nação." Quanto à restrição da liberdade, sua crítica não é menos dura e certeira: "A liberdade reservada apenas aos partidários de um partido — fossem eles tão numerosos como se deseja — não é liberdade. Liberdade é sempre a liberdade daquele que pensa de modo contrário".

*160* | A REPÚBLICA INACABADA

# 3 | *O círculo vicioso do poder:*
*Da força ao estado de direito*

EM CONSEQUÊNCIA DO COLAPSO DO PODER constituído desaparece mais do que o estatuto de poder, na sua forma documental e fixado de acordo com normas consentidas. O próprio poder, o novo poder que se instaura, se apoia, na primeira hora, em momento que necessariamente se apresenta com o caráter de transitoriedade, unicamente na força. Um grupo, em nome de si mesmo, mas em regra convencido de que expressa a vontade popular, impõe seu comando: manda porque pode mandar, porque dispõe dos instrumentos de coação política. Ele permanecerá no poder enquanto contar com a força, verificada na eficiência de seus meios, em permanente tensão. Dentro dessa perspectiva — a força —, o essencial está em ser obedecido e obrigar os recalcitrantes a cumprir os comandos, seja qual for o conteúdo da imposição. A força, em última análise, não é outra coisa que a violência organizada. A força se confunde com o poder nu, sem constituir o poder, que, só este, constitui uma categoria política, por ser suscetível de se qualificar juridicamente. A força, o poder nu, não apela nem é compatível com a legalidade, ordem da qual prescinde. Há, além da capacidade limitada de durar no tempo, uma outra característica na violência (força ou poder nu) que a desqualifica politicamente.

"Jamais existiu", observa Hannah Arendt,

um governo baseado exclusivamente nos meios de violência. Mesmo o mandante totalitário, cujo maior instrumento de domínio é a tortura, precisa de uma base de poder — a polícia secreta e sua rede de informantes. Somente o desenvolvimento de soldados-robôs, que eliminassem o fator humano por completo e permitissem a um só homem com um botão de comando destruir a quem lhe aprouvesse, poderia mudar esta supremacia fundamental do poder sobre a violência. Mesmo a mais despótica dominação que conhecemos: o domínio do senhor sobre os escravos, que sempre o excediam em número, não repousava em tais meios superiores de coação, mas numa organização superior de poder — ou seja, na solidariedade organizada dos senhores.

O poder se associa necessariamente à realidade do governo, o que não acontece com a violência, que é meramente instrumental e, na sua aplicação, não recorre a nenhuma justificação dos seus fins, embora possa mascará-los para efeito de manipulação. A violência entra na ação social como meio de destruir o poder, mas, sobre si própria, não constrói o poder e, muito menos, a autoridade. Quando os detentores do poder o perdem, por lhes faltar a legitimidade, recorrem a um último trunfo, em geral inútil e estéril: o domínio pelo terror, que é uma variante da violência. "Terror", é ainda Hannah Arendt quem fala,

> não é o mesmo que violência; é, antes, a forma de governo que passa a existir quando a violência, tendo destruído o poder, não abdica mas, ao contrário, permanece com controle total. Observa-se frequentemente que a eficiência do terror depende quase que completamente do grau de atomização social. Toda forma de oposição organizada deve desaparecer antes que a força total do terror possa enfraquecer [...]. O clímax do terror é atingido quando o estado policial começa a devorar seus próprios filhos, quando o carrasco de ontem se torna a vítima de hoje. E é neste momento também que desaparece por completo o poder" (*Crises da República*).

A força — nas suas variantes e derivativos, a violência e o terror — está fora da política, uma vez que nela só ingressa como potencial destrutivo e, por transitório, incapaz de articular a autoridade. Não conta sequer com a possibilidade contínua e estável da eficiência, que é própria do poder, desvigorando, onde ela impera com a forma de terror, o Estado, levando-o à impotência, com a paralisação de qualquer país. Há de haver alguma explicação pragmática que demonstre o fato de que, uma vez instalado, acaba desmoronando internamente, como se verifica pelos antecedentes históricos. Descartada a ilusão da violência, envolvida muitas vezes na perigosa sedução da força, como instrumento que cala as resistências e assegura o cumprimento das ordens ainda que criminosas, resta a análise do poder, como base das decisões políticas. O poder representa a probabilidade, dentro de uma relação social, e particularmente no campo político, de que o seu detentor tenha condições de impor a própria vontade aos destinatários, vencendo, em casos extremos, sua resistência, sem que se indague acerca de seu fundamento legítimo. O conceito, esboçado em termos gerais, acentua a distância de uma noção, que lhe é superior e a condiciona: a noção da autoridade, baseada na legitimidade. O poder, no momento em que se transpõe para o Estado, qualifica-se pelo direito, ao disciplinar a força por meio de regras jurídicas, formalmente reconhecidas como leis. Na escala do poder, embora em regra não se prescinda da aceitação, que pode ser passiva, não se cogita da aprovação ou do consentimento, categorias inerentes à legitimidade. Onde existe a autoridade, oriunda da legitimidade, o poder desempenha papel acessório, transformando a obediência dos destinatários do poder em dever, sem que seja necessário acionar as sanções das leis. Se o universo político fosse unidimensionável pelo poder — excluída a força por obra de sua conceitual desqualificação jurídica —, ele duraria enquanto durasse o sistema por ele criado, com o predomínio instável do mais forte, sempre arredável por alguém mais poderoso. De outro lado, se nenhum embaraço ou fronteira o condicionasse, nada impediria que ele se organizasse no absolutismo, com a tirania, segundo a velha linguagem, ou a autocracia, termo preferido, para o fenômeno, pela ciência política moderna. Se nada se requer para justificá-lo e legitimá-lo, ao fazer a lei tudo pode ordenar, mascarando a sua onipotência no legalismo — no estado de

ASSEMBLEIA CONSTITUINTE | *163*

direito, confundindo, no rótulo, as medidas de força com as leis. A força se vincula diretamente ao destinatário. O poder, ao contrário, serve-se do aparelhamento jurídico, em uma equação legal. A legalidade formal tomaria o lugar da legitimidade, com a prevalência semântica das leis e não dos homens, diluindo o arbítrio na sua institucionalização verbal. Para que dure, em particular em momentos de dificuldades sociais e econômicas, apela para a eficiência — isto é, a performance do governo, ao satisfazer suas funções básicas, segundo as expectativas, não verificadas pelos critérios do consentimento, dos grupos que, dentro da sociedade, controlam as potencialidades de revolta ou manipulam a opinião difusa, afastada do escrutínio das urnas ou verificável apenas nas urnas cativas. O poder vem do alto, do componente minoritário da sociedade, enquanto a legitimidade vem de baixo, como reconhecimento em torno de valores. O poder sempre existe *de facto*, na medida em que se sustenta e opera com eficiência, enquanto a legitimidade se impõe *de jure*, não só pela lei, mas pela densidade que está atrás e acima da lei. Nessa perspectiva, como se verá adiante, pretendeu-se que a ilegitimidade fosse a própria legitimidade, quando, na melhor das hipóteses, seria uma situação de pré-legitimidade. A confusão das realidades — o poder e a autoridade — nasce do fato de que os dois níveis atuam, em regra, em conjunto. Mas nem sempre o poder possui autoridade, o que leva o governante a supri-la com o aparelhamento de coerção, integrando o déficit de consentimento. A separação, no último caso, entre dirigentes e dirigidos, indica a ausência de autoridade e a carência de legitimidade, obrigando o autocrata a substituir a lealdade dos cidadãos com a força revelada ou implícita. O poder, se legítimo, repousa menos na força do que na autoridade (como lembrava Hobbes, o próprio tirano precisa dormir) em lugar de assentar sobre a instabilidade e o mecanismo de sua polícia presente em toda parte, atenta às conspirações — assim chamadas as dúvidas sobre a validade das ordens superiores, ainda quando etiquetadas e numeradas como se leis fossem.

*164* | A REPÚBLICA INACABADA

Há uma ordem social que está na base da ordem política e da ordem jurídica. Ela não reside no poder, como realidade autossuficiente, muito menos na força, que realiza, no plano da execução, as ordens derivadas das leis lato sensu. O poder está sempre vinculado à força, por meio da qual se realiza e, não raro, conceitualmente se confunde. Na verdade, sua raiz está na legitimidade, de visibilidade mais remota. O poder, insista-se, só subsiste enquanto estiver armada a correlação que o sustenta, com os mecanismos e os aparelhamentos de realização nos fatos. Se o poder fosse a instância última e única da equação política da autoridade, ele só se manteria, instavelmente, enquanto o mais forte não fosse ultrapassado por outro mais forte, especialmente o mais poderosamente armado. Rousseau, em página sempre lembrada, acentuou que o mais forte nunca é tão forte para ser sempre o senhor, se a sua força não se transformar em direito e a obediência em dever. Ceder à força é um ato de necessidade, não da vontade — no máximo a aceitação para evitar o mal maior ou o dano inevitável. Só a prudência, inspirada pela incapacidade de resistir, justificará o acatamento a decisões sobre as quais não se teve nenhuma oportunidade de deliberar. De outro lado, se a obediência não tem amparo mais alto, para desobedecer basta que o rebelde trate de se tornar o mais forte, seja qual for o meio de que se socorra. Se o poder implementado pela força é a razão de ser da obediência, não há por que obedecer se a armadura de poder se trinca e fende, ainda que temporariamente. Pobre de outros suportes, a situação se assemelharia à de um bandido no fundo de uma floresta. Sua intimação para que se lhe entregue a carteira está na arma engatilhada. É forçoso, para salvar a vida, que cedamos à ordem. Mas, se tivéssemos meios de recusar o assalto, por que estaríamos obrigados a obedecer, já que a consciência repele o ataque e nos envergonha da transigência forçada? Não se esqueça que o revólver do bandido é, também ele, um poder, o mais efetivo de todos os poderes, imediatamente assistido pela força. Há, portanto, além da bala pronta para o disparo, alguma coisa mais que condiciona a obediência. Esta alguma coisa, se implementada na sociedade, dispensa o recurso do poder, que só atua subsidiariamente. "Todo o poder nasce do cano de um fuzil", disse certa vez Mao Tsé-tung conforme um exemplo citado por Hannah Arendt, "mas esta afirmação só será verdadeira caso a essência do poder esteja na eficiência da ordem, de tal forma que seria muito difícil distinguir a ordem dada por um policial da ordem dada por um pistoleiro qualquer."

O poder, confiado a si próprio, se reduz à força e, como força, passa a ser uma questão de eficiência. Em outros termos, um sistema político, no momento em que só conta para subsistir com a eficiência, seja a da performance econômica ou da performance policial, cujo parentesco não é acidental, dura enquanto dura a estação propícia e, o que é mais grave, separa-se das fontes de consentimento — e, por via dele, da participação dos destinatários do poder — para reequilibrar os conflitos em arranjos dos setores desavindos. Na necessária relação descendente entre poder e força, a condução política estará entregue a um grupo decisório que foi capaz, por qualquer meio, de se apropriar do aparelhamento de coerção. A participação está, nesse quadro, descartada, em favor da eficiência imediata dos privilegiados que empolgaram o mando. A circulação social fica, desta sorte, bloqueada, conjurados os dirigentes em manter sua situação, recebendo como ameaça ao status quo toda a pressão de mudança. No máximo, nas mãos de elites astutas, há a possibilidade de algumas outorgas antecipatórias, do gênero "façamos a revolução antes que o povo a faça". Isto é, frustremos as reivindicações por vias conciliatórias, contanto que não se toque nas diretrizes dos que mandam por força própria. Está claro que uma oposição inteligente e flexível poderá, ao perceber que nas concessões o grupo dirigente mostra sua debilidade visceral, ocupar os espaços e encurtar o esquema de poder até forçá-lo a corrigir seus rumos tutelatórios. As mais profundas mudanças sociais da história, aí incluídas as revoluções, não começaram de outra maneira. É que, na hora das outorgas e das concessões, o poder sai de si mesmo, cinde-se, embora para se recompor oportunamente. A sabedoria, nessas ocasiões, consiste em incorporar novas forças sociais à rota em desvio e forçar o poder a refluir à sua base, no apelo à legitimidade.

O poder não se desvia de seu círculo e não atinge a legitimidade apenas com o recurso de governar por meio de leis, ainda que as leis sejam votadas por corpos coletivos, os parlamentos e os congressos. A autocracia, nas suas modernas modalidades de totalitarismo ou autoritarismo, não perde suas características ao se converter semanticamente no estado de direito. Há uma falácia implícita em supor que o arbítrio deixa de existir no momento em que as ordens soberanas revestem o caráter de governo das leis e não governo dos homens, na consagrada fórmula liberal. Há alguma coisa mais que, qualificando o próprio estado de direito, dá-lhe a densidade democrática, nem sempre coexistente ao liberalismo, como demonstra o perfil histórico dessas duas correntes (liberalismo e democracia). O arbítrio pressupõe o poder sem limites, entendendo-se que os limites não têm significação quando podem ser rompidos pelos detentores do poder, sempre prontos a se justificarem em nome da segurança. Nas suas manifestações, o arbítrio despreza a previsibilidade e a calculabilidade, que são atributos das leis votadas pelos legítimos corpos representativos. Despido de legitimidade, todo poder não tem senão limites fictícios, certo que as fronteiras reais se fixam nas forças ostensivas ou implícitas que o manipulam. Toda lei, nessas condições, depende de uma condicional oculta, que a pode desfazer ou pode criá-la, mesmo em nível constitucional. Ocorre, nessas circunstâncias, que a lei é votada de acordo com a constituição e a constituição é reformada segundo normas preestabelecidas, mas a decisão que está no caso atrás das leis e das constituições não depende do consentimento majoritário e popular. Nesse momento a autocracia e a anarquia se encontram: a autocracia, ao disciplinar suas vítimas e excluí-las das reais bases do poder, e a anarquia, ao dissolver as coordenadas articuladas de decisão. O estado de direito separa o poder da força, qualificando o primeiro juridicamente, mas sem alcançar, se entregue a si mesmo, a autoridade legítima. Há um passo que, banindo do estado de direito, projetando-se além do banimento do arbítrio, fundamentará a democracia.

A legitimidade não se dilui na legalidade: este é o ponto de Arquimedes do estado de direito qualificado, autenticamente democrático. Se a legitimidade estivesse contida totalmente na legalidade, desapareceria a participação ativa, com a resistência possível às leis que negassem os fundamentos da democracia. Muito se discutiu em torno do tema, um dos pontos centrais da moderna ciência política, no passo que, incorporando as conquistas liberais, as estendeu à democracia, na concretização do postulado de que todo o poder emana do povo e em seu nome é exercido. Atribui-se a Max Weber, sem maior reflexão acerca da nota tônica da legitimidade nos destinatários do poder, levianamente, a ideia de que a legalidade representa toda a legitimidade racional. Na verdade, a identificação entre os dois conceitos se apresenta de maneira mais definida, sem referência a valores, a dois juristas e cientistas políticos, distanciados em suas preferências democráticas: Kelsen e Carl Schmitt. Em ambos, a negação do arbítrio estaria no estado de direito, isto é, no governo de acordo com as leis, fechando suas reflexões no âmbito do poder, relegada a concepção da legitimidade, se passível de ser identificada, a um plano não jurídico, segundo o primeiro.

Hans Kelsen, uma das influências mais profundas da moderna ciência política, apartando-se do que chamou a nebulosa metafísica do Estado, pretendeu construir uma teoria do Estado positivo, uma teoria do Estado estritamente jurídica, sem nenhuma mescla política. Ao cuidar de extremar o Estado do poder e da cultura, para se circunscrever ao mero fenômeno jurídico, não conseguiu, na verdade, senão reduzir o poder ao direito. Para ele o direito não se estruturava em um conteúdo peculiar, senão que assumia a forma da ordem estatal — ou melhor, a própria ordem jurídica com todos

*168* | A REPÚBLICA INACABADA

os seus conteúdos possíveis. Para fugir ao direito natural, na sua indemonstrabilidade pragmática e na sua transcendência filosófica, sublimou o conceito de direito, concedendo-lhe todos os atributos do poder, embora desligando-o da força. Nesse particular, a contribuição de Kelsen significa um relevante, porém insuficiente, passo na ciência política. A categoria da força, com todas as suas conexões — a violência e o terror —, foi desterrada do mundo jurídico, sacrificando o infrajurídico ao preço do abandono da legitimidade, seja como valor, seja como fundamento democrático de participação e consentimento dos destinatários das normas jurídicas. Segundo o critério positivista, que recusa o direito natural, deve-se considerar o Estado como uma espécie de rei Midas, que converte em direito tudo quanto toca. Dentro dessa perspectiva murada, o direito legislado da autocracia é direito em sentido próprio, parecendo-lhe uma restrição inadmissível invalidá-lo porque não foi produzido pelo método democrático, isto é, com a participação daqueles que a ele devem se submeter. Kelsen comete, nesse ponto, o anacronismo de confundir ao direito natural o direito democrático, equívoco que, mais tarde, diante da ameaça nazista, procurou reformular teoricamente, em nova e importante contribuição científica.

Noutra vertente, inclinada para a autocracia lavrada na República de Weimar, está Carl Schmitt, cuja influência no Brasil foi sensível e densa, na preparação de 1937 e 1964. Parte Schmitt, em sua análise, de um pressuposto marxista, tal como o marxismo era lido em seu tempo, com o indevido e superficial acento economicista. Ao relativizar o conceito de constituição, para separá-lo do movimento político que se define a partir do fim do século XVIII, entende que cada partido em luta só reconhece como verdadeira constituição aquela que corresponde aos seus postulados políticos. A burguesia liberal negou ao absolutismo o direito de se reger por uma constituição, termo privativo de um instrumento que acolhesse as exigências da liberdade *burguesa*, na qual a burguesia pudesse, no exercício dos poderes, assegurar seu influxo. Somente as constituições liberais poderiam reivindicar o título constitucional. Note-se, desde logo, a automática e falaciosa confusão entre o liberalismo político e o liberalismo econômico, sem atentar que, na raiz do primeiro, está um componente democrático que o tempo revelaria: a autodeterminação democrática do povo. Já se observou que o liberalismo econômico não realiza o liberalismo político, senão que o nega, na medida em que interdiz ao homem o acesso ao domínio econômico. O liberalismo econômico, para salvar seus fins, divorcia-se frequentemente do liberalismo político, entregando, em renúncia à autodeterminação, aos tecnocratas e à elite a condução da economia. Desatento a uma análise mais profunda das constituições modernas e fazendo da simultaneidade uma regra de causa e efeito, qualifica as constituições modernas como garantes do estado burguês de direito. As constituições fixam a decisão de proteger as liberdades burguesas: a liberdade pessoal, a propriedade privada, a liberdade de contratar etc. O Estado, severamente controlado, é o servidor da sociedade, submetido a um sistema congruente de normas jurídicas, a elas identificado — está aí o sistema de legalidade, que, apesar de seus pressupostos, atua autonomamente. A legitimidade é, dessa forma, a própria legalidade, nada mais que a legalidade.

A legitimidade da democracia parlamentar — mais exatamente, da ordem liberal — consistiria na sua legalidade, coincidindo os limites da legitimidade com os limites da legalidade. Reduz-se o problema, que absorve na *lei* o poder e a autoridade, ao conceito e à realidade da norma, como expressão, no mundo moderno, da atividade do corpo legislativo, congresso ou parlamento. Em última análise, sempre dentro da perspectiva estreitamente positivista, tudo depende da garantia de certas qualidades da lei, a serem constitucionalmente conferidas. A lei das leis dará a conformação e a dimensão do estado de direito, capaz de assegurar o caráter geral da norma jurídica. O sistema da divisão dos poderes, lembra Carl Schmitt, só atua e só tem sentido se a lei se caracterizar como

*170* | A REPÚBLICA INACABADA

norma geral. O órgão que emite a lei parte de um entendimento prévio do que seja uma lei. Se todas as disposições emanadas do parlamento ou do congresso fossem entendidas como se fossem leis, haveria o absolutismo do Legislativo, com a supressão da autonomia do Executivo e do Judiciário. Há, no conceito de lei, uma tradição filosófica abstrata, que aparece mais teoricamente do que praticamente, separando a normatividade e a generalidade da vontade. Para que o império de lei conserve sua conexão com o estado de direito seria necessário dotar a lei de certas qualidades que justifiquem a distinção entre norma jurídica de um mandado de vontade ou de uma medida, exemplificada, a última, em um fato de emergência, tal como o que ocorre no estado de sítio. Fora daí o estado de direito adquiriria tal amplitude, capaz de abrigar as monarquias absolutas e as modernas autocracias. A recusa do governo dos homens e o reconhecimento do governo das leis, que está na base do estado de direito, afasta não somente o capricho individual, como a vontade de uma assembleia ou corporação, que se coloque acima da lei, conceitualmente fixada previamente e válida para todos. O império da lei exige, no pedestal da construção, que o próprio legislador se vincule à lei e que seu poder de legislar não se converta em poder arbitrário. Na verdade, é somente poder, como realidade e como vontade, obscurecendo a instância da legitimidade. A vinculação à lei seria mera ficção se os legisladores pudessem fazer leis arbitrárias, confundíveis com medidas — *voluntas* e não *ratio* — desprovidas de generalidade, com propriedades correlatas à sua racionalidade. Aqui, neste ponto crucial, revela-se todo o artifício do estado de direito como mecanismo que anularia o poder. Em sentido formal, a lei é o resultado da deliberação do órgão legislativo competente, dentro de um procedimento prescrito. Se não houvesse outro conceito de lei, tudo o que o Poder Legislativo tocasse com sua vara mágica se converteria em lei, o que não significaria senão confundi-la com o império dos órgãos incumbidos de elaborá-la. Há, mantido o conceito jurídico de lei, quebrando a má

ASSEMBLEIA CONSTITUINTE | 171

inteligência da lei que tudo abrange, um outro aspecto da lei, que se traduz politicamente. O estado de direito procura expulsar dos seus domínios o conceito político de lei, que compreende o mandado e a vontade concretos, como atos de soberania. O estado de direito não foi capaz de suprimir essa espécie de ordem imperativa, vigorante à margem da lei como norma geral. Abrigam-se nessa esfera política, inabordável pelo conceito de lei do estado de direito, as decisões políticas essenciais que escapam de seus contornos normativos. O normativismo se perde, em consequência, em uma ficção, incapaz de eliminar a questão da soberania, que, nominalmente do mundo do direito, retorna por vias apócrifas. Apesar de todas as homenagens prestadas por Schmitt ao estado de direito, a assimilação da legitimidade à legalidade culmina em um impasse, que traz à tona o poder circunscrito à sua eficiência. A derivação da legitimidade e da autoridade à legalidade abriria as portas, como ocorreu em Weimar, com a cumplicidade teórica de cientistas políticos, complacentes no abandono, da legitimidade, ao poder espúrio, como a qualidade do mais forte em uma equação de domínio.

Ao privilegiar o corpo legislativo, essencialmente senhor da lei, leva sua análise à eleição, acentuando o caráter de escolha e não de participação, o que resulta em atribuir-lhe expressão aristocrática. A eleição é uma escolha de líderes dentro de uma elite, formando uma representação autônoma. O corpo legislativo, constituído em forma que está longe de caracterizar a democracia participativa, esfuma o conceito de lei, sem distingui-lo das medidas. Desqualifica, para alcançar a suposta igualdade de oportunidades das minorias, o princípio das maiorias qualificadas. A constituição não se identificaria com a soma dos textos nela expressos, que se reduzem a meros esquemas técnicos e funcionalistas. A parte que prevê a modificação das regras básicas torna-se o centro da constituição, sem que o princípio de legalidade lhe assegure nenhuma barreira. A legalidade do estado de direito poderia ser identificada no regime parlamentar de uma monarquia absoluta ou de um sistema totalitário. A legalidade poderia ser utilizada para a remoção da própria legalidade, salvo se a constituição e não os textos constitucionais se tornassem intangíveis às maiorias, embora aquela dependa menos de uma deliberação que de uma decisão política fundamental, não empiricamente e juridicamente controlável. As medidas se retraem, desta sorte, para a área das situações excepcionais, nas ditaduras previstas na constituição (estado de sítio, de emergência etc., sempre tendo em conta o artigo 48 da Constituição de Weimar). Quem comanda as medidas de exceção controla o funcionamento da constituição, dispondo da ditadura, na medida em que quem controla a anormalidade decide sobre a normalidade, isto é, sobre a legalidade. O conceito político da lei e não o seu conceito jurídico ocupa o centro do teatro, exigindo a figura de um protetor constitucional, que, inspirado no Poder Moderador, segundo o modelo da Carta portuguesa moldada sobre a experiência da Constituição brasileira de 1824, seria o chefe do Poder Executivo. As medidas deflagradas pela ditadura possível e transitória condicionam a atividade do parlamento e da lei geral, mediante uma tutela derivada da soberania do príncipe, em tradução livre da leitura de Hobbes, na estrutura de um moderno Leviatã. A legalidade se encontra na maioria, que atua, depois de formada, por meios que o autor supõe necessariamente autocráticos, no momento em que desqualifica a participação e o consentimento como bases da democracia. Não admira, nessas condições, que se considere banida do jogo político a imunidade das minorias, excluído o recurso da resistência, ainda que pacífica. A legalidade não passa, em última análise, do poder e, no máximo, de uma técnica jurídica do poder. A lei torna-se neutra com relação a seus conteúdos. Para definir a legalidade, a aritmética é tudo, com a reserva única do princípio das oportunidades iguais capazes de proteger as minorias, assegurando-lhes a possibilidade de se converterem em maiorias. Este seria um princípio colocado fora do quadro da legalidade, confiado, apesar dos obscuros esforços da teoria em questão, a uma homogeneidade de caráter mais

ASSEMBLEIA CONSTITUINTE | 173

social que constitucional. O essencial é que, levado a esse extremo o estado de direito, confinado dentro das estritas fronteiras da legalidade, pode identificar a maioria com a regra jurídica, excluindo a minoria do seu quadro e podendo colocá-la, como subversiva, fora da lei. Quem tem a maioria faz a lei e a torna obrigatória, como monopólio. A maioria ultrapassa a soma dos números dos partidos que a compõem: ela é o próprio Estado. Nos momentos de normalidade, a calculabilidade das leis é ainda possível, embora não necessária, previsibilidade que desaparece com a utilização, nas horas de anormalidade natural ou provocada, da ditadura constitucional, que se expressa nas medidas de exceção. O titular da maioria determina o que é a segurança pública ou nacional, as medidas de emergência, mediante regras que fixam as coordenadas das leis. Nessa análise do estado de direito infiltram-se elementos ideológicos que demonstram as limitações da legalidade como aferidora da legitimidade, sem que se procure, senão por indicações vagas, superá-la pelos caminhos democráticos. Ao contrário, ao apontar para o protetor da constituição, desfigura a provável legitimidade, em um inequívoco aceno autocrático, de que a Alemanha de Schmitt não demorou a sentir os efeitos. A etiqueta da lei, que cabe a todas as decisões parlamentares, já denunciada por Kelsen, adquire uma feição sombria, cheia de expectativas. A legalidade, contida em si mesma, pode penetrar no antro do poder e bater a porta atrás de si, banindo os retardatários e submetendo-os às leis repressivas, condenando-os, mesmo que invoquem a resistência pacífica, ao confinamento das esperanças impossíveis. A minoria não se converterá em maioria, dado que só a maioria é o poder e a legitimidade.

O círculo de ferro da legalidade como medida de toda a atividade política, sem recorrer à legitimidade como realidade autônoma, foi reconhecido por mais de um de seus defensores. Entre muitos, coube a Kelsen retornar sobre seus passos e ensaiar uma proposta de compatibilizar a democracia à legalidade, considerada em si mesma, sem apoio em outras âncoras. Para o estado de direito, na verdade, as leis não governam em lugar dos homens, mas atuam como normas, corretivos para qualquer desvio de rota no comando por elas imposto. O ponto crítico é a apropriação das leis por um corpo, que se justifica com a maioria, para chegar ao poder e, depois, legalmente instalar-se autocraticamente, na forma das receitas de Hitler e Mussolini. A alternância de poder foi obstada, por força do elemento — o poder — que se supunha domesticado e absorvido na sua qualificação jurídica. O Estado adquire, com essa distorção, provocada pelas debilidades de suas linhas definidoras, em administração pública, sujeita, apenas, na melhor das hipóteses, à revisão da legalidade e da constitucionalidade. O jogo decisório do poder, entregue a uma autocracia eletiva ou supostamente eletiva, se abriga, sobranceira a todo o controle, no domínio da maioria — a maioria com real base representativa ou a maioria extorquida pela violência ou pelo casuísmo da fraude embuçada nas regras votadas. Este o problema enfrentado por Kelsen e que, dentro de sua teoria política, deveria ser solvido com os próprios dados internos da legalidade assimilada à legitimidade, sem apelo a nenhuma inspiração transcendente.

Kelsen mergulha nas raízes do positivismo jurídico, não sem escorregar em um ingrediente novo, a participação popular, para estruturar suas objeções às consequências extremadas do governo da maioria, a maioria que entra no governo e bate a porta para que ninguém mais entre. A resposta fundamental à questão estaria na própria essência do positivismo. A pergunta básica, no debate, seria a de saber se é possível o conhecimento de uma verdade absoluta e a devoção a um valor supremo. Na discussão desse princípio, no confronto entre uma visão do mundo e da vida, revela-se a distinção entre os opostos, entre a democracia e a autocracia. A crença em uma verdade absoluta e em um valor supremo cria o pressuposto de uma concepção metafísica e, em consequência, religioso-mística do mundo. A negação desse pressuposto, com o reconhecimento de que apenas as verdades relativas e os valores

ASSEMBLEIA CONSTITUINTE | 175

relativos são acessíveis ao conhecimento, com a possibilidade da mudança do espaço da visão, leva à concepção do criticismo e do positivismo. Se o homem entende que além de sua verdade há outras verdades prováveis, confiando na experiência, nos dados disponíveis de conhecimento e na mutável percepção da realidade, nega, necessariamente, o absolutismo dos paradigmas imutáveis. A visão do mundo metafísico-absolutista traduz-se, no campo político, pela autocracia, enquanto a perspectiva crítico-relativista corresponde a uma postura democrática.

Quem recusa as verdades e os valores absolutos, e os exclui do conhecimento humano, deve admitir que não só a sua opinião, mas também a alheia e a contrária, poderá ser, além de possível, plausível. O relativismo é o pressuposto, portanto, como visão do mundo, do pensamento democrático. A democracia valoriza a vontade política de cada um, levando consequentemente à admissão de respeitá-la a tê-la como necessária à composição do todo social. Todas as convicções políticas terão, em lógica decorrência, a possibilidade de se expressar e de aliciar a adesão dos outros, em concorrência livre. No fundo, retorna aqui o princípio da igualdade de chances, já proposto por Schmitt, mas por este condicionado a uma direção tutelar, além de se fundar em uma homogeneidade social passível de ser protelada continuamente. O relativismo é mais do que a igualdade de chances na medida em que não é um mecanismo a ser implantado, mas uma realidade decorrente de uma concepção do mundo, a do positivismo, na verdade pouco compatível com o misticismo latente de todos os que transferem a democracia a uma ideologia dogmática. Em consequência do positivismo e do relativismo, a maioria não pode nunca se tornar absolutista, pelo fato de que ela só é possível se contrastada com a minoria, a oposição. O domínio da maioria, em um regime democrático, tem essa importante e decisiva característica de pressupor conceitualmente seu contrário, a mutabilidade das posições. A maioria negaria os fundamentos que a estruturaram se esmagasse a minoria ou a var-

*176* | A REPÚBLICA INACABADA

resse do horizonte político. Se a minoria é numerosa não leva ao impasse ou à paralisação do governo, senão ao compromisso, que também compõe o quadro do relativismo. A minoria, porque não pode ser portadora ao erro absoluto e da absoluta injustiça, tem a possibilidade de se transformar em maioria. Do relativismo filosófico, como concepção do mundo, decorre o relativismo político.

Não seria justo, de acordo com as reflexões expostas, supor que o legalismo do estado de direito, entregue aos seus implícitos pressupostos, levasse, em última instância, a se compatibilizar com a autocracia, na modalidade da autocracia eletiva e da maioria.

Na realidade, há outros pontos de apoio que extravasam, em uma democracia, do princípio do relativismo. Se o equilíbrio entre maioria e minoria recebe uma explicação convincente, há um elo que não recebeu toda a sua configuração. Esse aspecto mereceu referências vagas em uma obra posterior de Kelsen, a qual demonstraria o que foi dado por explicado. Se a minha verdade pode não ser a verdade de amanhã, está entendida a liberdade da discordância ativa, mas não se afirma, com isso, o conteúdo da participação, capaz de atuar, eleitoralmente e fora das eleições, na constituição do Estado e do governo. Por essa via se chegará à legitimidade como realidade diversa da legalidade, legitimidade capaz de desautorizar o abuso das maiorias e de levar a democracia a um campo mais amplo e operacional, não só na estrutura, mas nos fundamentos do poder.

# 4 | *Os fundamentos da legitimidade*

O PODER SÓ SE MANTÉM PELA FORÇA e dura enquanto se mostra eficiente em se fazer obedecido. Fala-se, no caso, do poder fechado em si mesmo, despido de legitimidade, que, esta sim, cria outra instância de domínio, a autoridade, que se irradia a todo o sistema político. Todavia, seria irreal separar o poder da autoridade, que, na vida social, atuam em consonância, como escalas de uma mesma cadeia. O poder se justifica, sempre que ameaçado, com o apelo à sua existência e permanência, sem remontar à sua instituição. Ele pressupõe uma regra de comando e, nos casos extremos mas indissociáveis de sua dinâmica, o emprego da força como constrangimento material. No exame da natureza do poder, soma-se, como indagação preliminar, a sua justificação e sua legitimidade. Em regra, quem manda justifica-se pelo fato de contar com os meios de se fazer obedecer, exigindo resposta às suas ordens, ainda que tidas por ilegítimas. Nessa conduta, está implícita a exclusão, no império de decisões, da coletividade social, geradora de consentimento. Ao reivindicar a intermediação dos meios jurídicos, desclassifica a força ao mundo das relações pessoais. Blinda-se, embora não o revele, uma vez que não privilegia o consentimento, em uma elite, cujas superioridade e inviolabilidade se afirmam por direito próprio, seja em um corpo institucionalizado, seja no controle da força por determinadas pessoas ou grupos. Essa elite pode se tornar eficiente ainda que não se cristalize em uma classe ou em um estamento, mas se articule como disfunção da ordem social, tradicionalmente integrada pelas minorias. A legitimidade, ao contrário, supõe que, por meio dela, atue a comunidade social, dotada de autoridades, que atuam com o apoio dos governados, decisivo para a continuidade política nas horas de crise. É a legitimidade e não a justificação

*178* | A REPÚBLICA INACABADA

do poder que resiste, renovando-se no retorno à consulta popular, na longa permanência dos estatutos políticos, que se sustentam ainda nos colapsos de eficiência, nos inevitáveis colapsos de todos os tempos. A autoridade e o poder, a legitimidade e a legalidade, longe de se excluírem, se complementam. Se a legitimidade está ausente, há um governo de fato, por mais leis que edite e que publique. Sua validade social está comprometida, uma vez que depende da vontade de quem comanda, não da consciência de quem obedece e se submete. Mas, se há ausência de força no poder, sua justificação perece. A impotência compromete o poder, que, para se restabelecer, na ausência de uma anárquica predominância de uma força superior, tem necessidade de recorrer à legitimidade. Essa hipótese ocorre sempre que o Estado, para atuar, tem de recorrer a um apoio externo a si mesmo, seja às forças de ocupação, ou a grupos internos desvinculados do consentimento majoritariamente prestado. Os próprios ditadores, pobres de autoridade, insones com a equação de poder, que deve ser diariamente articulada para justificá-los, socorrem-se da legitimidade fictícia, em homenagem que o vício presta à verdade, como ocorre sempre que a hipocrisia entra em cena. Sair da legalidade para entrar na falsa legitimidade constitui recurso retórico comum, geralmente inspirado no carisma, o carisma real e o carisma forjado pelas eleições manipuladas. O exemplo seria, sem recordar as ditaduras totalitárias, o governo de Vichy, que colaborou, entre nós, com lições bem aproveitadas e habilmente furtadas. A assembleia conferiu ao governo da República um Poder Constituinte extraordinário, pessoal, intransmissível e quase ilimitado. O Poder Constituinte derivado tornou-se, por usurpação, em originário, passando a promulgar atos constitucionais os paradigmas dos nossos atos institucionais, que, ainda hoje, contaminam a constituição vigente. "Encarno a legitimidade francesa que condiciona a estabilidade do país", justificou-se o marechal Pétain. É claro que tal sistema, que dissolve a legitimidade na eficiência, duraria enquanto a última estivesse assegurada por forças exteriores à sociedade nacional. Um regime ilegítimo mas eficiente tem duração possível, embora fatalmente limitada. O que a história não conhece é a estabilidade de governos ilegítimos e ineficientes. A eficiência vende-se, se lhe falece o recurso da prosperidade econômica, como a segurança da tranquilidade social. Na verdade, na ausência de empregos e de oportunidades de vida decente, a tranquilidade, se repressivamente obtida no campo político, rompe-se na vida social, com a violência comum, a exigir crescente e insuportável aparelhamento policial. Ao final, a fórmula do poder ilegítimo se extrema na situação já prevista por Rousseau: a suposta tranquilidade é a miséria dos súditos do déspota. Vive-se tranquilo também nas prisões — mas alguém desejaria nelas se hospedar, se tiver o juízo perfeito? Os gregos encarcerados no antro de Ciclope, denuncia o autor do *Contrato social,* à espera do dia em que seriam devorados, seriam escravos satisfeitos e felizes?

O vínculo entre autoridade e legitimidade, com a ênfase de que a segunda é a fonte da primeira, não pode ser estudado, na ciência política contemporânea, sem a referência capital a Max Weber. Os modernos estudos acerca da legitimidade abandonaram, sob o influxo do sociólogo alemão, o revestimento puramente filosófico, para buscar uma fundamentação histórica e empírica, de acordo com a realidade social. Bem verdade é que a contribuição weberiana sofreu a leitura e a interpretação, em geral desfiguradoras, do realismo político, incompatível, como demonstrou Johannes Winckelmann, com o conteúdo global de sua obra. O poder se define na correlação com a autoridade. O poder consiste na probabilidade, na chance de que alguém imponha a própria vontade, a despeito de eventuais resistências, sem que se cogite da base em que se funda a determinação. A autoridade, de outro lado, se apoia na probabilidade ou na chance de que um comando, de conteúdo específico, seja obedecido por determinado grupo de pessoas. Quaisquer qualidades de uma pessoa e todas as combinações de circunstâncias podem colocar uma pessoa em uma situação de impor sua vontade, o que confere caráter amorfo ao conceito de poder. O conceito de autoridade supõe, ao contrário, um comando, que tem a probabilidade de ser obedecido. Os motivos que levam a acatar a autoridade são múltiplos: vão desde o costume até o cálculo puramente racional da vantagem que se adquire ao ceder. Importa acentuar, entretanto, que a presença da autoridade — e não a do poder — se conjuga sempre com um mínimo de voluntária aceitação, que define a obediência. Esse traço deve ser fixado, traço comumente desdenhado pelos intérpretes do realismo político. Aceitação, se não é apoio e consentimento, marca a inclinação, desvia o ponto de referência da autoridade para o destinatário, ainda que em grau mínimo, porém indispensável, sugerindo o elemento majoritário ou estrategicamente mais articulado da sociedade.

O que distingue a autoridade e a caracteriza com atributos que transcendem o conceito de poder é o seu momento de *crença* na legitimidade (*Legitimitatsglaube*). Os membros do grupo que realiza a política geral ou que executa os comandos específicos ligam-se aos seus superiores — aqui há uma extensão do mínimo de aceitação, acentuado quanto à comunidade — por motivos que se expressam no costume e na tradição, em vínculos afetivos, por um complexo de interesses ou por uma força ideal (racional com relação a valores). Daí decorrem tipos específicos de legitimidade: a tradicional, a carismática e a racional. A legitimidade racional se desdobra, no plano da ação social, em racionalidade com referência a fins e em racionalidade com referência a valores, modalidade, a última, que impede a identificação do conceito de legitimidade ao de legalidade. O domínio que decorre da autoridade não se limita aos motivos que a sustentam, mas, na aspiração de continuidade e permanência, cultiva a crença em sua legitimidade. Não se creia, todavia, que as pessoas que dispõem do poder, bem como daquelas que o sofrem, orientem-se pela crença na legitimidade. A lealdade pode ser hipocritamente simulada por indivíduos ou por um grupo meramente com fundamentos oportunísticos ou em consequência de interesses. O que há de relevante na reivindicação de legitimidade situa-se na validade buscada na ordem política. A referência ao valor — a validade — se determina como aspiração e como fato, determinando a escolha dos meios de seu exercício, condicionados a ela. Nesse quadro, a legalidade é uma das formas de legitimidade, ao lado da autoridade tradicional, historicamente válida nas sociedades pré-modernas, da carismática, que se articula não na qualidade do líder, mas na exemplaridade na qual confiam os liderados. A legalidade, na qual os dirigentes estão, também eles, orientados por comandos impessoais, as leis e a constituição, não esgota o campo da legitimidade. Tem limites imanentes fundados na racionalidade, que, violada, se transforma na irracionalidade do mero poder. No esquema da legalidade formal — a legalidade relacionada a fins e meios — opera sempre o mínimo de aceitação, dentro da moldura de regras que a constituem e a formam, sem que se possa desclassificar meramente pelo exercício do poder. Toda a autoridade repousa, afinal, em uma crença: a crença que prestigia os dirigentes. A legalidade puramente formal — a racional com relação a fins — carece de seu característico decisivo, a crença na legitimidade que a afirma. Uma ordem assim constituída terá apenas a eficiência empírica, mas nunca a validade. A legitimidade, que vem de baixo, ao contrário do poder, supõe, no momento em que apela para a crença, uma racionalidade orientada em direção a valores. É este conceito imanente de legitimidade que impede que se tome por democracia o cesarismo e a autocracia eletiva. Há, portanto, na legitimidade, um momento que permeia a própria legalidade formal e se materializa em valores. O Estado pressupõe a existência de valores políticos materiais, que prescindem, para se concretizar, do direito natural e para os quais é insuficiente o direito positivo, que legitimam a comunidade política e a consolidam internamente. Esta é, na verdade, a versão atualizada, ainda que não a literal, das teses de Max Weber, construídas e completadas a partir de sugestões, não raro fragmentárias, que sua obra oferece.

Desse ponto de partida, não será difícil perceber que a legitimidade, na qual repousa a autoridade autenticamente qualificada, atinge sua plenitude na participação das decisões políticas. Para que uma decisão obrigue e se presuma obrigatória, feita em nosso nome, ao menos em nosso benefício, supõe-se que a aprovemos, embora com ela não concordemos plenamente. Ela, uma vez lançada no mercado social, sofre a crítica acerca da sua pertinência, erro ou acerto. Ela, além da razoabilidade, deve ser avaliada segundo uma escala de valores, comum a quem a toma e a quem se dirige. Só na esfera fechada do poder, vigiado e executado pela força, elimina-se, em situações extremas, o exame racional e valorativo. Sufocado, com o expurgo da categoria da autoridade, sempre em conexão com a legitimidade, o poder há de extremar na violência total, se quiser evitar o contato com os destinatários da ordem peremptória. Se o vínculo da decisão não se opera entre tiranos e escravos, há, além da ausência de arbítrio, outro elemento que a legitima, posto que repousa, ainda que em grau mínimo, sobre a aprovação. Nesse momento, entra em linha de conta o problema da liberdade. Uma contribuição de Kelsen para a ciência política, do Kelsen escarmentado pela experiência nazista, tem o mérito de lançar luz sobre o significado dessa equação. A liberdade natural funda-se de maneira negativa: confunde-se à ausência de toda a sujeição social e política. No momento em que a liberdade natural se converte em liberdade política, a exclusão alcança apenas uma categoria especial de vínculos, perdendo a sua significação qualificadamente negativa. A questão da liberdade política recebe, dessa maneira, uma formulação definida: como será possível sujeitar-se a uma ordem social e permanecer livre? Só uma resposta é possível, resposta que suscita uma solução democrática, ao estabelecer a medida em que a liberdade individual se harmoniza com a vontade coletiva, concretizada em uma ordem social. A liberdade política não se reduz a outra realidade senão à voluntária participação no universo das relações sociais. O que entendemos por liberdade po-

ASSEMBLEIA CONSTITUINTE | *183*

lítica é, dessa forma, no fundo, a autonomia. A autodeterminação só porque é autonomia se expressa pelo consentimento, embora sofra limites e restrições necessárias. A mais importante dessas restrições se refere ao princípio da maioria, na qual a decisão se fundamenta. Como já se assinalou, o princípio majoritário não se identifica com o domínio absoluto da maioria, em uma ditadura que, se instalada, anularia sua própria base. Autonomia, como a decantação da liberdade, no ponto que prevê a aprovação e o consentimento, sugere a existência da opinião pública, que, por sua vez, reclama, para existir, as liberdades de palavra, de imprensa e de cultos, com o suporte na liberdade básica entre todas, a liberdade física. Democracia se compatibiliza, por obra da necessidade conceitual, com o liberalismo político, desligado, nesse raciocínio, do liberalismo econômico. Da autonomia, para que opere, ninguém pode ser despojado, levando ao entendimento de que todos os indivíduos têm valor político igual, com os mesmos direitos à liberdade e à participação. Na política, apesar da racionalidade e da valoração das decisões, não há verdades matemáticas, que, anunciadas, se imponham universalmente. Ainda que não se recorra ao relativismo como concepção do mundo, deve-se ponderar que o quadro político de referências está aberto ao movimento dentro dos limites da liberdade. O elemento racional, em política, se aproxima da razoabilidade, mas sem a sacralidade das verdades não sujeitas a revisão.

Da aquiescência ao consentimento vai um longo caminho, que dá colorido ao conceito de legitimidade. As reflexões de um cientista político inglês, J. R. Lucas, que procura modernizar conceitos que são discutidos desde Locke, têm, nesse estudo, especial pertinência. Há muitas coisas com as quais se aquiesce e com as quais não se concorda. O que é razoável permite uma aceitação de plausibilidade, válida sobretudo para que a ação comum seja possível — é o que se chama de acordo operacional, que é menos o consenso do que o compromisso. O resultado de um compromisso reflete uma decisão que, embora não originariamente desejável para nenhuma das partes, mediante concessões, encontra um denominador comum. As preferências não são abandonadas; apesar de se reconhecer a visão alheia, ao contrário do que ocorre na barganha, na qual não entra a interioridade dos valores. Nessa forma de negociação — a barganha — não se interpenetram os pontos de vista, senão que se concede alguma coisa em troca de outra. O compromisso e, por consequência, o consentimento está aí ausente, com a existência de uma trégua transitória. No desacordo acerca de valores a divergência, para que não se desagregue a comunidade, supõe que alguns deles sejam partilhados. A legitimidade, ao esboçar a pergunta: por que obedecer?, remete a resposta para o consentimento, ainda que em grau mínimo. A autonomia do indivíduo, que expressa a liberdade política, se conjuga em uma ação consentida — consentida se abertos os canais de comunicação ou, no mínimo, dotada de aquiescência. Se o corpo decisório, constituído por delegação, sofre limitações operacionais ou de fixação de compromissos, há, em lugar de um fórum de consentimento ou aquiescência, meramente uma farsa, redutível ao poder e não à legitimidade.

A dificuldade maior em perceber, visualizar e concretizar a autoridade reside no fato de que ela opera por meio do poder, que é grau primário que define a obediência, em conformidade com a ordem prescrita e a lei. Em países secularmente regidos por governos legítimos o problema assume outro caráter. Neles, a autoridade adquire relevo especial, com o predomínio da estrutura de valores sobre a lei. Não se obedece à lei porque ela é lei, mas porque ela se afirma no consentimento que, previamente e por sua vigência, a ela se concedeu. Ao contrário, onde há uma tradição liberal, mas não democrática, a autoridade está atrás do poder e se torna questionável e, para atuar com continuidade e permanência, deve comprovar sua legitimidade. Em um tumulto de rua, a pessoa que se dispuser a pacificar e extinguir a confusão certamente será obedecida, não porque disponha de autoridade, mas pelo fato da conveniência de todos. Há aí poder, mas não legitimidade, e, ainda assim, poder transitório, sem que as sanções à desobediência ultrapassem a esfera e o teatro dos acontecimentos. Diversa é a situação da autoridade policial, cujo poder se irradia em sanções legais, as quais, por sua vez, emanaram de regras aceitas pela comunidade. No caso do tumulto de rua, a razoabilidade da ordem prevalece até sobre a indagação de legalidade, que é um estágio institucionalizado, embora não necessariamente legítimo, do poder. O exemplo mencionado, ao mostrar que o poder existe inicialmente como fato, revela que, ao começar pela articulação do que é razoável e não arbitrário, a comunidade está em permanente estado de produção de consenso. O reconhecimento daí decorrente, que se infiltra na sociedade política pelo caminho da sociedade civil, gera, se presente o consentimento, a legitimidade, ainda que oposta ao sistema institucional em vigor. A sociedade, na sua dinâmica permanente, legitima e deslegitima o poder, validando ou desclassificando a autoridade.

A autoridade existe não porque emita ordens peremptórias, mas porque é aceita. As decisões dos dirigentes são válidas e eficazes unicamente pelo fato de os destinatários as aceitarem. Aceitação, insista-se, para que o argumento não se confunda à anarquia, não abrange a aprovação e o consentimento. A decisão aceita é, ainda que em grau mínimo, decisão participada pela comunidade e, portanto, sujeita a ser repelida. A resistência, tendo em conta que o consentimento, em sentido amplo, envolve sempre alguma parcela de participação, é inerente à legitimidade. O poder é um atributo necessário dos governantes, enquanto a autoridade se baseia sempre nos governados. As autocracias de todas as procedências e com todas as formas possíveis, por lhes faltar o consentimento participatório, são incompatíveis com a democracia, ainda com a chamada democracia *real*. As oligarquias, o ditismo, a burocracia e a tecnoburocracia, o militarismo gravitam dentro do campo do poder, embora pretendam se fazer aceites — mas, na verdade, sua aceitação está sempre associada, diante de suas deficiências básicas, ao aparelhamento coercitivo. Para que a resistência seja pos-

*186* | A REPÚBLICA INACABADA

sível, como atributo da legitimidade, supõe-se que o poder possa ser substituído, mediante alternativas possíveis, pela autoridade. Se não há alternativa pactuada, o fato social não desaparece, convertendo-se a resistência em possibilidades traumáticas, inquietadoras para a paz social. A autonomia que preside o processo de participação supõe a resistência individual e coletiva. A coerção, que se volta contra os recalcitrantes, só tem eficiência, a longo prazo, se, decorrente do poder, se ancora na autoridade. Fora daí, ela não gera o consenso, mas cala e adia, na melhor das hipóteses, o confronto, salvo que apele para o terror total. Note-se, também, que a coerção, com a instrumentalidade de coação física, tem aplicação restrita — o aparelhamento estatal pode muito, mas não pode se substituir à sociedade civil. A relação entre poder e legitimidade demarcará as fronteiras da coerção, que, usada em alta dose, destrói não só a legitimidade, mas o próprio poder. O poder repousa menos na força que na legitimidade, e a legitimidade se mede pelo grau de consentimento e aceitação. O alheamento entre governantes e governados, inevitável em certos momentos, só resiste e se mantém se o poder puder contar com a lealdade dos súditos, que lhe reconheçam a capacidade de tomar decisões, ainda que impopulares. Governo forte não é o governo poderosamente armado com um eficiente aparelhamento coercitivo, mas governo incontestável na sua legitimidade.

A legitimidade se funda em valores, historicamente realizáveis e socialmente atuantes. Esse enunciado, longe de se afastar da comunidade e de excluir a eficiência do poder, tem, ao contrário, a virtude de, pelo seu aspecto temporal e presente, demonstrar a possibilidade de que cada época tenha seu tipo de governo legítimo. Já houve tempo em que, contra a usurpação, a legitimidade foi uma reivindicação dinástica. No mundo moderno, não há outra legitimidade possível e universalmente consagrada senão a legitimidade democrática, que, embora suponha o consentimento dos cidadãos, não se esgota em tal apoio. Não há senão duas medidas na política

ASSEMBLEIA CONSTITUINTE | *187*

contemporânea: a que se fecha no círculo do poder e se arrima na força, configurando todas as formas da autocracia, e a que decorre da democracia e se ancora na legitimidade. Seria um absurdo, gerado pela caricatura extremada da lógica, entender que o consentimento prevalecesse sobre a autonomia, que assegura a liberdade. Sempre que se transferem ao grupo político dirigente todos os direitos pessoais, o despotismo está presente, mesmo que se mascare com o título democrático. O consentimento é incompatível com a alienação da liberdade; ao contrário, está necessariamente coordenado à participação, que leva à compreensão do governo limitado, em que está presente a desconfiança dos destinatários do poder e a reserva de resistência, sempre que violadas as fronteiras que demarcam a democracia. Ao atuar dentro de limites preestabelecidos, o que pode ocorrer na mera legalidade, o ator da política — que é sempre o povo — não perde nunca o direito de atuar e de se organizar. A existência da última alternativa é que define a legitimidade do título da ação social, que se diferencia da legalidade do exercício. A tirania não se caracteriza unicamente pelo arbítrio que a vicia, senão sobretudo — e aí está o atributo essencial da legitimidade — pelo fundamento do título.

A legitimidade, ao transcender ao modo do exercício do poder, não se confunde com o direito legislado e redutível a regras e a normas. Ao se radicar além das bases do direito vigente não apela para nenhuma noção abstrata e intemporal. Vincula-se simplesmente ao modo de estabelecimento do governo e à atribuição do poder ao Estado. Há, acima do legalismo e do exercício do poder, um modelo de imantação que orienta todas as instituições sociais e políticas. Por isso, a legitimidade não é apenas um conceito formal, que prefigura o quadro social e condiciona o funcionamento do poder, com o apelo não só à adesão — também possível, embora não mensurável na autocracia —, mas a pressupostos de racionalidade indissociáveis da autonomia das pessoas, mediante regras fixas ou implícitas que não absolutizem o poder, com a negação dos freios que o tornam renovável e alternativo. A legitimidade não é sinônimo de imutabilidade só pelo fato de ordenar duravelmente as relações de poder. Ao se sustentar pela confiança, que vem de baixo, renovável e aberta, estimula a mudança, a inovação e o movimento. A legitimidade se realiza por meio da legalidade e se torna eficiente nos comandos do poder. Preside-a um valor que transcende esses dois últimos atributos e será passível de existir mesmo com a ausência deles. Quando desarticulada do poder, ela pode perecer, perdida em conceito vazio, se aquele carecer de eficiência e se arbitrárias as leis. No máximo, gozará, por força das convenções internacionais, da legitimidade exterior, assim impropriamente chamada, certo de que a comunidade internacional reconhece os governos de fato. A legalidade confere a presunção de legitimidade, se é eficaz e eficientemente realizada. A presunção perde o conteúdo quando afronta os sentimentos e valores que se geram na comunidade. Nessa hipótese, a ilegitimidade não se legitima pelo curso do tempo, que, por si só, desacompanhado do consentimento com participação, não opera a validação. Passa a existir, ao lado da legitimidade ficticiamente presumida, a legitimidade real, embora difusa e amorfa. Em alguns casos, ela pode se constituir como aspiração, como na hipótese dos governos no exílio. A regra, entretanto, será a legitimidade real procurar uma via independente de atuação, refugiando-se nos espaços de liberdade abertos ou conquistados pela sociedade civil. Os valores, abandonados e tolhidos, buscam materializar-se em normas de conduta à margem, embora não necessariamente contra a lei. Uma situação revolucionária se instala, extremando o poder na força nua e cavando, no outro lado, o leito de um poder paralelo. O traumatismo em perspectiva, só inevitável pela obstinação das autocracias, pode alongar-se em um estágio de anarquia orgânica, que contamina todos os setores sociais, contrastável na necessária reação que vem de baixo: a evocação e o renascimento do Poder Constituinte originário. Não é verdade, ao contrário da doutrina de Carl Schmitt, que as constituintes sejam a sequência de uma revolução: a constituinte vem em lugar da revolução. Esse sentimento tem um valioso precedente histórico, na convocação de uma constituinte antes da independência, com o fim de ordená-la. Não é a ruptura do poder que reclama a constituinte, para legitimá-lo, qualquer que seja seu conteúdo. É a legitimidade em decomposição, agravada pela ineficiência, que desperta o Poder Constituinte de um povo.

# 5 | As falácias da legitimidade

BELA E FINAMENTE VIU PASCAL a temática das falácias da legitimidade, que a reduzem ao poder e, por via deste, ao seu prolongamento instrumental, a força. A legitimidade se avizinha, no conceito do filósofo, à justiça, enquanto o poder se refugia na força. Entre as duas há um vínculo necessário, que as materializa e as torna atuantes, vínculo que, desfigurado, desnatura a ambas.

A justiça sem a força é impotente; a força sem a justiça é tirânica. A justiça sem a força será contestada, porque há sempre maus; a força sem a justiça será acusada. É preciso, pois, reunir a justiça e a força; e, dessa forma, fazer com que o justo seja forte, e o que é forte seja justo. A justiça é sujeita a disputas; a força é muito reconhecível e sem disputas. Não se pode dar a força à justiça, porque a força contradisse a justiça, dizendo que esta era injusta, e que ela é que era justa; *e, assim, não podendo fazer com que o que é justo fosse forte, fez-se com que o que é forte fosse justo.*

Essas reflexões indicam o caminho tortuoso de que se serve o poder para se recomendar à obediência, sempre carente de justificação, ao se legitimar nas asas do sofisma, na falácia do mascaramento.

A corrente que autentica, a qualquer custo, o poder — querendo que o que é forte seja necessariamente justo — só pelo fato de ser poder, o qual só se desqualifica como poder nu, escamoteia, na verdade, o conceito de legitimidade. Os cientistas políticos americanos insistem nessa orientação, a pretexto da análise empírica dos sistemas políticos, qualificando-os no seu funcionamento supostamente real. A nota tônica recai nos comandos imperativos que regem a sociedade, sem que se indague antecipadamente qual o fundamento da obediência às decisões das autoridades. As fontes da legitimidade fluem, nessas circunstâncias, da ideologia, da estrutura ou das qualidades pessoais, entendidas estas como atributos da liderança e não do carisma. Que a autoridade se funde sobre a legitimidade, como o valor, o medo, a força, o hábito ou a conveniência, pouco importa na realidade do sistema político. A legitimidade se esvazia de seu conteúdo, para adotar os caracteres do poder, aferível, em última instância, pela eficiência em ser acatado. O argumento de Trasímaco, exposto na *República*, reentra em circulação, no momento em que a arte de governar não passa do expediente mais vantajoso para o mais forte, impondo sua vontade sobre, se necessário, a covardia, a tolice ou a fraqueza dos homens. A astúcia, substitutiva hábil da força, serve-se de uma mentira dourada para se manter, chame-se ela *ideologia, mito* ou *fórmula política*. A balança do sistema inclina-se para o lado dos detentores do poder, enquanto aos destinatários — o povo — está reservada a aquiescência, como fator importante, mas derivado. A manipulação, apesar de todos os seus temperos e apesar de todas as ressalvas, qualifica os líderes e lhes dá o papel central na história.

No campo da ideologia, do mito e da fórmula política, o poder se articula a partir de uma classe dominante ou de uma classe dirigente (*elite* ou *classe política*). Uma reserva será necessária com referência ao conceito soreliano de mito, cuja manifestação se desloca do plano de comando para o plano da tomada de poder, como dominação futura, que se formaria, uma vez constituída, à margem da vontade popular. Segundo esse artifício, o povo suporia conquistar o mando para, mediante um mecanismo superior ao dissídio e ao confronto, assegurar a vigência da estrutura rígida e imutável de uma nova elite. O mito não se volta contra a elite, mas contra a elite enquistada no Estado, em favor de outra, expressiva de uma classe. É, na verdade, apesar de sua aparência revolucionária, uma inversão do status quo em favor de um novo status quo, emasculado de dinamismo, com a mera renovação de atores. O mito seria uma imagem de batalha, que reúne e agrega os homens na hora das transformações sociais, imagem que está ao abrigo de todas as refutações, pelo seu irracionalismo visceral. Uma vez configurado na ação, encarna as tendências mais veementes de um povo, de um partido ou de uma classe, que toma o lugar dos estandartes capazes de infundir realidade às esperanças e às certezas de um movimento social e político. Os mitos operam sobre o presente, como conjunto, sem que indiquem qualquer incidência sobre o curso da história. A ação se cristaliza em um clichê de decisão, soberano e irreformável, inacessível à crítica. No fundo, por meio de um instrumento de força, verbalizado e construído, mas não intelectualizado, assegura-se a coesão de um grupo, espécie de fórmula política das classes dominadas, que se mobilizam para inverter a pirâmide, sem tocá-la no seu modelo estrutural. Desse procedimento não poderá, em nenhuma hipótese, fundar-se a legitimidade, falecendo ao mito qualquer atributo do Poder Constituinte, incompatível com a sujeição da soberania popular ao brado de guerra de elites que, desprivilegiadas, aspiram à hegemonia, sempre como elites.

A ideologia e a fórmula política, como técnicas de controle político, têm um papel real e ativo, embora abertamente não se identifiquem, em termos específicos, nas autocracias, as declaradas e as dissimuladas. Os cientistas políticos, notadamente os norte-americanos, servem-se da expressão "legitimidade" para descrever constelações de poder que não transcendem a esfera dessas condicionantes. Na realidade, debaixo dessas falácias existe sempre a justificação de fato das situações dominantes, apoiadas em classes, estamentos, recobertos por elites. A visão será sempre de cima para baixo, amorfa ou estruturada, em que o poder minoritário impõe seus padrões de comando ao poder majoritário, como alternativa dos aparelhamentos de coerção. A limitação do emprego destes, que se extremam, se entregues a si próprios, na força, progressivamente expansiva, leva à captação do consenso por quaisquer meios. Percebe-se que ao tratar de ideologia, dentro de tal equação, não se

ASSEMBLEIA CONSTITUINTE | *193*

alude à forma do imaginário social, com referência ao conceito de Marx em *A ideologia alemã* e de Mannheim em *Ideologia e utopia*. Cuida-se do conceito na perspectiva limitada das relações de poder. A ideologia não desempenha apenas o papel de atrelar as classes subalternas ao comando da classe dominante. Ela tem significação mais ampla, ao criar um espaço de recíproca conversão cultural entre as camadas intelectualmente superiores e as subalternas. Dentro do foco de domínio, existe, atuante, um fator de homogeneização intelectual. Gramsci mostrava sua admiração pelo feito de a Igreja católica, no curso de sua história milenar, haver mantido os elos de união entre os intelectuais e os *simples* sem que os movimentos impulsionados por aqueles se apresentem como rupturas, evitando que a rotina dos últimos leve à estagnação. Afastado o juízo negativo das ideologias, é necessário indagar-lhe e definir-lhe a função de geradoras e de fixadoras de consenso. As organizações que difundem a ideologia se situam, em regra mas não necessariamente, na sociedade civil. A classe e os setores economicamente dominantes tratam de impor sua hegemonia sobre as demais classes e usam, para prevalecer, os aparelhamentos intelectuais de que dispõem. A ideologia se situa como o equivalente da repressão, com processos próprios — próprios mas não isolados. Na verdade, a classe dominante — ou fundamental, segundo a terminologia consagrada — apoia-se no corpo repressivo, ao controlar o Estado. No domínio intelectual, os canais que produzem e difundem a ideologia eram, em um período caracterizadamente liberal, privados, separação que não se manteve na atualidade. Daí que fosse possível, com distinção das esferas públicas e privadas, alterar o ritmo da prevalência da ideologia sobre a repressão e vice-versa. Em um momento tido por normal, a esfera ideológica destilada pela sociedade civil desempenha o papel principal, mal se percebendo a atividade do Estado. Nos períodos de crise, em que essa primazia passa a ser disputada e não exerce sua função de controle e de domesticação das vontades, a coerção, com seus órgãos ostensivos, passa ao primeiro plano, com a ideologia degradada a funções disciplinares, concomitantemente ao decréscimo de autonomia da sociedade civil. Não se suponha, entretanto, por mais integrado e articulado que esteja o aparelhamento ideológico, que ele possa dominar totalmente as classes subalternas. Exatamente por força dessa impotência fundamental é que sempre se pode identificar a persistência de uma dinâmica constituinte na base da pirâmide e que, em circunstâncias extremas, manterá ou não o esquema de poder dominante. O Estado não opera em um plano unitário, mas em duas esferas: a sociedade política, que abriga o poder repressivo da classe dirigente, por meio de seus órgãos de coerção, e a sociedade civil, que, por meio de canais privados, procura gerar e ensinar uma ideologia destinada a operar como cimento da aquiescência das classes subalternas. Se a ideologia se implantar sem resistência, ela se interioriza nas consciências e inutiliza o apelo à repressão. Ocupa, embora ficticiamente, o lugar da legitimidade. Sem ser ilusória, dado que preenche um espaço político real, ela dissimula mais do que ostenta, sem se desvincular de sua função instrumental e de dominação no plano fechado do poder. Sua explicação se dará sempre em relação a outras realidades, que são ofuscadas e domesticadas, para o efeito da manutenção do equilíbrio político.

A relação entre ideologia e repressão, entre os aparelhamentos repressivos e os aparelhamentos ideológicos, nem sempre se realiza em sua pureza esquemática. Menos do que uma realidade, há aqui um tipo ideal, mais conceitual do que real. Nem sempre a ideologia consegue se cristalizar, fraqueza que é corrente na modalidade autocrática do Estado autoritário. Observou-se que, ao contrário do totalitarismo, o regime autoritário não se utiliza, dado que opera preponderantemente no plano da sociedade política e não da sociedade civil, da ideologia. Há, na realidade, uma disfunção entre a esfera repressiva e a esfera ideológica, que é o resultado do enfraquecimento ou da debilidade da sociedade civil. Em lugar da ideologia, que fluiria da última, recorre ao aparelhamento repres-

ASSEMBLEIA CONSTITUINTE | *195*

sivo, desprezando e hostilizando os intelectuais, que a canalizam e a produzem, em favor de *mentalidades*, criadas no meio oficial para circular na sociedade civil. Não há aí a ideologia em sentido próprio, senão a coerção dissimulada e com pretensões de justificativa. É o que ocorre com a impropriamente chamada ideologia da segurança nacional, que não é senão um tosco expediente intelectual, incapaz e impróprio para traduzir e concretizar valores da sociedade civil. Longe está de ocupar, ainda que pela manipulação, o lugar fictício da legitimidade — é, no máximo, uma instância da força que aspira a se qualificar como poder, sem que pleiteie sequer a permanência e a duração. É, nada mais, nada menos, que o estado de sítio estilizado.

O mérito do conceito da ideologia reside na sua contribuição para desmascarar a ficção posta no lugar da legitimidade. Ao mesmo tempo, revela a manipulação minoritária dos vínculos de poder. Ao contrário, a noção da *fórmula política* põe a nu todo o elitismo, que se esconde na ideologia e no mito. Na ideologia, no mito, na fórmula política, na derivação (Pareto) se compreendem os pressupostos fundamentais das relações de poder. Essas equações se cristalizam em símbolos — como não se cansam de repetir os cientistas políticos americanos — que explicam e, ao mesmo tempo, justificam as práticas de dominação. A fórmula política adere à existência, tida por axiomática, embora, na verdade, discutível, de uma classe política ou dirigente, sobre a qual gira a atividade estatal.

Essa comunidade, embora não necessariamente integrada, constitui uma minoria quantitativa, mas estrategicamente condutora da maioria, pelo uso de meios que seleciona e comanda. Em toda a sociedade existiriam duas classes: a dos governantes e a dos governados. A primeira, que é sempre menos numerosa, exerce integralmente as funções políticas, monopoliza o poder e goza de todas as vantagens decorrentes do comando. A segunda, mais numerosa, rege-se de acordo com os imperativos da primeira, de modo legal ou não legal, com mais ou menos arbítrio e violência, fornecendo,

196 | A REPÚBLICA INACABADA

ainda que aparentemente, os recursos materiais que sustentam e asseguram a vitalidade do organismo político (Mosca). Não se nega, nem a doutrina o reconhece, que os governados, com suas paixões e descontentamentos, exerçam influxo direto e atuante sobre a classe política. O trunfo principal da minoria será a sua capacidade de organização (Michels). Não se entenda, todavia, mesmo que se trate de regimes liberais, que a classe política ou dirigente precise, para se sustentar no poder, do consentimento dos cidadãos. Este é o ponto de distanciamento mais claro entre a legitimidade democrática e a orientação elitista. A influência de baixo para cima não chega a tal extremo. As lutas políticas dos grupos ou partidos se desenvolvem, a partir de seus núcleos organizados, sobre os meios de conquistar a massa amorfa dos eleitores. A maioria não tem outra opção senão a de escolher os representantes das camadas em concorrência, selecionados de acordo com os padrões internos daquelas. No máximo, o grupo que pede os sufrágios alicia e corteja, pelo menos aparentemente, os sentimentos dos governados. Certo, o teor da classe política — sua cor e não a substância — varia segundo os métodos de recrutamento dos seus quadros, com a afirmação de tendências aristocrática ou democrática. Tendência é o grau máximo admissível nessa ordem de coisas.

O conceito de classe não é o mesmo empregado no quadro da ideologia. Classe política, dirigente ou elite não é, a rigor, uma classe. O jogo, agora, se desenvolve todo dentro da sociedade política e, no fundo, nega a existência de classes na esfera do poder, substituindo a categoria da classe dominante pela categoria da classe dirigente. Em uma concepção da mesma linha, porém com diferentes nuanças (Pareto), as classes em sentido próprio formariam as elites não governamentais, conexas a território alheio ou distante da política, com efeitos unicamente indiretos sobre ela. Em toda parte, insiste-se, existiria e atuaria uma classe governante, mesmo onde rege o déspota. Varia apenas a forma sobre a qual ela se apresenta. Nos governos absolutos, o soberano usurpa o palco, enquanto, nos

ASSEMBLEIA CONSTITUINTE | *197*

chamados governos democráticos, o parlamento entra em cena. Mas, fora do foco de luz, projetado pelas análises estreitamente jurídicas, encontram-se os que na realidade governam e exercem o poder efetivo. Seu lugar está nos corredores e nas antessalas. Por astúcia, cedem, vez ou outra, aos caprichos dos soberanos ignorantes e tirânicos. Mas, passada a borrasca de verão, retomam sua atividade tenaz, paciente e constante, cujos efeitos são mais profundos e duradouros do que pensam os aparentes detentores do poder. Nesse canto sombrio atuam as classes, particularmente as dominantes, formadas pelos especuladores e os apropriadores de rendas — as elites do capitalismo — que, depois de obter suas vantagens, apagam os vestígios de suas pilhagens e rapinas. Toda a vida política não consegue ligar-se ao consentimento, chegando, no máximo, a unir-se aos grupos de pressão e às combinações corporativas de interesses.

A identificação da elite e da classe política não explica, todavia, a duração e a estabilidade do poder. Um passo adiante, precedido da final redução à força e à violência, regidas pelos métodos puros da eficiência, será necessário. A resposta estará na circulação das elites, combinada com um artifício em larga escala, a fórmula política. As elites não se congelam, estaticamente. O grupo governamental, para que seja estável, deve se renovar, mantendo o mesmo nível de homogeneidade cultural. Se há uma pressão descontrolada no sentido do alargamento do círculo dirigente, ele muda, com o ingresso de pessoas das classes subalternas, não moldadas para o mando. Produz-se o fermento revolucionário, dentro da categoria dirigente, que muda de composição e mentalidade, ou fora dela, com a pressão de um proletariado intelectual. Muitas vezes, os políticos que não creem na participação popular, em ocasiões múltiplas, tendem a explicar as inquietações sociais como a obra maléfica de alguns agitadores, conspiratoriamente coligados. Sem que percebam os intérpretes, fala por eles o elitismo, como se recitassem a lição decorada de Pareto. A elite não é a aristocracia: ao contrário, em circunstâncias comuns, a aristocracia pode integrar a elite, mas não necessariamente. Os membros da aristocracia podem desempenhar papel de relevo na elite governamental ou serem dela excluídos, fato não raro acompanhado de uma convulsão social. A história, por isso mesmo, é um cemitério de elites. Se a circulação encontra embaraços, o governo entra em colapso, com o advento das revoluções. Se não pode essa camada dirigente utilizar a força, ou se não pode dela se socorrer, as categorias inferiores desenvolvem e estruturam, à margem da equação de poder, um governo que sobrepuja o existente. Incapaz de impor sua ordem, a classe dirigente apela para outro expediente, ao comprar a sobrevivência à custa de concessões, expediente de vida sempre limitado. No fundo, com a pele do leão ou com a pata da raposa, está sempre a força, como falsificação e embuste da legitimidade. Onde não há povo, o jogo é este mesmo, jogo de cartas marcadas.

A farsa não se limita a essas coordenadas descritivas. Ela ensaia um artifício mais abrangente, como cúpula e mascaramento da coerção. A minoria não manda apenas porque é minoria e, como minoria, organizada. Nessa óptica, quanto maior o corpo governado, mais amorfo será e mais facilmente se tornará presa da classe política. Esta não duraria, entretanto, se justificasse o poder exclusivamente pelo puro fato de mandar. Sem sair dessa premissa, única na que realmente se sustenta, ela busca outra base moral e, embora deficientemente jurídica, legal, apropriando--se das crenças e dos sentimentos geralmente aceitos pela sociedade que dirige. Em um país maometano, os governantes, ainda que incréus, prestam todas as homenagens ao califa, como vigário do profeta. Não faltam exemplos na América Latina de regimes autocráticos, que violam os direitos humanos de maneira sistemática, de dirigentes que se proclamam defensores da civilização cristã, que, sem as suas práticas repressivas, estaria ameaçada. Claro que a fórmula política varia no tempo e no espaço — o que é permanente é o comando da minoria, com ou sem máscara. A fórmula política não é uma mentira, acentuam seus formuladores, pois — supõem — de fato corresponde à necessidade da natureza social do homem. Esta necessidade, universalmente reconhecida, baseia-se na aspiração de não ser governado exclusivamente pela força material, mas sobre um princípio moral, que libere o poder de sua expressão meramente coercitiva. Nenhuma sociedade se estrutura sem uma *grande superstição*, a ilusão que opera como força social, que cimenta a unidade e organiza politicamente um povo. A classe política se conjuga, por esse meio, à vontade popular, como realimentadora da minoria organizada.

Para o elitismo, a legitimidade é uma questão ininteligível. O conceito seria um extravio da realidade — dos fatos sociais e da história — para se estreitar em um juízo ético. O erro maior seria o de aplicar critérios de julgamentos pessoais sobre acontecimentos que são superiores aos indivíduos. Pareto ridiculariza, por exemplo, a discussão acerca do golpe de Napoleão III, que se proclamou monarca. Seria ocioso indagar se houve, no episódio, um crime, conceito só admissível nas relações entre particulares. A pergunta sobre a legitimidade não teria maior senso, sujeita a determinações históricas sucessivas e que se anulam no tempo. Se Napoleão III não é legítimo, por que o seria Napoleão I e, sobretudo, por que o seria Luís XVI? Será que dez anos legitimam mais do que trinta ou trezentos anos? A história — repete ele — nada ganharia em se ocupar com tais indagações, que só interessam às duas pontas em que se situa o poder, como justificação. Na verdade, se a política se concentra no jogo entre as classes dirigentes e os meios de se sustentarem, pouco importa distinguir a legitimidade, nem sequer o poder. Só a força é uma categoria real e ativa, não passando as discussões alheias à sua densidade de digressões acerca do modo com que os homens tratam de dissimular e explicar, às vezes estética e douradamente, a sua maneira de agir. Fora da força, que se qualifica na violência e não sequer no poder, cessa a dinâmica política. Tudo está no lado em que se está: o lado da classe governante ou da classe governada. Quem está ao lado da classe dirigente, e reprova o emprego da força, na verdade nega aos dissidentes que se oponham a ela pela violência. Se diz que a aprova, ele reconhece nos governantes o direito de disciplinar os transgressores. Ao contrário, se alguém está ao lado dos governados, e se opõe à força, ele a desestimula contra os dissidentes. Se a louva, quer o seu emprego para deslocar as elites. Isso não exclui que a classe governante, ameaçada nas suas posições, por conveniência e por certas fraquezas ingênitas, não se sirva diretamente da força, optando por outros meios mais suaves mas não menos enérgicos. A astúcia, a fraude, a corrupção entram em cena, com a consequência de, na circulação das elites, atrair para o grupo dirigente os membros da classe dirigida dotada dos mesmos atributos e artifícios, tal como ocorre, paralelamente, com a elite que utiliza a força. Sem a força e seus substitutivos, a classe governante perde o mando e se desagrega em favor da anarquia, ou cede o lugar à classe governada, que assimila os recursos dos despojados. Os governos que não podem ou não sabem servir-se da força caem, como não duram aqueles que só dela, de maneira nua, se utilizam. Isso porque — entenda-se — a força capta o consentimento e o manipula, embora sobre ele não repouse. O consentimento não se confunde à participação social, muito menos à aprovação. Está, ao contrário, no lugar do artifício, que agrega clientelas à classe política, que protege e facilita suas manobras. Esta é, despida de todos os ornamentos, a doutrina política do realismo das elites. Governam porque podem, enquanto podem, sem ceder a força senão à força mais violenta, à véspera da catástrofe. O sufrágio popular será, no máximo, um ardil para prolongar o mando, mediante regras que o convalidem e justifiquem o domínio.

Não se suponha que o elitismo da classe política e da fórmula política exclua a mudança. A sociedade, embora controlada, tutelada e conduzida, gera novas forças sociais e libera classes sociais novas. As classes dirigentes declinam e perecem quando não podem mais canalizar e orientar as camadas emergentes e quando se sustentam em categorias declinantes. Sua astúcia não está em se imobilizar, mas em se renovar, reverdecendo a fórmula política, sensível às circunstâncias. A classe política tem, por natureza, aguda sensibilidade reformista, por meio do ordenamento do processo de circulação e da cooptação de forças sociais rejuvenescidas e mesmo revolucionárias. Sua flexibilidade se revela nas conciliações e nas concessões, outorgadas para serem, mais tarde, retiradas ou mantidas, se convenientes ao seu domínio. O apelo último de sua conservação e estabilidade será sempre a força, cuja eficiência cria todas as falácias de legitimidade. Ao dosá-la com a astúcia, segundo a receita maquiavélica, percebe a sua limitação, que não está na reação que suscita, mas, ao contrário, em se fortalecer cada vez mais, até o extremo da violência total. Nessa hora, a composição da classe política muda, ferindo a eficiência, por incapaz de incorporar novas energias sociais e econômicas. Ao contar com a eficiência como o trunfo que a faz atuante, imobiliza-se, anulando a própria eficiência. A força tem a vocação da força total e da negação da sociedade civil, que, em lugar de gerar elites, é por estas substituída. Esta é a hora em que, por desespero, se lançam às aventuras extremas, como a guerra ou o pretexto da guerra, máscara da esquizofrenia que, começando por enlouquecê-las, as leva à impotência.

# 6 | *A evasiva da legitimidade:*
## *O remendo constitucional*

DENTRO DO QUADRO AUTORITÁRIO, que se institucionalizou no país a partir de 1964, as reformas — a abertura, a liberalização, seja qual for o nome que se dê ao processo —, quantitativamente significativas, não conseguiram modificar a estrutura de poder. Os reflexos jurídicos, relevantes embora, repita-se, não alcançaram a dimensão da legitimidade. No seu lugar, instalou-se apenas a legalidade, conduzida por meio de concessões, sem admitir, fora da tutela elitista, a soberania popular, projetada autonomamente pela sociedade civil. O poder, com sua legalidade específica, cedeu, nas suas mudanças, a todas as acomodações, sob o pressuposto de não perder o mando, o núcleo decisório fundamental. A autocracia continua pilotada por uma elite, que se dispõe a despir a pele do leão para se cobrir com a da raposa. Na ausência da soberania popular, só nominalmente admitida, a *classe política*, os dirigentes, os governantes, envolvidos nas suas falácias, ensaiam coroar seu domínio, com a aparência de um sistema constitucional, espécie de supralegalidade que absorve todas as legalidades existentes, geradas por quaisquer meios. O povo, nesse projeto, deixa de atuar, abertamente, por meio de condutos dele desligados, ou substituído por organizações que se irradiam da sociedade política e do Estado. No máximo, será a nação congelada a que decide e não o povo. A nação não se contrapõe ao povo, senão que é povo articulado, congelado, hierarquizado e organizado segundo os padrões do alto, com seus mecanismos de controle instalados em favor do status quo. Esta é uma hipótese benevolente e otimista: as probabilidades da prática do poder não a autorizam plenamente. O que se vê é menos do que se supõe. Nem o povo está presente, nem a nação ocupa seu espaço, senão que, acima deles, se congrega uma classe política, armada e estamentalmente cimentada.

ASSEMBLEIA CONSTITUINTE | *203*

Querer recuperar a legitimidade com a incolumidade essencial do sistema é tarefa contraditória e socialmente impossível. Desse malabarismo resultarão, com expedientes requintados e de verniz jurídico, mais uma contrafação legal e mais uma afirmativa do poder sem travas, senão as precárias e insinceras travas que ele se atribui, para não perder a eficiência, ora ostensivamente vulnerada. O arsenal das medidas propostas se multiplica em sagazes e hábeis manobras, que se estendem desde a reforma constitucional, por meio de emendas, até o ungimento do futuro Congresso com poderes constituintes. Na realidade, em todas essas inspirações, as únicas admitidas, ainda que com relutância, pelo sistema dominante, as formas são diversas, mas a substância permanece inalterada. Em todos os casos, trate-se de revisão ou reforma constitucional, estar-se-á diante de um procedimento de emenda em sentido amplo, que toca em um ponto ou em toda a estrutura do texto vigente. Pouco importa que se sugira a emenda pelo congresso atual ou se a remeta ao congresso futuro, nesta última hipótese com alterações que dizem respeito a algumas filigranas, como o quórum ou o adiamento provisório da função estritamente legislativa. A atividade constituinte, nas hipóteses cogitadas, não se expressa como manifestação da legitimidade que está na sociedade e se transpõe às instituições. O Poder Constituinte, sejam quais forem as cortinas de fumaça que procurem obscurecê-lo, será sempre um Poder Constituinte constituído, derivado ou instituído, de segundo grau. O que se pretende será editar — o achado estilístico é do Ato Institucional nº 1 — uma nova constituição, mediante a chancela e o carimbo do Congresso Nacional, ao molde do que se fez por obra do Ato Institucional nº 4, de 7 de dezembro de 1966, que culminou na feitura da Constituição de 24 de janeiro de 1967, nominalmente a que rege o país. Seu condicionamento era manifesto e expresso, no sentido de deliberar acerca de um documento básico que institucionalizasse os ideais e princípios de 31 de março de 1964. Ato típico de poder, traçou os limites dentro dos quais se deveriam mover os "constituintes", sem omitir que se votaria o projeto apresentado pelo presidente da República, guarda e vigia da tarefa a executar, escoltado por um partido oficialmente criado e majoritário. São variações em tom menor da fórmula política, que preside e coroa o sistema político.

As emendas são expedientes estruturados dentro dos modelos institucionais, limitados como propostas de mudança. Necessariamente, portanto, têm escopo restrito, incapazes de ultrapassar as fronteiras que as envolvem e lhes tolhem o passo. O círculo do poder não se abre mediante reformas que não podem superá-lo, por lhes faltar uma força nova, capaz de alterar o sistema político. A Constituição de 1967 foi, nos últimos anos, a mais abrangente das revisões do estatuto fundamental do país. Condicionada às suas origens não quebrou o esqueleto autoritário do regime, não obstante tê-lo ornamentado com a homenagem verbal dos direitos e garantias fundamentais das cartas constitucionais anteriores, acrescida do luxo da consagração, no papel, de novas liberdades. Sem conseguir entrar no território da legitimidade — o que significaria uma ruptura e uma contradição —, instituiu a instabilidade adiada, aberta, com reconhecimento implícito, a todas as infiltrações e erratas que mantivessem a eficiência minoritária, de modo substancialmente organizado. O que se pretendeu foi sair do governo da mera força dita revolucionária, apoiada na repressão e na mistificação, para alcançar um regime quase legítimo, capaz de se impor por meio de um núcleo autoritário com o auxílio, sempre passivo, da maioria parlamentar. Essa combinação seria possível enquanto as urnas, direta ou indiretamente cativas, constituíssem a base de manobra. Note-se que os "aperfeiçoamentos" de tal equação deram-se sempre em consequência da insubordinação do eleitor e da debilidade dos partidos de sustentação. Lembre-se o Ato Institucional nº 5, deflagrado diante da rebeldia da Câmara dos Deputados, em consequência de um episódio aparentemente irrelevante, mas significativo como enfraquecimento de um elo básico da estrutura de poder.

Igualmente, as emendas outorgadas n⁰ˢ 7 e 8, de 13 e 14 de abril de 1977 — o chamado "pacote de abril", editado sobre a emenda constitucional n⁰ 1, também outorgada, de 17 de outubro de 1969 —, pretenderam evitar os efeitos das eleições do ano seguinte, que se anunciavam sombrias para o oficialismo, escaldado com a ameaça ocorrida em 1974. O Ato Institucional n⁰ 5, amarrado à ilharga da Carta de 1967, quis esfriar pelo medo, provocado pela suspensão das garantias constitucionais básicas, todas as possibilidades de mobilização popular. Em 1977, embora fosse tolerada a manifestação eleitoral, ela ficaria reprimida pela parcial inocuidade de seus resultados, amortecidos, além disso, pelas restrições ao debate e à comunicação políticas. Ao elenco de categoria constitucional, acrescente-se a armadura das leis, as votadas e as outorgadas (atos complementares, decretos-leis). A própria Constituição de 1967, promulgada em 24 de janeiro para que entrasse em vigor em 15 de março do mesmo ano, recebeu, entre as duas datas, a escolta da Lei de Segurança Nacional (decreto-lei n⁰ 314, de 13 de março de 1967). A legalidade, com a paródia da legitimidade constitucional, colocou, ao lado de cada liberdade, a física, a de expressão, a de reunião, a de associação, uma sentinela vigilante, armada com o bacamarte e as algemas. Os cidadãos tudo poderiam fazer, contanto que nada fizessem para turbar o poder da posse mansa e arbitrária do poder. A definição vaga e fluida dos crimes, que a todos ameaçavam, condenava à insegurança geral, ao temor do processo criminal, julgado pela Justiça militar. Sair dessa camisa de força, abrandada mas não abolida, por meio de novas emendas constitucionais, será não só exagero de boa-fé, se não cumplicidade ostensiva ou ideologicamente velada, mas uma manobra astuta das elites mascaradas com os trapos ainda disponíveis da pele da raposa.

O problema das emendas, em todas as suas modalidades, as convencionais e as ditadas pela inventiva da classe política, encontra outros obstáculos, arguíveis no campo da legalidade e da técnica e no campo das reformas políticas. O Poder Constituinte, em todos

*206* | A REPÚBLICA INACABADA

os países que não adotam constituições flexíveis, não se dissolve no poder reformador, que se revela nas emendas, seja em reformas restritas, em revisões ou em períodos constituintes demarcados. Os contornos e o perfil do último, bem como seu processo, são derivados do primeiro, de acordo com normas explícitas e implícitas. Em qualquer hipótese, o órgão de reforma será o Legislativo, mesmo que se preveja, como se esboçou no Projeto de Constituição da Assembleia Constituinte de 1823, um corpo revisor que "não se ocupará senão daquilo para que foi convocado e, findo o trabalho, dissolver-se-á". Ao contrário, a constituinte não se compadece com esses freios, sendo por essência ilimitada e soberana, atenta unicamente aos ditames da vontade popular que a evocou. Há exemplos, todavia, provavelmente derivados do precedente norte-americano, de constituições que preveem, como meio de superar impasses potencialmente revolucionários, a convocação de uma constituinte, sem ruptura da ordem vigente. Já se lembrou o malogrado expediente de 1823. Mecanismo de transação, porém atrelado ao poder constituído e derivado, seria o adotado, sem êxito, na Constituição de 1934, ao distinguir entre emenda e revisão (art. 178). Em ambos os casos, porém, mantinha-se a intangibilidade da forma republicana federativa. A emenda versaria sobre matérias especificadas, enquanto a revisão abrangeria o remanescente, com a reserva mencionada. A Constituição norte-americana prevê, ao lado da emenda, o apelo a uma convenção que proponha as emendas (art. v). O procedimento nunca se usou em escala federal, ao contrário do que aconteceu nas unidades federadas, que se socorreram da medida mais de duzentas vezes. Lincoln, no seu discurso de posse em 1861 (*First Inaugural Address*), propôs a reativação do permissivo constitucional, para conjurar a crise revolucionária iminente e, logo a seguir, efetiva. Os malogros de tais previsões demonstram que são insubstituíveis as Assembleias Constituintes para organizar o poder em termos de legitimidade. Uma vez que esta se parte e se rompe, só se reconstitui com todos os atributos de uma revolução, sem os inconvenientes, as incertezas e as usurpações inerentes a esta. As emendas, ao contrário, obedecem ao curso pré-traçado dos comandos reais, sejam legítimos ou ilegítimos.

O mecanismo das emendas constitucionais se condiciona sempre pelas coordenadas do estatuto vigente. Esse estatuto pode ser ou não uma constituição real. Em muitos casos, utiliza o rótulo constitucional para veicular, nas relações políticas, o poder individualizado, que apenas encobre uma minoria organizada. A reforma não ultrapassa jamais os marcos explícitos da constituição e não alcança a estrutura real de poder, sem transformá-la e sem que possa corporificar e exprimir juridicamente as forças sociais emergentes. Para as constituições, ainda que inicialmente legítimas, que se esclerosam, há, para preservar o sistema ainda que com o sacrifício do texto, a convicção de que o Poder Constituinte é o poder que se sobrepõe a elas. Foi o que quis afirmar, embora por uma fórmula ineficiente, o constituinte americano ao prever as convenções, como canal para manter a ordem jurídica intacta, por maior e mais profunda que possa ser uma crise. Pretendeu-se estabelecer o governo legítimo nas tempestades revolucionárias, sem o interregno da ilegitimidade ou do governo de fato. O poder revisor, que se expressa na emenda, não se confunde, formal ou materialmente, com o Poder Constituinte. A principal distinção entre ambos não depende de uma demonstração, graças ao seu apelo axiomático: o titular do Poder Constituinte não será nunca o mesmo titular do poder de emenda. "Uma revisão constitucional", escreve Nelson de Sousa Sampaio,

> não pode mudar o titular do Poder Constituinte, pela razão já conhecida de que o reformador não pode dispor do que não lhe pertence. Da mesma sorte que seria um despautério que o legislador ordinário estabelecesse novo titular para o Poder Reformador da constituição, não se poderia conceber que este pudesse destituir o titular de um poder que está acima dele. O absurdo é ainda mais chocante na doutrina democrática, em virtude do princípio da inalienabilidade da soberania

popular, que nega ao próprio povo o direito de renunciar ao seu Poder Constituinte. Como admitir, pois, que terceiro possa dispor sobre um direito que não pode ser renunciado pelo seu próprio titular?

A usurpação do Poder Constituinte pelo poder de emenda será ainda mais chocante quando se tem em conta que ele não reforma uma constituição real, mas um simulacro outorgado. Nas circunstâncias brasileiras atuais, não há uma constituição, mas um arranjo firmado entre os detentores do poder, fixado para, elitisticamente, opor barreiras à participação popular, reduzindo-lhe a consistência e o vigor, ainda que eleitoralmente manifestado. O poder reformador, por ser um poder instituído ou derivado, baliza-se necessariamente pela letra e pela significação do documento que pretende alterar. Há aqui uma paródia de uma paródia, em uma tentativa de fiar de dia para, de noite, desfiar a tela. Se o Poder Constituinte não foi chamado para remediar ou renovar uma crise de degenerescência da legitimidade, seria absurdo convocar um agente que não tem autonomia e depende de outro para ocupar o espaço vazio. O poder constituído ou instituído não pode jamais eliminar o poder originário, que não se compatibiliza com os freios vigentes nem se atrela a procedimentos de revisão prévios. Nem o referendum, que convalidaria, apaga o vício que está nas fronteiras naturais das emendas, as restritas ou as amplas. Não se fale em uma degradação do referendum, que são os plebiscitos constituintes, ao gênero chileno do regime Pinochet, que, pela soberania cativa, ao manipular a vontade popular, quer que a ilusão tome o contorno da realidade. O poder de reforma constitucional se realiza por um órgão de Estado, que, para se tornar viável em uma democracia, pressupõe a legitimidade constituinte originária. Não se pode mudar ou alterar a sombra do poder, para, na realidade, conservá-lo e justificá-lo por meio de um círculo vicioso que se desfaz em uma farsa.

O dilema nacional não está, todavia, ao contrário do que se tem apregoado e dito, entre a constituinte e a reforma constitucional.

Se o problema fosse situável nesses termos deveria prevalecer um pressuposto atualmente inexistente. O confronto está entre constituinte e poder de fato, do qual deriva um suposto e falacioso poder de emenda. O Poder Constituinte derivado seria invocado para remendar, legalizar, sem atingir o ponto fundamental do debate, que seria, dessa forma, elidido verbalmente. Só se reforma o que existe e de acordo com as regras pré-traçadas e preexistentes. Mas, ainda que se conseguisse superar ou mascarar o obstáculo, restaria a circunstância, essencial à discussão, da diferença qualitativa entre emenda constitucional, oriunda do atual ou do futuro Congresso, e a deliberação constituinte originária. Uma operação, mesmo que legítima a ordem política, se extrema de outra. Os procedimentos de revisão — lembra Hauriou —, *por força de uma lógica secreta*, tendem a subtrair o trabalho constituinte do comando do poder majoritário para encaminhá-lo ao poder minoritário do governo. Os representantes do povo, eleitos para exercer o Poder Constituinte originário, vinculam-se aos seus comitentes ou à nação, enquanto os legisladores ordinários refletem uma constelação de poder que gira em torno do governo. Um é, assim, fundamentalmente popular na sua expressão, ao passo que o outro é estatal. Ver-se-á que essa lógica nada tem de secreta. A constituinte reordena a sociedade civil, preocupada em ajustar os fatos à legitimidade, sem atuar no vazio ou por meras fórmulas políticas. O legislador ordinário, ao emendar a carta básica, promove acertos nos quadros dirigentes, para que o poder se liberte de freios e contrapesos. A experiência brasileira acerca das reformas constitucionais, raramente discutida, prova a tese. Lembrem-se apenas alguns exemplos: a reforma de 1926, que inclinou a República Velha na direção autoritária, em passo depois repetido com as emendas de 1935, que abriram o caminho ao golpe de 1937, sem esquecer o Ato Adicional que conciliou, com a ficção parlamentarista, as cúpulas desavindas. Essa corrente não se exauriu com as emendas impostas depois de 1964 à Carta de 1946, que sofreu as mais profundas incisões para que se acreditasse que, apesar das sucessivas operações plásticas, ela continuava com a fisionomia intacta.

Argumenta-se, para descartar a constituinte e afirmar a emenda, que todos estão acordes ser necessária que a primeira só teria sentido se houvesse um vácuo de poder, provocado por uma crise revolucionária. Há, no raciocínio, uma incongruência lógica e uma incongruência histórica. O raciocínio provaria demais ao querer tudo provar. Também as emendas constitucionais nascem de um movimento de mudança e, muitas vezes, na base do colapso iminente do poder. Os exemplos são os já mencionados: reforma de 1926, após e dentro da crise revolucionária do período 1922-6; as emendas de 1935, depois dos fatos do mesmo ano; o Ato Adicional, promulgado diante da tentativa de impedir a posse do vice-presidente João Goulart. As alterações do texto maior, nessas hipóteses, aperfeiçoam o status quo, mediante controles e travas a uma mudança maior. Não se excluem do esquema as concessões, transitoriamente concedidas para serem, muitas vezes, mais tarde anuladas. Há o cuidado de evitar e descartar o apelo à constituinte, que traria, em sentido democrático, uma transformação da vida do país. A Carta outorgada e autoritária de 1937 nasceu e ganhou contorno com as reformas de 1935, que reforçaram o Poder Executivo e lhe retiraram as barreiras de ação. Da mesma sorte, Mussolini não se socorreu de uma constituinte para instituir o fascismo, cautelosamente arredio de uma básica e ampla deliberação popular. Hitler jamais revogou a Constituição de Weimar, preferindo utilizar-se dos seus instrumentos de exceção e, depois de subjugar o parlamento, governar pela via das leis ordinárias. A reforma, além de estar confinada dentro de fronteiras insuperáveis, mobiliza, pela força de sua dinâmica interna, apenas os mecanismos da ordem vigente. Ela não tem, em nenhuma hipótese, as condições de alterar a essência da ordem jurídica implantada; jamais transforma um regime autocrático em um regime democrático, embora se habilite a percorrer o caminho inverso. Só a deslocação do titular do Poder Constituinte, no reencontro com o povo — o conjunto de cidadãos politicamente ativos —, poderá desencadear esse passo definidamente qualitativo. A Constituição foi aniquilada, em sucessivos golpes corporificados em Atos Institucionais, que usurparam o Poder Constituinte, sem que, ao contrário de suas intenções, tivessem logrado suprimir o último, que é inerente e coextensivo à legitimidade democrática. A constituição foi destruída e, por isso mesmo, sobre ela e atrás dela, liberou o Poder Constituinte que, para atuar, depende só da convocação popular. Fora daí só existe o aparelhamento do poder, redutível à força, nunca o poder legitimável a partir de si próprio, como quer o meio oficial, elitisticamente espraiado em setores do governo. Há, nesse sofisma, como já se observou, um resíduo das doutrinas de Carl Schmitt, que não distinguiu teoricamente as fronteiras do poder da legitimidade, também por deficiência de convicções e princípios democráticos.

As reformas, necessárias em alguns momentos, sofrem de insuficiência para realizar o trânsito da autocracia à democracia. Não carecem unicamente de densidade jurídica, nem o problema pode se restringir ao direito. Uma alteração constitucional reproduz ou provoca, por força do influxo recíproco da causa e do efeito, uma mudança social e sofre dos mesmos condicionamentos. Há alternativas históricas que o reformismo controlado não viabiliza, impedido pelos controles superiores, ancorados na sociedade e no Estado. Essas alternativas, que se esboçam e adquirem vitalidade pela mobilização popular, podem ser abortadas, se não desenvolvidas em todas as suas potencialidades. Em uma sociedade permeada de elites, as forças sociais que reclamam as reformas provocam concessões de grupos articuladas em direção contrária. As pressões de baixo provocam resultados que podem durar ou não durar, efeitos fugazes ou permanentes. Quer a pressão se origine de frustrações de camadas ou classes que procurem um lugar na história, um lugar que lhes é vedado, ou decorra de modos de produção em mudança, mediante conflitos que não encontram expressão na ordem social vigente, ela provoca uma cisão nas instituições que abrigam as lideranças. Seria exercício sobre o vazio deslocar a ênfase apenas para o círculo do poder, com suas dissensões internas, salvo em raros momentos de concorrência de elites que, para expandirem seu domínio, procurem o concurso de setores inferiores não acomodados. Em um quadro elitista, organizado em torno do poder, como mero poder, a reação repressiva se desencadeia se o movimento não tem os recursos de anular a unidade do comando oficial. Se as instituições visadas são essenciais ao uso do poder, a resposta violenta é sempre previsível. É possível também que, por falta de mobilização ou de organização, o governo ignore as pressões, sem nenhum abalo na equação de forças. Mas, se as exigências e demandas podem pôr em risco a reação pela força, ou se não são possíveis recursos de contraopinião que desmoralizem os protestos, as concessões são inevitáveis. As concessões podem ter o escopo de desarmar os eventuais insurgentes, ainda que por meio de expedientes conciliatórios, mais tarde retraídos. As reformas duram, em primeiro lugar, quando, embora concedidas relutantemente, revelam-se, com o tempo, úteis ou compatíveis com os detentores do poder. Os líderes políticos, particularmente em uma estrutura elitista, procuram canalizar os protestos em práticas institucionais, por meio da cooptação dos insatisfeitos, particularmente no topo de suas organizações. Finalmente, as medidas aquietadoras podem visar a enfraquecer o ímpeto das demandas, com a reserva de um confronto eleitoral, ou, se este for inviável, em revide repressivo ou manipulatório. Nunca, todavia, as reformas, por mais profundas que sejam, deslocam o grupo do poder, embora possam ter o mérito de provocar um caminho prévio, uma etapa preliminar para a transformação da estrutura dirigente, com o influxo de uma nova legitimidade. Esta será, entretanto, uma tarefa que não se alcança com meras concessões controladas e dosadas, que assegurem o predomínio da fórmula política dominante ou a ela se acomodem. No máximo, a quase legitimidade levará à pré-legitimidade, que manterá o impasse sem desatá-lo, domesticada a inquietação, com o adiamento em cima do adiamento de inarredáveis confrontos. Vê-se que nenhum mistério há na lógica que inclina as reformas políticas e constitucionais para o lado do poder minoritário.

# 7 | *A legitimidade recuperada:*
*A Assembleia Constituinte*

A MAIS GRAVE DE TODAS AS FORMAS de falseamento da soberania popular é aquela que usurpa a legitimidade, confundindo-a com o poder. A autocracia, nesse estágio extremo, corresponde à tirania, segundo a clássica definição, que se apropria do título — por extensão da titularidade — da vontade popular: *tyrannia absque titulo.* O que a minoria consegue, graças aos seus aparelhamentos de eficiência, por meio de uma fórmula política, será assegurar a obediência, que existe enquanto o grupo dirigente, a classe política, armada ou atrelada às armas, for a mais forte entre as forças que disputam o mando. Desaparece, dentro desse sombrio e murado pátio de prisioneiros, o consentimento, dele restando, quando alguma coisa resta, a aquiescência que repousa, direta ou indiretamente, no medo à força. A legalidade se contamina, por efeito da origem, de um necessário travo autocrático, que suprime a participação e todas as suas possibilidades conexas. "A lei", doutrina São Tomás de Aquino, "está num sujeito, não só como quem regula, mas também, participativamente, como em quem é regulado. E, deste modo, cada qual é para si mesmo a sua lei, enquanto participa da ordem de quem regula." Antes de Sieyès, um padre promovido a abade pelos tradutores, a alternativa já havia sido fixada entre a minoria que se apropria da máquina legislativa e o próprio povo. Não é qualquer um que pode legislar, nem todos os estatutos são leis e, muito menos, constituições, senão que a habilitação provém de um título fundamental, a soberania do povo. Ordens ou estatutos não se integram nessa categoria, por lhes faltar a base que lhes dá validade — que lhes atribui valor. Valor, neste passo, ao se desdobrar na participação, não é um conceito abstrato. O contrário, com a negativa à referência ao valor, estreita-se nas relações de mando, em uma elite que se atribui, sem nenhum título, a condição de ordenar a lei das leis. A legalidade se refere, para fugir ao condicionamento minoritário, à origem da legalidade, que emerge, sempre, embora se queira negar-lhe reconhecimento, quando a participação política dos cidadãos se restringe e limita. Ao entrar no debate diário, vindo à tona em determinadas circunstâncias históricas, o Poder Constituinte — a origem da legalidade — pode ser usurpado, em um ato momentâneo de tirania, sem que, pelos seus próprios meios, sempre minoritários e assentes na força, tenham a aptidão de criar, de dentro de si mesma, a legitimidade. A autoridade não se constrói meramente com a resposta à formulada pergunta — por que obedecer? —, mas com a solução ao questionamento — por que concordar? Nem o consentimento supostamente derivado da rotina constitui o real consentimento. A fonte da autoridade está na mão inversa do trânsito: a tradição só se afirma se partir do consentimento, democratizando-se com a participação, a eleitoral e a social. Se os poucos articulados aos aparelhamentos de coerção e de ideologia tudo podem, sua força não vai além das fronteiras do poder e, se a eficiência desses meios empalidece, a vontade dos muitos os afrontará em um terreno onde eles são impotentes: o terreno da legitimidade, capaz de reformular a equação do mando, sem que a recíproca seja logicamente arguível.

Não é preciso renovar o repúdio às falsas soluções, que querem remendar a roupa podre com pano novo. Um corpo incongruente de regras não se harmonizará com a adição gramatical de pontos cirúrgicos. Sobretudo, onde a constituição se desgarrou do Poder Constituinte, o poder constituído, que é derivado, padeceria da mesma enfermidade da obra que se pretende maquiar. O Poder Constituinte não pertence aos legisladores, ainda que dotados de poderes de emenda, sejam os atuais ou os futuros legisladores, mas ao povo em conjunto e, em expressão diferente, embora aceitável, à nação. O poder constituído, no qual se compreende o poder de emenda, não se substitui legitimamente ao Poder Constituinte. Esse salto de malabarismo e de circo não é senão a farsa que não ilude ninguém, se não os próprios atores, em um simulacro de seriedade hipócrita.

O que a emenda, em todas as suas modalidades — as modalidades confessadas e as inconfessadas —, não consegue será libertar sua inspiração do privilégio de um grupo restrito. Lembre-se do texto que aí está e que, pelo conserto, cuida-se de restaurar. Na sua origem há uma camada que, em nome de um movimento, de uma revolução ou de uma contrarrevolução, sempre com o esfacelamento da ordem constitucional, tomou e se assenhoreou do Poder Constituinte, só pelo fato de dispor, em dado momento, da força. Todo o ordenamento de leis, reformas, emendas e constituições — na verdade, duas, a de 1967 e a de 1969 — alicerçou-se "no exercício do Poder Constituinte", usurpado por obra da audácia e das armas.

Nem sequer se prometeu, para caracterizar a transitoriedade e a emergência — a ditadura provisória —, a validação constituinte. Não houve, desta sorte, no colapso jurídico, um período de organização embrionária, capaz de se desenvolver. A passagem de um estágio a outro, o que deveria ser uma passagem e nada mais, o que qualificaria um direito futuro, foi considerada o ordenamento definitivo e sem apelo. A força não se qualificou juridicamente para confessar seu status de poder. Ficou aquém, confiando que a instabilidade inerente a essa situação se congelasse no impedimento da mobilização popular. Entrou-se, em consequência, pela primeira vez na história brasileira, em um período sem constituição. Seu precedente seria a Carta de 1937, que, na ausência do plebiscito prometido no seu último artigo, nunca entrou em vigor. Nesta, embora por um meio fictício, não se desdenhou frontalmente o Poder Constituinte, apenas adiado e sofismado. Não se considere, por outras razões, mas com iguais fundamentos, o longo período de 1824–89, sob o regime de uma constituição outorgada. Na realidade, nesse espaço houve uma circunstância diferente: a legitimidade do reinado, ornamentado em práticas de governo. A monarquia preexistiu à nação e cedeu poderes, pela sua outorga, a uma camada estamental, em torno dela tecida. A rigor, esmagado o ímpeto constitucionalista em 1823, não se chegou, até 1889, na era constitucional. No máximo, houve uma autocracia, vigiada pelo Poder Moderador, cercada de tolerância, não de direitos, sem caracterizar um quadro liberal. Não será exagero dizer que os dois reinados lograram engendrar uma cadeia de concessões a uma corrente que se manteve no subsolo, com erupções periódicas e espasmódicas.

Em 1889-91, em 1932-4, em 1945-6 (a partir da Lei Constitucional nº 9, de 28 de fevereiro de 1945, que reconheceu a inoperância do estatuto básico), não se chegou ao reino do poder meramente de fato, como realidade indefinida no tempo e substitutiva da validade. O Poder Constituinte nunca foi negado nesses períodos. Todos, independentemente dos sucessos posteriores, a ele se submeteram, ainda que verbal e retoricamente, como em 1937. Abria-se, nos precedentes republicanos, um período que Pontes de Miranda qualificou de pré-constitucional. O governo, como expressão do poder, não negava seu caráter provisório, cuja tarefa maior seria formar e defender a convocação do Poder Constituinte. Durante o período pré-constitucional não há, em sentido real, por mais pródigo que seja de etiquetas, uma constituição, mas um estatuto que distribui o poder e hierarquiza o mando. Quem convoca a constituinte não é, contrariamente a muitas aparências, o poder estatal, que apenas instrumenta a vontade popular, sem subordiná-la.

Nas democracias, quando se quebra a linha democrática, tal como aconteceu no Brasil, em 1889, 1930, 1937 e 1964, a reentrega do Poder Constituinte ao povo, feita pelo que detém o poder de legislar, apenas instrumenta o restabelecimento da democracia constituinte. De modo que é sempre legítimo o ato do governo, mesmo de fato, que restitui ao povo o Poder Constituinte, se esse é o titular do poder estatal. Mas é preciso que se trate apenas de restituição. O seu legítimo restituir não autoriza a ir além das regras de lugar, tempo e formação da Assembleia Constituinte, ainda assim subordinadas à apreciação por essa própria assembleia, inclusive quanto à deliberação — dela — de se dissolver e convocar outra para substituí-la". (Pontes de Miranda)

A contrário senso, o que não é legítimo será reter o Poder Constituinte, prática que nunca se pode compatibilizar à democracia. Contê-lo e, ao mesmo tempo, proclamar no estatuto que o aprisiona que todo o poder emana do povo e em seu nome é exercido soa mais do que como uma contradição. Quem abandona a usurpação e devolve o direito ao titular, seja quem for o autor da ação, retorna à legitimidade e, embora não a adquira, ingressa no período pré-constitucional. Há um passo relevante que deve ser dado, no caminho que vai da ilegitimidade até a legitimidade.

A devolução e principalmente a recuperação da legitimidade, que é concomitante ao processo de um caminho em favor da soberania popular, não se desenvolvem no plano das abstrações, as matemáticas e as jurídicas. O valor que orienta esse trânsito está dentro da sociedade, com imediata e fundamental expressão política, vinculado a classes, camadas e demais forças. Essa conexão explica também o fenômeno inverso, a deslegitimação, como a que ocorreu, por exemplo, com a realeza, hoje incompatível com o postulado de que todo o poder emana do povo. A composição da sociedade se projeta nas instituições, em certos momentos em busca de privilégios, sacralizando todas as oligarquias e as autocracias. Na direção liberal e, sobretudo, na inclinação democrática, que afastou a aristocracia e reconheceu os empresários, os agricultores e os operários como atores da história, entendeu-se que cada um desses setores não seria autônomo se reivindicasse um privilégio, mais um entre outros. Ninguém seria livre se persistissem as ilhas institucionais, imunes ao povo, ao seu controle e ao seu exame. Massa de manobra da classe dirigente, de um estamento ou de uma elite, todos os setores da sociedade civil percebem, em circunstâncias críticas, que a emancipação de um depende do jogo livre, com base em direitos iguais, ainda que formalmente iguais. O sufrágio universal foi um dos instrumentos mais eficazes nesse curso. Daí que tenha sido ele, também, a vítima preferida das manipulações do poder, mediante travas implícitas ao seu funcionamento, às vezes com o seu adiamento temporário. O valor inscrito na luta democrática assume um papel universal, capaz de prevalecer a despeito das diferentes hegemonias políticas, sem obedecer ao aparelhamento ideológico de um grupo privilegiado. A pluralidade dos atores, que conquistam o status de sujeitos políticos, vale para a velha origem liberal, mas só encontra sua plena expressão na democracia. (Entende-se, sem entrar em maiores demonstrações, que liberalismo e democracia não significam a mesma coisa, podendo até ser contrapostos.) A democracia assenta sobre conquistas liberais e, para se afirmar e desenvolver, expande instituições que o liberalismo manteve atrofiadas, bem como cria novos direitos, particularmente os que reconhecem a voz de camadas excluídas e subordinadas. Partidos, sindicatos, órgãos de manifestação e representação supõem o alargamento das bases da sociedade, em termos reais e concretos. A luta pela legitimidade é, em consequência, uma luta social, que se coordena ao Poder Constituinte.

Não há, por isso, equívoco mais grosseiro do que supor que o apelo por uma constituinte interesse apenas aos setores elitistas da sociedade. Em favor dessa presunção menciona-se, frequentemente, o desinteresse popular, em especial dos operários, tida por abstrata essa reivindicação. A elite não precisa de constituinte, senão que esta a ameaça no núcleo de seus interesses, como dela não precisam os privilegiados que detêm o poder exatamente porque seu mando não deriva da vontade popular. Quem dela tem necessidade são os que não têm voz no estreito círculo da chamada classe política: a classe média com oportunidades decrescentes no esgotamento do regime cooptativo do favor e a classe operária, reduzida a peça auxiliar no quadro do poder, com os sindicatos sitiados e seus direitos tutelados. Só por meio dela os empresários deixarão de ser instrumento passivo do Estado, amordaçados nas suas atividades e opiniões, cuja franqueza ou rebeldia lhes custa a ruína, no corte de créditos e negócios que passam quase sempre, em uma economia governamental, pela rede bancária oficial. Os banqueteadores dos ministros e seus apêndices estão bem como estão, cevados de privilégios e castrados de todas as liberdades, no peleguismo farto de um Estado que tudo pode e a tudo prevê, de olhos abertos — olhos suspicazes mas que também sabem ser benevolentes. Feitas as contas, com os subsídios dos próprios órgãos oficiais, são a parcela menor da sociedade, 5% dos brasileiros que desfrutam da renda nacional em um grande almoço sem a certeza do jantar, tal a insegurança que repousa sobre a pirâmide já qualificada de perversa. Obviamente, para manter esse desequilíbrio crescente a força pode ser, em dadas circunstâncias, ineficiente, pela finitude natural de seus recursos, que não pode se voltar ao mesmo tempo contra todos. Se medidas as categorias sociais que estão em campo, ver-se-á que elas não autorizam o poder institucionalizado a operar. Se liberadas, mesmo no plano do poder, desautorizariam a ordem vigente, o que sugere, se prudência houver, a adequar a constituição social, visível em todos os ângulos, à constituição jurídica e normativa, esta simplesmente sepultada nos escombros de estatutos de ocasião, contraditórios como todos os expedientes que substituem a legitimidade pela eficiência, dependente esta de milagres de uma manhã e que fenecem na tarde do mesmo dia. O truque e o malabarismo duram enquanto dura a função do circo, sem que os artífices, ao despir a camisa, deixem de ver a pele.

Há uma constatação inegável, que está aos olhos de todos. Por que, de súbito, se fala em toda parte, particularmente nos círculos oficiais e de seus serviçais, em emenda e revisão constitucional, com a prodigalidade de fórmulas e sugestões? Quem conhece as classes dirigentes brasileiras, sempre férteis de expedientes, concessões e conciliações, não pode se deixar enganar pelo espetáculo das aparências. Que se procura ocultar, mascarar e deformar senão o Poder Constituinte que, negado e apropriado, se libertou, encarnando-se em todas as camadas fora do controle do oficialismo? O recurso a que se quer apelar é o mesmo de sempre, soprado pela astúcia das elites, traduzido em uma expressão caricatural, mas atuante: façamos a revolução antes que o povo a faça. Isto é, desarmemos as forças sociais emergentes desviando-lhes o rumo e a direção, para que a reforma, ainda que alguma coisa conceda, salve os dedos. O que há em marcha, na corte e nos seus corredores, é um movimento defensivo contra uma realidade já atuante, acompanhado o inesperado ardor reformista com a cândida confissão de que a constituição vigente não presta para nada. A preocupação pela paródia traz à lembrança Sieyès, que, espantado, no seu folheto de 1789 — *Que é o Terceiro Estado?* — notava a defesa dos nobres e eclesiásticos, orquestrados pelos "notáveis", de uma acomodação da burguesia no quadro institucional da aristocracia. Então, como hoje, não é mais possível alargar os privilégios, de forma nominal, mantido o quadro elitista do poder. O que está em causa não são conquistas isoláveis e controláveis, mas o reordenamento das oportunidades, com a incorporação de novas classes nas esferas representativas da política. Para realizar essa transformação é necessário ir além do poder constituído e buscar na legitimidade constituinte uma redistribuição de papéis e de forças. Para a escamoteação já é muito tarde, por mais que se cogite de canalizar institucionalmente o dissídio, falsificando-o com regras eleitorais que, mediante malabarismos geográficos, assegurem o simulacro da maioria dos votos. O problema está na raiz do próprio sistema eleitoral, na sua autenticidade a ser aferida de acordo com regras que só o povo, na sua soberania, definirá. O remédio que se aplique unicamente ao sintoma eleitoral e estritamente político agravará o mal em lugar de curá-lo. O movimento parte da sociedade no seu conjunto e não da sociedade no restrito quadro da classe política, com sua esclerosada habilidade.

As constituintes não são convocadas, ao contrário da tese insistentemente divulgada, cujas origens doutrinárias já foram mencionadas, unicamente pelo fato de que a constituição seja destruída pela via revolucionária. As constituintes nascem no momento em que o Poder Constituinte renasce, muitas vezes à revelia do governo de fato que o sufoca. As constituições não perecem por obra de um trauma externo que, no máximo, revela sua inoperância, no duplo aspecto da legitimidade e da eficiência. A primeira debilidade se manifesta a partir do momento em que a ordem estatal, da constituição derivada, não gera mais consenso, no sentido da ordem e da coesão política, acerca das regras fundamentais que permitem o jogo democrático. Há uma crise de valores que, ao perder a força de imantação que se situa além das constituições, enfraquece e, no caso extremo, revela a impotência do poder. Consenso não está aqui, obviamente, no lugar de consentimento, que supõe o exercício político e não sua base. Com a incapacidade do texto fundamental de abrigar e equilibrar representativamente as bases da constituição social, opera-se a ruptura do ordenamento supremo. O colapso prescinde de um ato de força — revolução, golpe etc. — como demonstram situações anômalas, que geram mal-estar geral e o sentimento de anarquia, sem que se arrede a constituição. O consenso se aglutina, dispersamente, a partir de outras fontes que, embora não levem à desintegração institucional, renovam as regras do jogo. Em muitos países e em muitos momentos deram-se provas dessa flexibilidade de ativar o Poder Constituinte na comunidade mesmo quando seriam considerados, pelos padrões atuais, países subdesenvolvidos. Onde o Estado assume maior relevo, a ponto de tutelar e dirigir a sociedade civil, a ruptura é sempre iminente, na hora do rompimento do consenso. O Poder Constituinte atua com dinâmica permanente, em toda parte, sempre que não for tolhido. Usurpado, todavia, ele só se expressa por meio de uma assembleia, sobretudo necessária quando o poder constituído, apartado de sua fonte, estrutura-se à margem do consenso, sobre cujo reconhecimento atuam as formas democráticas de consentimento, que se expandem na participação política e social. O defeito de origem é mais um argumento contra as emendas, incapazes de recuperar o Poder Constituinte, resvalando sobre arranjos do poder constituído, ilegitimamente apropriado por um grupo seleto e excludente. A Assembleia Constituinte não se torna necessária, portanto, porque o poder está destruído e, em seu lugar, outro, mais atualizado, deva preencher o espaço perdido. Os termos da questão não se situam entre poder decaído e poder emergente, mas vão mais ao fundo, transcendendo o poder, para alicerçar os fundamentos em que ele é válido, isto é, legítimo. Cuida-se, além da mera legalidade dos rótulos e do poder instrumentado pela força, de restaurar a autoridade, a autoridade que não seja tal apenas porque, na esquina, há um policial vigilante e armado.

A tese de que a constituinte só é possível sobre a ruína do poder esmalta-se com os precedentes brasileiros, invocados contra a cronologia. O simplismo recita esta lição: a constituinte dissolvida em 1823 decorreu da Independência, a de 1891 da República, a de 1934 da Revolução de 1930 e a de 1946 resultou da queda do Estado Novo. A constituinte dissolvida em 1823 foi convocada em 3 de junho de 1822, portanto antes da Independência, exatamente para organizar o berço em que esta deveria nascer. Quem conhece alguma coisa da história contemporânea sabe que a constituinte convocada em 14 de maio de 1932 deu-se, embora reconhecida pelo governo provisório, contra o grupo que controlava o poder, graças às pressões de São Paulo, Minas Gerais e Rio Grande do Sul. Foi uma vitória das correntes estaduais, modificadas mas não destruídas, contra o tenentismo. A constituinte eleita em 2 de dezembro de 1945 foi convocada por Getúlio Vargas em 28 de fevereiro do mesmo ano, ainda vigente o Estado Novo, em ato que foi considerado constituinte pelo Tribunal Superior Eleitoral (Lei Constitucional nº 13, de 12 de novembro de 1945), com poderes depois reconhecidos como ilimitados, mas inerentes ao próprio ato inicial (Lei Constitucional nº 15, de 26 de novembro de 1945). Das quatro constituintes de nossa história, *três* desmentem a tese da preexistência da ruptura formal do poder e consagram o princípio da precariedade do poder diante da legitimidade.

Não satisfeitos com a tese do colapso do poder como condição prévia à constituinte, tese que, no seu âmago, descrê do vigor da opinião pública, a qual, em muitos momentos, encarna inarticuladamente o Poder Constituinte, outra lhes serve de arrimo na ostensiva ou dissimulada sustentação do status quo. As quatro constituintes pouco teriam contribuído para implantar valores liberais e democráticos no Brasil. Da primeira, não se fale — argumentam —, dado que morreu antes do parto. A terceira, a de 1934, faleceu na infância, e a quarta, a de 1946, não desmontou a estrutura corporativa de 1937, recobrindo uma autocracia dourada, em um liberalismo de pares do reino, tal como a Carta de 1891. Não se negue, sem maior exame, a seriedade da arguição. Observe-se, inicialmente, que a objeção vale, com maior veemência, para as emendas constitucionais, estas declaradamente, na sua maioria, autoritárias. O que impressiona, entretanto, é que todos os passos, insuficientes na verdade, no caminho das liberdades e da democracia, nos quase 160 anos de país independente, foram dados pelas constituintes, que legaram à sociedade civil as bandeiras, frustradas e escamoteadas, de sua emancipação. O que há no Brasil de liberal e democrático vem de suas constituintes, e o que há no Brasil de estamental e elitista vem das outorgas, das emendas e dos atos de força. Nunca o Poder Constituinte conseguiu nas suas quatro tentativas vencer o aparelhamento de poder, firmemente ancorado ao patrimonialismo de Estado, mas essas investidas foram as únicas que arvoraram a insígnia da luta, liberando energias parcialmente frustradas. O malogro parcial não presta como argumento contra as constituintes, senão que, ao contrário, convida a revitalizá-las, uma vez que, franqueadas das escolhas estatais e autoritárias, encontrarão o rumo da maioria e da sociedade real, sempre jugulada pela sociedade política oficial. O que a imperfeição da obra mostra é, apesar da adversidade, que o rio da democracia não tem outro leito por onde possa correr. O desastre histórico maior seria o salvacionismo das minorias, congeladas em privilégios, dispostas a, para mantê-los, afastar o povo das deliberações políticas. A opção autocrática, longamente vigente, já mostrou o que pode fazer. Resta a outra alternativa, que não é otimista, mas tem ao seu lado a esperança, confiantemente alicerçada nas novas forças que crescentemente definem um perfil novo da sociedade brasileira.

Desfeitos os equívocos e desmascarados os sofismas, sobra, nesta instância crucial da história, a tese da constituinte, em que o povo recupere seu título de legitimidade e a capacidade do seu exercício. O estado atual de comando político não reconhece sua transitoriedade, reclamando apenas seu aperfeiçoamento, mediante uma instrumentalidade jurídica. Oscila entre o autoritarismo, essencialmente ditatorial, inspirado em um reforço de emergências confiadas ao Executivo para enfrentar crises, e a personalização do poder, encarnado em uma elite dotada de sabedoria tecnocrática que, em nome da eficiência, ocupa o lugar do Estado. Este se volatiliza no aparelhamento administrativo, em instituições que, ao sabor das circunstâncias, refluem para uma coligação de chefes, sempre capazes, por meios diretos ou indiretos, de retornar à origem. A oscilação entre a ditadura potencial ou atual e o governo de pessoas, organizadas em comunidade ou fluidamente unidas por uma mentalidade comum, impossibilita a legitimação, ainda aquela legitimação discutível, decorrente do curso do tempo, com a aquiescência passiva da maioria. No nível do poder, ondula uma crise permanente, em que as elites, concentradas na classe política, variam de aliados e dissentem entre si, com a anarquia dissimulada no legalismo instável, desprovido de previsibilidade e racionalidade. No fundo, essa situação traduz, em termos reais e visíveis, a fraqueza inerente do poder de, por si só, sem o título superior que o valida, se sustentar e se manter. No autoritarismo brasileiro, tal como posto em prática após 1964, os abalos institucionais não se recompõem por uma forma política que busque a legitimação democrática. Ao contrário, ele reflui, ao menor sinal de ineficiência das medidas em execução, ao comando dos chefes, que são chefes por força de atributos obtidos pelo domínio do aparelhamento estatal, diluído em segmentos que mandam mais e segmentos que ordenam menos. Entregue a si mesmo, o poder entredevora-se e se alimenta de suas entranhas, divorciando-se da sociedade civil e, por extensão, do povo, apenas a massa de manobra da camada dirigente.

Para sair do círculo vicioso, em que o poder é obedecido com o silêncio, não há outro recurso senão recuperar a legitimidade. Entre esta e o mando existe um percurso, que, travado, leva a uma crise, com o risco de instabilizar a ordem social e, em consequência, as instituições políticas. Dentro de um modelo, sem outra alternativa na conjuntura histórica, tendo em conta uma constituição escrita e rígida, o caminho será a constituinte, para que se configure o trânsito do liberalismo à democracia, sem nenhum bloqueio. O autoritarismo recente, que se interpôs entre 1964 e o passo futuro que todos estão convencidos que deve ser dado, pôs um dique a essa transição, com o cuidado, na verdade um pretexto, de educar a democracia antes de experimentá-la. O resultado, que se verificou em um período de sobressaltos, dissimulados na passividade desmobilizadora, está à vista: uma dupla crise, na esfera da classe dirigente, na sua hegemonia vacilante e ferida pela ineficiência, e, no campo da sociedade civil, reivindicante e ávida de novas alianças, disposta a sair da tutela a que foi submetida até aqui. A terapêutica preventiva das reformas concedidas está esgotada. As mudanças operadas por esta via tiveram um papel positivo e eficaz, porém limitado. As concessões revelaram o mérito de liberar a busca de novas concessões, fundadas sobre o alargamento do espaço democrático, que possibilitam a extensão das conquistas. Mas esse processo, que é essencialmente tutelado e dirigido, tem um limite infranqueável, que é exatamente o ponto em que o povo, por seus representantes, delibera sobre seu destino. Esta é a hora da crise de legitimidade, que se distingue das crises de poder, que provocam ou sofrem as reformas limitadas e controladas. Só uma inovação política levará ao estágio superior do desenvolvimento político, que as circunstâncias reclamam, inovação que ponha termo à estagnação e ao impasse das fórmulas progressivamente compreendidas na sua vacuidade. Este é o recurso único, na balança do poder que se forma depois e dentro das reformas, para evitar que elas se exauram e se retraiam em um novo ciclo autoritário, para negar o que se concedeu e desandar o caminho andado. A barreira das quantidades das reformas só se ultrapassa em uma mudança básica, com o deslocamento da titularidade da soberania de um grupo para a comunidade como um todo.

O Poder Constituinte, que só se revela em estado puro e fora das manipulações da classe dirigente na Assembleia Constituinte, cria as bases da ordem política e fixa os princípios sobre os quais se desenvolve a ordem jurídica. O Poder Constituinte espontâneo se organiza, dando corpo à resistência ativa da sociedade civil, para fixar as regras de convivência, as coordenadas em que se move a legalidade, com a limitação do poder e a definição das liberdades. Ao se encarnar em uma constituinte ele não deixa de existir, senão que persiste atuante na constituição que elaborar, a qual, para não negá-lo, há de reconhecer o consentimento que vai até à participação e à autonomia individual. O poder de revisão — decorrente do poder de emenda — não é outra coisa que o Poder Constituinte derivado, filtrado por meio de um documento existente, sem se expandir como uma criação coletiva e de todo o povo, inseparável do quadro preestabelecido, na realidade só mutável dentro da equação política existente. O Poder Constituinte forma a estrutura estatal, com autonomia e sem condicionamentos. As emendas fluem do direito positivo, enquanto o Poder Constituinte é a sua fonte, sem se submeter a regras anteriores. É axiomático afirmar que, se todo o poder emana do povo, a atividade constituinte é que lhe confere expressão, revelando a raiz da legitimidade. Só o Poder Constituinte reconcilia, pela sua origem de baixo para cima, a constituição social com a constituição jurídico-normativa. É óbvio que, nessa tarefa de compatibilização, existem muitas frustrações, que só se superam com a manutenção do Poder Constituinte no povo, sem apropriações espúrias. A deliberação que convoca a Assembleia Constituinte remove, previamente, os obstáculos ao seu funcionamento. Se isso não ocorrer, por força de reformas preliminares — como a abertura das comunicações, a liberdade de constituir os partidos, a remoção das medidas de segurança que tolhem as liberdades etc. —, a constituinte, porque é soberana, está habilitada a reafirmar sua independência. O poder que devolve ao povo o Poder Constituinte sai da ilegitimidade, do governo de fato, entrando no espaço da pré-constitucionalidade ou da semilegitimidade. Nesse passo surge a questão de quem convoca a constituinte. A experiência histórica do Brasil mostra que o Poder Executivo se incumbiu dessa tarefa, como manifestação inovatória, premido pela opinião pública, para se libertar de um impasse e de uma crise, provocados pela pressão do Poder Constituinte operante na sociedade. Os precedentes das quatro constituintes demonstram que a devolução e a recuperação, como expressões convergentes de uma conquista e de uma concessão, ocorreram em momentos em que não existia o Poder Legislativo. Hoje, a realidade é outra, e, em lugar do Executivo que absorvia as funções legislativas, a convocação pode nascer primariamente do poder que está naturalmente habilitado a convocá-la. Não, é claro, para se perpetuar como Poder Constituinte derivado, mas para se legitimar no Poder Constituinte puro, sem os subterfúgios e as falácias de um espaço excepcional, dentro de seus condicionamentos, em uma ampliação da reforma e de suas limitações. O que se espera é que o Congresso, liberto de sua tutela, se submeta, ele também, ao império do povo. Esta é a sua vez e a sua hora.

# Sérgio Buarque de Holanda: Analista das instituições brasileiras

HÁ ENTRE DOIS LIVROS DE SÉRGIO BUARQUE DE HOLANDA, *Raízes do Brasil* e *Do Império à República* (História Geral da Civilização Brasileira), relação de complementaridade, de sorte que seria difícil analisar — eu diria, ler — o segundo sem retomar à perspectiva aberta no primeiro. Nos 36 anos que medeiam entre a publicação de *Raízes do Brasil* e a de *Do Império à República*, não seria exagero acentuar que a visão social do país passou a ser demonstrada pelo último. O ponto de partida concentra-se na formação da vida social dos domínios rurais — até ao extremo das fazendas autárquicas (o *oikos*) —, em cuja direção e comando predomina a família patriarcal — família entendida no sentido amplo que abrange dependentes de sangue, de compadrio e de subordinação econômica. Entre o Brasil colonial e o Brasil do Segundo Reinado, o elo de continuidade partirá do patriarcalismo, e, por obra desse lastro, culminará na enfermidade da ordem política, da qual até hoje padecem nossas instituições. A base da assimétrica pirâmide é assim caracterizada, em palavras textuais de *Raízes do Brasil*:

> Nos domínios rurais é o tipo de família organizada segundo as normas clássicas do velho direito romano-canônico, mantidas na Península Ibérica através de inúmeras gerações, que prevalece como base e centro de toda a organização. [...]
>
> Nesse ambiente, o pátrio poder é virtualmente ilimitado e poucos freios existem para sua tirania. [...]
>
> O quadro familiar torna-se, assim, tão poderoso e exigente, que sua sombra persegue os indivíduos mesmo fora do recinto doméstico. A entidade privada precede sempre, neles, a entidade pública. A nostalgia dessa organização compacta, única e intransferível, onde prevalecem

necessariamente as preferências fundadas em laços afetivos, não podia deixar demarcar nossa sociedade, nossa vida pública, todas as nossas atividades. [...] O resultado era predominarem, em toda vida social, sentimentos próprios à comunidade doméstica, naturalmente particularista e antipolítica, uma invasão do público pelo privado, do Estado pela família.[1]

A instituição básica e fundamental, que está presente, ainda que não explicitamente, ou ainda que inesperadamente em certos lances, tem, pela sua condição privilegiada, caráter não apenas historicamente descritivo, mas sobretudo função normativa e reguladora, penetrando em todas as atividades sociais e políticas. Como acentuou Merleau-Ponty, a instituição, que é mais do que uma associação, não é alheia à racionalidade, realizando uma simbiose entre a consciência dos valores humanos e as estruturas que realizam sua existência. Essa combinação é o que a faz efetiva, real, viva. Ao contrário, a pseudoinstituição, a instituição frustrada e a instituição morta, é uma expressão meramente ideal, simulacro de uma realidade, ou resíduo histórico morto. Quando os valores são cultivados de uma maneira abstrata, como aspirações, desejos e frases, desligados do campo social e econômico, formam ideologias falsas, importadas sem atuar sobre o país, em geral a serviço de uma estrutura de domínio oculta na retórica da aparência. Porque o patriarcalismo correspondia a uma ordem econômica real e viva, o domínio rural, que a abrigava e a explicava, constituiu, na óptica exposta em *Raízes do Brasil*, realidade atuante e persistente.

O patriarcalismo da sociedade colonial, como acontece com instituições reais e autênticas que têm morte lenta, estaria presente ainda neste século,[2] provocando desequilíbrios sociais e políticos, mesmo atualmente, com tenaz constância, mesmo depois que o domínio rural entrou em declínio. O mais grave e o mais significativo da força desse lastro negativo está na constituição da ordem política que não seja coletânea de leis nem constituições falsamen-

232 | A REPÚBLICA INACABADA

te normativas. Haveria, por efeito desse cadáver insepulto, um ordenamento duplo — o do Estado e o do senhor patriarcal. O poder deste não se exerce com o auxílio de um quadro administrativo nem se estende além das fronteiras de seu domínio. De outro lado, a vontade estatal se exerce por delegados do soberano apoiados menos no consenso do que na força crua, a força dos capitães-generais, que tantos ressentimentos deixaram, ainda visíveis na geração da Independência.

Dentro dessa concepção familista-patriarcal, na procura de um elo entre a instituição social e a instituição política, o historiador observa que "não era fácil aos detentores de posições públicas de responsabilidade [...], formados por tal ambiente, compreenderem a distinção fundamental entre os domínios do privado e do público".[3] Supostamente apoiado em uma citação de Max Weber,[4] afirma que o *funcionário patrimonial* faz da gestão pública *assunto de seu interesse particular.* Ocorre que Max Weber não disse o que a citação faz aparentemente supor: o que ele disse é que o funcionário patrimonial faz da sua gestão "puro assunto pessoal do senhor?".[5]

Na verdade, Sérgio Buarque não quis dizer que a ordem político-social era "patrimonialista" (discordando, com renovadas homenagens de respeito, de Antonio Candido, em prefácio a *Raízes do Brasil*, p. xviii), mas exatamente o contrário: que o patrimonialismo seria impossível, como ordem política, impedido pela ambiência patriarcal, incapaz de sair da ordem privada. Esta, a meu ver, é a interpretação correta, evitando atribuir ao historiador uma infidelidade ao texto mencionado de Max Weber, em um livro que trouxe pioneiramente ao conhecimento dos estudiosos brasileiros. O mesmo entendimento torna inteligível seu conceito de "homem cordial", tão mal compreendido e tão erroneamente parodiado. Cordial não significa afável, brando, senão que abrange também o ódio, sentimentos que "procedem [...] da esfera do íntimo, do familiar, do privado".[6]

A primeira e a mais relevante das consequências desse vivo lastro patriarcal na sociedade brasileira tem a ver com a construção do

Estado — não o Estado importado com as caravelas, as do primeiro governador-geral e as que carregam o príncipe d. João para onde não o encontrasse o medo de Napoleão, mas o Estado adequado ao país que rege, ajustado à sua sociedade. Entre o Estado e a ordem familiar patriarcal não há complementaridade, mas oposição e incompatibilidade:

> O Estado não é uma ampliação do círculo familiar e, ainda menos, uma integração de certos agrupamentos, de certas vontades particularistas, de que a família é o melhor exemplo. Não existe, entre o círculo familiar e o Estado, uma gradação, mas antes uma descontinuidade e até uma oposição. [...] Só pela transgressão da ordem doméstica e familiar é que nasce o Estado e que o simples indivíduo se faz cidadão, contribuinte, eleitor, elegível, recrutável e responsável, ante as leis da Cidade.[7]

Sérgio Buarque de Holanda renova um velho debate na filosofia política, que antecipa a incongruência dessa realidade social para instaurar uma ordem política impessoal, com o governo das leis e não dos homens, debate que teve seu ponto culminante na Inglaterra do século XVII. Robert Filmer (1588-1653) sustentou que o Estado era uma família, com o rei no papel de pai, preceituando que a submissão à autoridade patriarcal era a base da obrigação política. Todo o poder deriva de Adão — esta seria a fórmula do patriarcado em tradução política. Carlos I (1600-53), da dinastia Stuart, rei absoluto, que, com tal concepção, a história demonstrou que não conseguiu consolidar o poder, seria o padrão e o exemplo desse molde. Locke (1632-1704), abrindo o debate sobre o liberalismo *avant la lettre*, em uma polêmica consagrada no "Primeiro Tratado de Governo", demonstrou o absurdo da tese, seja por razões de história bíblica, mas sobretudo pela natureza do poder político. "No Segundo Tratado" (ou Livro II) caracterizou o poder político da autoridade sobre o súdito, distinguindo-se daquele do pai sobre seus filhos, do senhor sobre seus servos, do marido sobre a mulher.

O poder político — afirmou, definindo-o em termos modernos — é o direito de legislar, com penas que podem chegar à de morte, ou com penas mais suaves que regulem e preservem a propriedade, com o emprego da força da comunidade na execução dessas leis, na defesa do país do ataque estrangeiro, tudo unicamente em nome do bem público. Os termos da autoridade estão aí enumerados, com a exclusão do patriarcado da política, uma vez que seu poder não ultrapassa a casa da família, exaltando-o pelo monopólio da força ampliada a toda a comunidade — o que, mais uma vez, exclui o patriarcado.

O patriarcalismo, aqui e alhures, se não superado, como acredita Sérgio, que não foi superado no Brasil, contamina e distorce toda a estrutura política. As instituições sofrem de artificialismo, nascendo mais por enxerto do que nutridas pelo solo natural. Enfermo o Estado, como deveria demonstrar na sua obra sobre o Segundo Reinado, enfermos estariam os meios de representação e os que expressam a soberania, ainda nos séculos xix e xx:

> Trouxemos de terras estranhas um sistema complexo e acabado de preceitos, sem saber até que ponto se ajustam às condições da vida brasileira e sem cogitar das mudanças que tais condições lhe imporiam. Na verdade, a ideologia impessoal do liberalismo democrático jamais se naturalizou entre nós. Só assimilamos efetivamente esses princípios até onde coincidiram com a negação pura e simples de uma autoridade incômoda, confirmando nosso instintivo horror às hierarquias e permitindo tratar com familiaridade os governantes. A democracia no Brasil foi sempre um lamentável mal-entendido. [...] puderam incorporar à situação tradicional, ao menos como fachada ou decoração externa, alguns lemas que pareciam os mais acertados para a época e eram exaltados nos livros e discursos.[8]

Lançadas as bases, em painel ainda atual das instituições brasileiras, só seu novo e grande livro, *Do Império à República*, mostrará

— a palavra certa é: evidenciará — como elas se desenvolveram historicamente. Evidenciará, lançando a luz sobre o seu declínio, a longa agonia de uma construção apoiada sobre o ápice e não sobre a base. Privilegia o momento de crise do Império, depois de 1868, quando a organização política tinha desenvolvido todas as suas virtualidades, sem conseguir se renovar. A hora é a dos reformuladores e a dos que temem a mudança, refugiando-se na estrutura monárquica construída pela Constituição de 1824, que participa de um caráter nominal, com a dinâmica do processo político alheio às suas normas, bem como de um caráter semântico, cuja realidade apenas recobre de tinta ornamental, em um mar de retórica, os detentores do poder. Também aqui, os reformadores, como indicará em outro lugar, se limitam a não pleitear mais do que substituição do quadro político dominante por outro, dentro da mesma estrutura, colocar no poder os liberais, se conservadora a situação, ou vice-versa, cuja audácia máxima será clamar pela República. Em outra escala da mesma inconsistência, "compassar" ou tentar mudar as circunstâncias pelo idealismo de novos sistemas, leis ou regulamentos, com uma crença mágica nas palavras.[9] Atiravam uns e outros contra a sombra e não contra o pássaro.[10] Teríamos mudado, ou estaríamos a nos repetir, supondo que a *globalização* e o *neoliberalismo* nos projetarão ao Primeiro Mundo, nas asas de fórmulas e imitações?

A estrutura do Segundo Reinado, despida de todos os artificialismos constitucionais e legais — do "bovarismo" —, nada mais era do que o governo do imperador, inutilmente refugiado em um mar de simulacros e máscaras importados. Por que tantas falsificações, simulações e arremedos para o exercício de um poder absoluto, em um liberalismo de fachada, turvado pela origem pombalina? Um visitante austríaco, o barão de Hubner, filho natural de Metternich, hóspede de d. Pedro II, estranhou a inútil dança do aparelhamento de governo, que dissimulava, sem ocultar, a vontade imperial. O rebento da autocracia dos Habsburgo não percebeu a diferença de conduta entre um modelo autêntico e um modelo de segunda mão. O modelo autêntico tem atrás de si a legitimidade da tradição, que, ao tempo que limita o poder, configura-lhe a estabilidade. O modelo importado, não podendo contar com esse timbre, busca justificar-se na ilusão da soberania nacional, em um jogo de faz de conta que serve ao grupo dominante, ou em um carisma forjado pelos áulicos. O fraudulento edifício seria necessário para que o tempo precário conseguisse viver mais um pouco, mais um ano, mais uma dinastia. Era essencial, para que a ilusão durasse, satisfazer os aspirantes ao governo, os aspirantes virtualmente capacitados a dispersar o nevoeiro com a mágoa de sua preterição, oferecendo-lhes a sua oportunidade. Como as eleições eram incapazes — pela fraude ou pela força de escolher os dirigentes, o imperador se incumbia de provocar o revezamento de sua guarda política. Tratava-se, como em todos os sistemas elitistas situados dentro de uma comunidade de poder — o estamento (palavra que Sérgio não usa) —, de provocar a circulação interna, capaz de refrigerar os ânimos mais decepcionados. Na verdade, os políticos substituem os políticos, sem as mágoas que causam as revoltas, seja pela certeza de que o poder é móvel — hoje eu, amanhã você —, mas sobretudo porque sem a boa vontade do chefe supremo tudo estaria perdido, inclusive os meios de vida, o próprio e o da parentela.

De onde vinham os representantes do povo, senão de dentro do próprio Estado?

Desde o primeiro instante, os representantes do povo, que haveriam de defender o povo, no Brasil, dos abusos dos governos, achavam-se, com efeito, obrigados aos mesmos governos, como detentores, não raro com familiares seus, de empregos públicos remunerados. Já os primeiros senadores do Império tinham sido recrutados, quase todos, entre pessoas cujos meios de subsistência eram tirados de empregos que oneravam os cofres da nação. Apenas cinco, ou seja, dez por cento, pareciam escapar a essa regra, a julgar por suas ocupações ou qualificações — um proprietário, um advogado, um agricultor, dois médicos —, mas talvez fosse possível reduzir ainda a cifra, se dispuséssemos, a respeito destes, de dados biográficos mais completos. E o que acontecia com a câmara vitalícia haveria de reproduzir-se, em proporções talvez maiores, na temporária. A constituição determinava que, para o senador nomeado, cessava o exercício de qualquer emprego, ao passo que, para o deputado, apenas se interrompia este enquanto durasse o mandato. Não chegava a ser uma garantia de independência e, em numerosos casos, o dispositivo se prestava a burlas.

Não só os representantes da nação, também os que os elegiam, vinham ordinariamente dessa "classe média" formada em sua quase totalidade de empregados públicos, e que aos poucos se vai aristocratizando por meio de uma série de reformas que, no entanto, se diziam liberais, culminando na lei Saraiva de eleições diretas.[11]

Em uma só eleição, por exemplo, a vitória eleitoral custou 30 mil empregos. Em 1881, entre 5 928 eleitores do Município Neutro, 2 211 eram empregados públicos, aos quais devem ser somados os que dependiam do governo no exercício de sua atividade, como despachantes (56), solicitadores e negociantes (em torno de mil) que eram empreiteiros ou concessionários de serviços. O funcionalismo era a profissão nobre, que dava status e dignidade, cujo ingresso dependia do patrocínio dos políticos, também eles funcionários. "Assim como", escrevia Joaquim Nabuco responsabilizando o sistema servil pelo Estado-providência,

nesse regime tudo se espera do Estado, que, sendo a única associação ativa, aspira e absorve pelo imposto e pelo empréstimo todo o capital disponível e distribui-o entre os seus clientes, pelo emprego público, sugando as economias do pobre pelo curso forçado, e tornando precária a fortuna do rico; assim também, como consequência, o funcionalismo é a profissão nobre e a vocação de todos. Tomem-se, ao acaso, vinte ou trinta brasileiros em qualquer lugar onde se reúna a nossa sociedade mais culta: todos eles ou foram ou são, ou hão de ser, empregados públicos; se não eles, seus filhos.[12]

O governo, cercado pelo funcionalismo e pelos políticos dependentes, estava no Rio de Janeiro, na Corte, não apenas como sede da monarquia centralizadora, mas como centro da economia, na verdade, politicamente condicionada. No fim do regime, quando já se fazia sentir a presença das províncias, em 1885-7, o governo central arrecadava 54% dos seus rendimentos na capital e nela gastava 73% dos seus recursos. As províncias não tinham escolas, com apenas 16% da população do Império alfabetizada. O Rio de Janeiro, desde que a Corte portuguesa para aqui se transferiu, passou a ser o filtro entre a cultura europeia e o país, ditando os costumes, a moda e as ideias a todos os habitantes. Ao mesmo tempo, quase a metade de sua população se compunha de escravos, que conviviam com o afrancesamento do Segundo Reinado. Havia, desta sorte, simetria entre a centralização administrativa, cultural e política — em grande parte, os candidatos a postos públicos eram selecionados na Corte, por cooptação. No alto, só havia um poder autônomo, guiando-se mais pela cultura europeia do que pela visão do país. O povo era uma massa amorfa a educar, a civilizar, a tutelar, de acordo com o comando do poder pessoal do imperador. Para dissipar qualquer dúvida sobre a eficácia do poder, que atuava menos pela força da tradição e do carisma imperial, convém notar que os instrumentos de coação eram vigorosos, os mais caros e pesados de todo o mundo, proporcionalmente. As despesas militares, em tempo de paz, consumiam a terça parte da renda do país,[13] fato que mostra a verdadeira face do poder imperial.

À medida que o país, pelas suas elites, acordava do sono escravocrata e do domínio do ruralismo — um ruralismo do qual a cidade dependia, parecendo-me, ao contrário, que aquele dependia desta, com seus recursos para adquirir escravos e financiar as safras — mais enérgico se tornava o poder imperial, o poder irresponsável perante o país. Na última fase do Império — lembra Sérgio —, de 1868 a 1889, acentua-se o governo direto do imperador. Todas as legislaturas, menos uma, serão interrompidas com a dissolução comandada de fora do jogo parlamentar, forjando eleições, para trocar o ministério. Clamava-se, ainda aqui, por inspiração da política francesa e inglesa, contra o "poder pessoal", o então chamado "imperialismo", não poupando os críticos o "césar caricato", os quais, quando não eram candidatos repelidos, sonhavam para o país um autêntico sistema representativo. Mas, de outro lado, difundiu-se, a partir de meados do século, ilustrada pela imagem do Segundo Império francês, submetido à ditadura de Luís Napoleão, a ideia de confiar ao imperador, em um regime voltado para o povo, um governo que nele situe, e não nos partidos, nos ministros ou no parlamento, a origem de todas as decisões políticas.[14] O próprio Joaquim Nabuco, com seu liberalismo, que oscilava entre o radicalismo e a cautela conservadora, em 1888 sucumbiu a essa tentação, pedindo a intervenção imperial, ou ditatorial, em favor da libertação dos escravos (dessa vez, o motivo é nobre, mas o precedente criaria um preceito que, com torpeza, voltaria ao longo da história do país):

> Eu nunca denunciei o nosso governo por ser pessoal, porque com os nossos costumes o governo entre nós há de ser sempre por muito tempo ainda pessoal, toda a questão consistindo em saber se a pessoa central será o monarca que nomeia o ministro ou o ministro que faz a Câmara [...]. O que sempre fiz foi acusar o governo pessoal de não ser um governo pessoal nacional, isto é, de não se servir do seu poder, criação da Providência que lhe deu o trono, em benefício do nosso povo sem representação, sem voz, sem aspiração mesmo [...][15]

No alto, um governo absoluto, que não assume sua fisionomia, mascarado nas falsas instituições parlamentares. Na base, a ausência da sociedade civil, esmagada pelo escravismo e pela impossibilidade de se organizar. O sistema eleitoral, alterado muitas vezes,

240 | A REPÚBLICA INACABADA

com o pretexto de buscar a autenticidade representativa, aristocratizava o eleitorado, desaparecendo a nação diante do privilégio.[16] Os poucos homens que dispusessem de meios — fortuna ou poder — para influenciar ou coagir os eleitores, tornavam-se os da opinião que, por força própria, se sobrepunha à nação, impondo sua vontade, substituindo-se a esta.

> Para o filho do primeiro Martin Francisco, neto e sobrinho do primeiro José Bonifácio, pareceu fácil identificar os verdadeiros componentes dessa aristocracia de espécie nova. Como elemento mais poderoso, e em primeiro lugar, estaria o alto funcionalismo do Império. Os empresários de obras públicas e seus dependentes, os privilegiados do orçamento e suas aderências, a advocacia administrativa com seus contratos, as associações com suas garantias, viriam logo depois. No fim, e para fechar a cauda da grande liberdade eleitoral, desfilaria a procissão dos áulicos, a disputarem títulos, condecorações e honrarias.[17]

Que ninguém se espante com a pequena dimensão do eleitorado, tanto no sistema censitário do Império como no sistema capacitário da República. Em 1886, para uma população estimada em 13 milhões de habitantes, havia 117 mil eleitores, 0,89% da população. Em 1898, para uma população de 17 milhões de habitantes, compareceram às urnas 462 mil, 2,7% da população. Até 1926 nunca se ultrapassou a faixa de 3%.

> É nas duas décadas anteriores à proclamação da República que mais claramente sobem à tona numerosas contradições íntimas do sistema político do Império: contradição entre o princípio moderno da soberania popular e o da sanção divina; entre um sistema nominalmente representativo e a carência de verdadeira representação; entre um regime de natureza aristocrática e a inexistência de aristocracias tradicionais; entre um liberalismo e a falta de autêntica democracia; finalmente, entre uma carta outorgada, de cunho acentuadamente monárquico, e

uma constituição não escrita que pende para o parlamentarismo. A presença de alguns desses contrastes não constituiria uma novidade, pois não faltam na história das nações modernas exemplos de como eles podem por algum tempo coabitar; a novidade está em terem conseguido equilibrar-se tão longamente, quase três quartos de século, e em tamanha profusão, em terra onde tudo pareceu conspirar, desde o começo, contra sua sobrevivência.[18]

Podem-se encerrar estas considerações, que não abrangem senão uma parcela mínima de uma obra monumental, com uma palavra simples: o lastro de nossa formação não permitiu ao país institucionalizar o poder político em simetria com a sociedade. Para chegar a essa desoladora conclusão, implícita em sua elegante narração, partiu o historiador, sempre mantendo a sua imparcialidade diante dos atores e dos acontecimentos, de valores que, se não julgam, formam a visão que seleciona os fatos, clarividente na perspectiva escolhida. Essa maneira de ver, que foi capaz de rasgar o véu que encobre um momento histórico, situa o foco da observação no povo e não no poder. O liberalismo falso e mentiroso, que prescinde do consentimento dos cidadãos para constituir a autoridade do soberano que, sem freios e sem restrições, governa, administra e reina, mascarado no parlamentarismo fraudulento, sustentado por eleições impostas pela baioneta e pela corrupção; políticos e partidos que servem ao poder, despreocupados com seus constituintes-fantasmas, não são ingredientes capazes de responder à pergunta que define a legitimidade: por que obedecer? Esta a palavra que inunda a obra de Sérgio Buarque de Holanda: não conseguimos, no curso da enfermidade do tempo histórico, encontrar a legitimidade política e popular, a soberania do povo, que só a cidadania poderá, um dia, construir.

# Notas

## Existe um pensamento político brasileiro? > *22-141*

### Parte I

**1** Platão, "Théetète". In: _____. *Œvres complètes*. La République. Paris: Gallimard, 1953-9. 2 v, pp. 88 ss. Bibliothèque de la Pléiade. Observe-se que as referências bibliográficas a seguir não indicam adesão ao autor citado, senão que o assunto foi por ele versado, embora em outros termos e com diferente sentido.

**2** L. Strauss e J. Cropsey, *History of Political Philosophy*. 2. ed. Chicago: University of Chicago Press, 1973, pp. 1-2.

**3** S. Wolin, *Politics and Vision*. Londres: George Allen & Unwin, 1960, p. 34.

**4** Platão, *La République*, op. cit., v. 1, p. 1063.

**5** Ibid., Les lois, v. 2, p. 1119.

**6** A. Tocqueville, *L'Ancien régime et la Révolution*. Paris: Gallimard, 1952. v. 2, pp. 193 ss.

**7** Ibid., p. 199.

**8** K. Marx e F. Engels, *La ideología alemana*. Montevidéu: Pueblos Unidos, 1959, p. 25.

**9** A. Saint-Hilaire, *Segunda viagem do Rio de Janeiro a Minas Gerais e a São Paulo: 1822*. São Paulo: Nacional, 1938. v. 1, p. 167. (Brasiliana, 126 e 126a).

**10** A. Gramsci, *Concepção dialética da história*. Rio de Janeiro: Civilização Brasileira, 1966, pp. 62-3.

**11** K. Marx e F. Engels, op. cit., pp. 48-9.

**12** K. Marx, *Crítica de la filosofía del derecho de Hegel*. Buenos Aires: Ediciones Nuevas, 1968, pp. 14, 29-30.

**13** G. Lukács, *Histoire et conscience de classe*. Paris: Les Éditions de Minuit, 1960, p. 90.

**14** N. Bobbio, *Saggi sulla scienza politica in Italia*. Bari: Laterza, 1977, p. 113.

**15** Ibid., p. 114.

**16** M. Oakeshott, *Rationalism in Politics and Other Essays*. Londres; Nova York: Methuen, 1984, pp. 83 ss.

**17** L. R. Siches, *Tratado general de filosofia del derecho*. 3. ed. México: Porrua, 1965, p. 116.

**18** M. C. Pinto Neves, "Teoria do direito, inconstitucionalidade das leis e semiótica". Recife: Universidade Federal de Pernambuco, 1985. Dissertação (Mestrado). Mimeografado. pp. 5-6.

**19** Ibid., p. 22.

**20** T. S. Kuhn, *La Structure des révolutions scientifiques*. Paris: Flammarion, 1983, pp. 25, 155 e 199.

**21** M. Oakeshott, op. cit., pp. 83 ss.

**22** Ibid., pp. 10 e 121.

**23** A. Gramsci, op. cit., pp. 14-5.

**24** M. Oakeshott, op. cit., p. 258.

**25** Ibid., p. 257.

**26** R. Schwartz, *Ao vencedor as batatas*. São Paulo: Duas Cidades, 1977, pp. 14 ss.

**27** K. Marx, op. cit., p. 17.

**28** J. Cortesão, *Os factores democráticos na formação de Portugal*. Lisboa: Portugália, 1964, p. 225.

**29** A. Sérgio, *Breve interpretação da história de Portugal*. Lisboa: Sá da Costa, 1972, p. 27.

**30** Ibid., p. 95.

**31** A. J. Saraiva; O. lopes, *História da literatura portuguesa*. 2. ed. Porto: Porto, 1968, p. 150.

**32** A. Sérgio, op. cit., pp. 84-6.

**33** L. S. Rebelo, *A concepção do poder em Fernão Lopes*. Lisboa: Horizonte, 1983, p. 27.

**34** M. Albuquerque, *O poder político no Renascimento português*. Lisboa: Instituto Superior de Ciências Sociais e Política Ultramarina, [s.d.], pp. 83-7.

**35** Ibid., p. 27.

**36** Ibid., p. 45.

**37** M. Silva Dias, "A interiorização da metrópole (1808-1853)". In: C. G. Mota, *1822: dimensões*. São Paulo: Perspectiva, 1972.

**38** Q. Skinner, *The Foundations of Modern Political Thought*. Cambridge: Cambridge University Press, 1979. v. 1, p. 41.

**39** Ibid., pp. 53 e 158.

**40** P. Mesnard, *L'Essor de la philosophie politique au XVIe siècle*. Paris: J. Vrin, 1977, p. 9.

**41** M. Albuquerque, *A sombra de Maquiavel e a ética tradicional portuguesa*. Lisboa: Faculdade de Letras, 1974, pp. 82, 155-6.

**42** A. Dickens, *La Contre-Réforme*. Paris: Flammarion, 1969, p. 7.

**43** T. A. Gonzaga, "Tratado de direito natural". In: *Obras completas*. Rio de Janeiro: Instituto Nacional do Livro, 1957. v. 2, p. 142.

**44** G. Ritter, "Ursprung und Wesen der Menschenrechte". In: _____. *Zur Geschichte der Erklärung der Menschenrechte*. Darmstadt: Wissenschaftliche Buchgesellschaft, 1964. pp. 205-8.

**45** J. D'Arriaga, *História da revolução portugueza de 1820*. Porto: Portuense, 1886. v. 1, p. 21.

**46** R. Rego (Org.), *O processo de Damião de Góes na Inquisição*. Lisboa: Excelsior, [s.d.].

**47** A. Paim, *História das ideias filosóficas no Brasil*. São Paulo: Convívio, 1984, p. 206.

**48** Ibid., p. 209.

**49** D. Hume, *The History of England*. Chicago: University of Chicago Press, 1975, p. 217.

**50** J. D'Arriaga, op. cit., v. 1, p. 175.

**51** A. C. Mello e Souza, *Formação da literatura brasileira*. Belo Horizonte: Itatiaia, 1981. v. 1, pp. 73-4.

**52** S. Leite, *Suma histórica da Companhia de Jesus no Brasil*. Lisboa: Junta de Investigações do Ultramar, 1965, pp. 3-4.

**53** Ibid., p. 20.

**54** Ibid., pp. 70-1.

**55** J. Cortesão, *Raposo Tavares e a formação territorial do Brasil*. Lisboa: Portugália, 1966. v. 1, p. 89.

**56** E. C. Mello, *Rubro veio*. Rio de Janeiro: Nova Fronteira, 1986, pp. 27-8.

**57** Ibid., p. 100.

**58** A. Sérgio, op. cit., p. 122.

**59** A. Andrade, *Verney e a filosofia portuguesa*. Braga: Cruz, 1946, pp. 354-5.

**60** J. M. Rodriguez Paniagua, *Historia del pensamiento jurídico*. Madri: Universidad Complutense, 1984, p. 9.

**61** A. Sérgio, *Antologia dos economistas portugueses*. Lisboa: Biblioteca Nacional de Lisboa, 1924.

**62** F. J. C. Falcon, *A época pombalina*. São Paulo: Ática, 1982, p. 204.

**63** J. C. Magalhães, *História do pensamento político em Portugal*. Coimbra: Coimbra, 1967, pp. 356 ss.

**64** J. E. Oliveira Martins e A. M. Pereira, *História de Portugal*. Lisboa: Parceria A. M. Pereira, 1942. v. 2, p. 151.

**65** S. J. Carvalho e Melo [Marquês de Pombal]. *Cartas e outras obras seletas do*

*Marquez de Pombal*. 5. ed. Lisboa, 1861. v. 2, p. 186.

**66** Ibid., p. 103.

**67** M. Prélot, *Histoire des idées politiques*. Paris: Dalloz, 1966, p. 339.

**68** Ibid., p. 359 ss.

**69** Q. Skinner, *The Foundations of Modern Political Thought*. Cambridge: Cambridge University Press, 1979. v. 2, pp. 113 ss.

**70** A. Bessa-Luis, *Sebastião José*. Lisboa: Imprensa Nacional, 1981, p. 167.

**71** A. J. Saraiva e O. Lopes, *História da literatura portuguesa*. 2. ed. Porto: Porto, 1968, p. 524.

**72** R. Derathé, *Jean-Jacques Rousseau et la science politique de son temps*. Paris: J. Vrin, 1979, pp. 84-9.

**73** C. de Moncada. *Estudos de história do direito*. Coimbra: Universidade de Coimbra, 1949. v. 2, pp. 313-4.

**74** A.Saraiva e O. Lopes, op. cit., pp. 535-6.

**75** J. E. Oliveira Martins e A. M. Pereira, op. cit., v. 2, pp. 208-9.

**76** H. Cidade, *Lições de cultura e literatura portuguesa*. Coimbra: Coimbra, [s.d.] v. 2, p. 29.

**77** J. D'Arriaga, op. cit., v. 1, p. 191.

**78** Ibid., v. 1., p. 334.

**79** C. de Moncada, op. cit., p. 105.

**80** J. D'Arriaga, op. cit., v. 1, p. 415.

**81** J. E. Oliveira Martins e A. M. Pereira, op. cit., v. 2, pp. 207-9.

**82** Castelo Branco apud Falcon, op. cit.

**83** T. A. Gonzaga, op. cit., p. 89.

**84** Ibid., p. 101.

**85** Ibid., p. 103.

**86** Ibid., p. 106.

**87** Ibid., p. 111.

**88** T. A. Gonzaga, op. cit., pp. 143-4.

**89** A. C. Mello e Souza, op. cit., v. 1, p. 69.

**90** L. Hallewell, *O livro no Brasil*. São Paulo: T. A. Queiroz; Edusp, 1985, p. 176; K. R.

Maxwell, *Conflict and Conspiracies: Brazil and Portugal 1750-1808*. Cambridge: Cambridge University Press, 1973, p. 266.

**91** R. Southey, *História do Brasil*. São Paulo: Obelisco, 1965, pp. 365-6.

**92** L. S. Vilhena, *A Bahia no século XVIII*. Bahia: Itapuã, 1969. v. 1, pp. 273 ss.

**93** M. Oliveira Lima, *Pernambuco, seu desenvolvimento histórico*. Recife: Governo do Estado de Pernambuco, Secretaria de Educação e Cultura, 1975, p. 216.

**94** Id., *O movimento da Independência: O Império brasileiro (1821-1889)*. 2. ed. São Paulo: Melhoramentos, 1947, p. 11.

**95** L. Goldmann, *A criação cultural na sociedade moderna*. Lisboa: Presença, 1972, p. 7.

**96** F. A. Novaes, *Portugal e Brasil na crise do antigo sistema colonial (1777-1808)*. São Paulo: Hucitec, 1985, p. 11.

**97** Ibid., p. 89.

**98** F. A. Varnhagen, *História geral do Brasil*. São Paulo: Melhoramentos, 1956. v. 5, p. 62.

**99** R. Southey, op. cit., pp. 360-1.

**100** Ibid., p. 363.

**101** L. S. Vilhena, op. cit., v. 1, pp. 52 e 56.

**102** M. Oliveira Lima, *O movimento da Independência: O Império brasileiro (1821--1889)*, op. cit., p. 33.

**103** L. S. Vilhena, op. cit., v. 3, pp. 914-5.

**104** Ibid., v. 1, p. 185.

**105** C. G. Mota, *Ideia de revolução no Brasil (1789-1801)*. Petrópolis: Vozes, 1979, p. 32.

**106** M. Silva Dias, op. cit., p. 165.

**107** E. Frieiro, *O diabo na livraria do cônego*. Belo Horizonte: Itatiaia, 1981, p. 40; B. Burns, *O Iluminismo em duas bibliotecas do Brasil Colônia*. Separata de Universitas, n. 8-9, Salvador, 1971, p. 9; K. R. Maxwell, op. cit., p. 126.

**108** K. R. Maxwell, op. cit., p. 126.

NOTAS | *245*

**109** Ibid., p. 134.

**110** Ibid., p. 139.

**111** T. A. Gonzaga, op. cit., p. 91.

**112** R. Derathé, op. cit., pp. 116 ss.

**113** J. Locke, *Civil Government*. The Great Books, 1952, §§ 124 e 134.

**114** Ibid., §§ 123 e 87; J. W. Gough, *John Locke's Political Philosophy*. Oxford: Clarendon Press, 1974, p. 96.

**115** J. Locke, *Civil government*, op. cit., § 233; J. W. Gough, *John Locke's Political Philosophy*, op. cit., pp. 154 ss.; J. Dunn, *Locke*. Oxford: Oxford University Press, 1984, p. 54.

**116** F. A. Novaes, op. cit., p. 230.

**117** S. B. de Holanda, "Apresentação". In: J. J. C. Azeredo Coutinho, *Obras econômicas*. São Paulo: Nacional, 1966, p. 31.

**118** A. J. Lacombe, "A conjuração do Rio de Janeiro: 1794". In: S. B. de Holanda (Org.), *História geral da civilização brasileira*. São Paulo: Difusão Europeia do Livro, 1970. v. 20, t. 1, pp. 406 ss.

**119** F. A. Varnhagen, op. cit., p. 23.

**120** K. R. Maxwell, op. cit., pp. 218 ss.

**121** F. A. Varnhagen, op. cit., p. 24.

**122** L. H. Dias Tavares, *Introdução ao estudo das ideias e do Movimento Revolucionário de 1798*. Salvador: Progresso, 1959, p. 21.

**123** Ibid., p. 24.

**124** Ibid., p. 28.

**125** K. M. Queiróz Matoso, *Presença francesa no movimento democrático baiano de 1798*. Salvador: Itapuã, 1969, p. 12.

**126** C. G. Mota, *Ideia de revolução no Brasil (1789-1801)*, op. cit., p. 33.

**127** K. R. Maxwell, op. cit., pp. 204-239.

**128** M. Oliveira Lima, *Pernambuco, seu desenvolvimento histórico*, op. cit., p. 228.

**129** E. Muniz Tavares, *História da revolução de Pernambuco de 1817*. Recife: Imprensa Oficial, 1917.

**130** C. G. Mota, *1822: dimensões*, op. cit., pp. 20-1.

**131** Ibid., p. 50.

**132** G. Vilar de Carvalho, *A liderança do clero nas revoluções republicanas de 1817-1824*. Petrópolis: Vozes, 1980, pp. 62 ss.

**133** F. A. Varnhagen, op. cit., pp. 150-1.

**134** C. G. Mota, *1822: dimensões*, op. cit., pp. 252 ss.

**135** J. A. S. Montenegro, *O liberalismo radical de Frei Caneca*. Rio de Janeiro: Tempo Brasileiro, 1978.

**136** J. A. Marinho, *História do movimento político de 1842*. São Paulo: Edusp; Belo Horizonte: Itatiaia, 1977, p. 51.

**137** M. Oliveira Lima, *Pernambuco, seu desenvolvimento histórico*, op. cit., p. 266.

**138** Frei Caneca [J. A. D.]. *Obras políticas e literárias*. Recife: Assembleia Legislativa de Pernambuco, 1979, pp. 79-80. (Ed. fac-sim. da 1. ed. [Recife: Typographia Mercantil, 1875]).

**139** Ibid., pp. 452 e 454.

**140** Ibid., pp. 459-60.

**141** Ibid., p. 553.

**142** Texto extraído da *Circular*, 19 set. 1860, sem indicações.

**143** C. Prado Jr., *Evolução política do Brasil*. São Paulo: Brasiliense, 1963, pp. 187 ss.; M. Silva Dias, op. cit., p. 165; E. V. Costa, *Da Monarquia à República: Momentos decisivos*. São Paulo: Grijalbo, 1977, pp. 29 ss.; S. B. de Holanda, "A herança colonial: Sua desagregação". In: _____ (Org.). *História geral da civilização brasileira*, op. cit., v. 10, t. 2, pp. 29 ss.

**144** E. V. Costa, op. cit., pp. 110-1.

**145** J. D'Arriaga, op. cit., v. 1, pp. 474-5.

**146** Ibid., p. 586.

**147** Ibid., v. 20, pp. 537-8 e 572 ss.

**148** A. Sérgio, *Breve interpretação da história de Portugal*, op. cit., p. 135.

**149** A. Herculano, *Opúsculos*. 5. ed. Lisboa: Bertrand, [s.d.], v. 2, p. 171.

**150** M. Oliveira Lima, *Dom João VI no Brasil*. Rio de Janeiro: José Olympio, 1945. v. 3, p. 1133.

**151** Ibid., p. 1156.

**152** A. Jardin, *Histoire du libéralisme politique*. Paris: Hachette, 1985, p. III.

**153** A. Paim, *História das ideias filosóficas no Brasil*. São Paulo: Convívio, 1984, p. 272.

**154** S. Ferreira, "Cartas sobre a Revolução do Brasil". *Revista do Instituto Histórico e Geográfico Brasileiro*, n. 51, parte 1, 1888, p. 277.

**155** Ibid., p. 293.

**156** J. D'Arriaga, op. cit., v. 2, p. 425.

**157** Ibid., pp. 313-4.

**158** O. Nogueira (Org.), *Obra política de José Bonifácio*. Brasília: Senado Federal, 1973. v. 1, p. 271.

**159** P. Calmon (Org.), *D. Pedro I. Proclamações, cartas, artigos de imprensa*. Rio de Janeiro: Comissão Executiva Central do Sesquicentenário da Independência do Brasil, 1972, p. 125.

**160** O. T. Souza, *A vida de D. Pedro I*. Rio de Janeiro: José Olympio, 1972. v. 3: História dos Fundadores do Império do Brasil, p. 445.

**161** V. Barreto, *Ideologia e política no pensamento de José Bonifácio de Andrada e Silva*. Rio de Janeiro: Zahar, 1977, p. 105.

**162** B. Lima Sobrinho, *Antologia do Correio Braziliense*. Rio de Janeiro: MEC, 1977, pp. 79-80.

**163** E. V. Costa, op. cit., p. 28.

**164** P. Bonavides e R. A. Amaral Vieira, *Textos políticos da história do Brasil*. Fortaleza: Imprensa da Universidade, [s.d.], p. 100.

**165** E. Faguet, *Politiques et moralistes du dix-neuvième siècle*. 9. ed. Paris: Société Française d'Imprimerie et de Librairie, [s.d.], p. xv.

**166** B. Constant, *Cours de politique constitutionnelle*. Paris: Guillaumin, 1872. v. 1, p. 128.

**167** Ibid., v. 2, pp. 539 ss.

**168** Ibid., v. 1, p. 278.

**169** S. Holmes, *Benjamin Constant and the Making of Modern Liberalism*. New Haven: Yale University Press, 1984, p. 128.

**170** A. Colombo, "Radicalismo". In: N. Bobbio e N. Mateuci, *Dicionário de política*. Brasília: Universidade de Brasília, 1984.

## Parte II

**1** T. Veblen, *The Portable Veblen*. Londres: Penguin Books, 1976.

**2** A. Gerschenkron, *Economic Backwardness in Historical Perspective*. Cambridge: Harvard University Press, 1976, p. 6.

**3** Marx, *O capital*. São Paulo: Abril Cultural, 1983, p. 12.

**4** S. J. Carvalho e Melo [Marquês de Pombal], *Cartas e outras obras selectas do Marquez de Pombal*. 5. ed. Lisboa: Tipographia de Costa Sanches, 1861. v. 2, p. 103.

**5** A. Bessa-Luis, *Sebastião José*. Lisboa: INCM, 1981, p. 167.

**6** R. Barbosa, "Relatório do ministro da Fazenda". In: *Obras completas de Rui Barbosa*. Rio de Janeiro: Fundação Casa de Rui Barbosa, 1986. v. 17, t. 2, p. 27.

**7** J. Nabuco, *O abolicionismo*. São Paulo: Ipê, 1949, p. 130.

**8** S. Romero, *Vários escritos de Tobias Barreto*. 2. ed. Rio de Janeiro: Empresa Gráfica Editora de Paulo, Pongetti & C., 1926, pp. 23-4.

**9** A. Paim, op. cit.; J. Motta, *Formação do oficial do Exército*. Rio de Janeiro: Companhia Brasileira de Artes Gráficas, 1976.

**10** E. de Moraes Filho, *Medo à utopia*. Rio de Janeiro: Nova Fronteira, 1985, p. 67.

**11** Ver Gerschenkron, op. cit., pp. 23-44.

**12** Quanto às modernizações, exemplificativamente: A. A. de M. Franco, *Rodrigues Alves* (Rio de Janeiro: José Olympio, 1972. v. 1.); J. M. dos Santos, *A política geral do Brasil* (São Paulo: J. Magalhães, 1930); J. C. S. Meihey e C. B. Filho, "História social da saúde: Opinião pública versus poder. A campanha da vacina de 1904". *Estudos Cedhal*, n. 5, 1990); N. Sevcenko, *Literatura como missão* (São Paulo: Brasiliense, 1983).

**13** J. Martí, *Páginas escogidas*. Buenos Aires: Espasa-Calpe, [s.d.], pp. 121-2. Coleção Austral.

**14** E. da Cunha, *Os sertões*. São Paulo: Brasiliense, 1985, p. 144.

**15** R. Barbosa, op. cit., p. 53.

**16** Ibid., p. 158.

**17** N. V. Luz, *A luta pela industrialização do Brasil*. São Paulo: Difel, 1961, p. 43.

**18** W. Dean, *A industrialização de São Paulo*. São Paulo: Difusão Europeia do Livro, 1971, p. 84.

**19** "Não há", dizia Comte, "liberdade de consciência em astronomia, física [...]", E. de Moraes Filho, *Comte*. 2. ed. São Paulo: Ática, 1983, pp. 14-5.

**20** V. Viana, *O Banco do Brasil*. Rio de Janeiro, 1926, p. 362.

**21** Ver J. L. Love, "Theorizing Underdevelopment: Latin America and Romania, 1860-950". *Review Fernand Braudel Center*, v. 11, n. 4, 1988; ver também K. Loewenstein, *Brazil under Vargas*. Nova York: Macmillan, 1942.

**22** P. C. Schimitter, *Interest Conflict and Political Change in Brazil*. Califórnia: Stanford University Press, 1971, p. 364.

**23** Platão, *As leis*, xi, 935.

**24** Aristóteles, *Aristotle's Theory of Poetry and Fine Arts*. Nova York: Dover Publications, 1951, p. 374.

**25** N. Frye, *Anatomia da crítica*. São Paulo, 1967, p. 220.

**26** E. de Queiroz. *Obras completas*. v. 1, p. 1410.

**27** Hegel, *Vorlesung uber Ästhetik*. Frankfurt: Suhrkamp, 1970. v. 2, p. 120.

**28** Hegel, *Ciencia de la logica*. Trad. de Augusta e Rodolfo Mondolfo. Buenos Aires: Solar, 1968.

**29** J. G. Merquior, *O liberalismo*. Rio de Janeiro: Nova Fronteira, 1991, p. 142.

**30** M. Weber, *Historia económica general*. Cidade do México: Fondo de Cultura Económica, 1958, p. 282.

## Parte III

**1** *Obras completas de Joaquim Nabuco*. São Paulo: Ipê, 1947-9. As citações das notas a seguir são dessa coleção.

**2** *Minha formação*, p. 58.

**3** Ibid., p. 246.

**4** *Um estadista*, iv, p. 154.

**5** Essays, 1880, pp. 51 e 314.

**6** *Um estadista*, v. iv, p. 118.

**7** Ibid., p. 119.

**8** Ibid., p. 121.

**9** *Um estadista*, v. i, p. 445.

**10** Ibid., v. ii, p. 385.

**11** *Balmaceda*, p. 127.

**12** *A intervenção estrangeira durante a revolta de 1893*, p. 271.

**13** *Escritos...*, p. 54.

**14** *O abolicionismo*, p. 149.

**15** Ibid., pp. 229-30.

**16** *Um estadista*, v. i, p. 53.

**17** Ibid., v. iii, pp. 385 e 387.

**18** *Campanhas*, pp. 91-2.

**19** *Discursos parlamentares*, p. 327.

**20** Ibid., p. 283.

**21** *Um estadista*, v. iv, p. 164.

**22** Ibid., v. i, p. 351.

**23** *Minha formação*, p. 156.

**24** Um estadista, v. ii, p. 78, nota 1.

**25** Ibid., pp. 228 ss.

**26** Ibid., v. iii, p. 384.

**27** Ibid., v. iv, p. 154.

**28** *Minha formação*, p. 96.

**29** *Um estadista*, v. i, pp. 387 ss.

**30** *O abolicionismo*, p. 153.

## Sérgio Buarque de Holanda: Analista das instituições brasileiras > *230-42*

**1** S. B. de Holanda, *Raízes do Brasil*. 13. ed. Rio de Janeiro: José Olympio, 1979, pp. 49--50.

**2** Ibid., p. 105.

**3** Ibid.

**4** M. Weber, *Wirtschaft und Gesellschaft*. 2. ed. Tübingen, 1925. Esta edição serviu de base para a tradução de 1944 do *Fondo de Cultura Económica*, México.

**5** *"Wird als eine persönliche des Herm"* (4. ed. alemã de 1956-64, p. 759; 5. ed., p. 596); *"como una cuestión puramente personal del soberano"* (México: *Fondo de Cultura Económica*, 1944. v. iv, p. 158); *"personal affair of the ruler"* (ed. norte--americana, 1978. v. ii, p. 1029).

**6** S. B. de Holanda, *Raízes do Brasil*, op. cit., p. 107, n. 157.

**7** Ibid., p. 101.

**8** Ibid., p. 119.

**9** Ibid., p. 123.

**10** Idem, *Do Império à República*. In: *História geral da civilização brasileira: O Brasil monárquico*. São Paulo: Difusão Europeia do Livro, 1972. t. ii, v. 5, p. 59.

**11** Ibid., p. 83.

**12** J. Nabuco, *O abolicionismo*. São Paulo: Progresso Editorial, 1949, p. 158. (Obras completas de Joaquim Nabuco, v. vii.)

**13** S. B. de Holanda, *Do Império à República*, op. cit., p. 167.

**14** Ibid., p. 84.

**15** J. Nabuco, *Discursos parlamentares*. São Paulo: Progresso Editorial, 1949, p. 327. (Obras completas de Joaquim Nabuco, v. xi.)

**16** S. B. de Holanda, *Do Império à República*, op. cit., p. 207.

**17** Ibid., p. 217.

**18** Ibid., pp. 68-9.

# Posfácio | *Heloisa Murgel Starling*
## *Raymundo Faoro, um liberal irado*

NAQUELA QUARTA-FEIRA, 19 de abril de 1978, o presidente da Ordem dos Advogados do Brasil (OAB), Raymundo Faoro, atravessou o grande hall de entrada do Palácio do Planalto, em direção aos elevadores que o levariam até o gabinete presidencial. Nunca tinha acontecido coisa semelhante em quase quinze anos de ditadura militar: o encontro entre o general que ocupava a presidência da República e a principal liderança da entidade que, ao lado da Associação Brasileira de Imprensa (ABI) e da Confederação Nacional dos Bispos do Brasil (CNBB), formava a ponta de lança da sociedade civil na luta pela reconstrução da democracia no país. Ernesto Geisel tinha 71 anos. Vinha de uma família de imigrantes alemães estabelecida em Bento Gonçalves, no Rio Grande do Sul, e chegara ao generalato conservando o porte germânico e a personalidade explosiva — foi um presidente temido. Raymundo Faoro, outro gaúcho, era filho de um casal de agricultores italianos desembarcados em Vacaria. Completaria 53 anos de idade dali a pouco mais de uma semana e representava com exatidão o intelectual diretamente envolvido com a produção de conhecimento sobre a sociedade que foi se formando no país desde o período colonial — os assim chamados "intérpretes do Brasil".[1] O mais surpreendente: a solicitação da audiência partira do presidente da OAB. O motivo não parecia fazer nenhum sentido: convidar o general Ernesto Geisel para comparecer à abertura da VII Conferência Nacional dos Advogados, que seria realizada de 7 a 12 de maio, em Curitiba, com o tema "Estado de Direito".[2]

A repercussão foi imediata. O encontro — ou a interpretação dele — acendeu uma luz amarela na OAB e logo apareceram juristas de peso reprovando abertamente a iniciativa da audiência. Isso acabaria por comprometer a postura de independência da Ordem junto ao governo dos generais,

---

1 Para Faoro e interpretações do Brasil, ver Bernardo Ricupero, "Raymundo Faoro". In: _____, *Seis lições sobre as interpretações do Brasil*. (São Paulo: Alameda, 2007.)
2 "Geisel diz a Faoro que arbítrio não lhe agrada". *O Globo*, 20 abr. 1978, p. 5.

além de correr o risco de levar consigo uma categoria inteira, argumentavam. Os militares tinham, de fato, todo o interesse em neutralizar uma instituição que estava levantando as principais bandeiras da oposição no país; os críticos não andavam preocupados à toa. Faoro, contudo, insistia numa avaliação realista da correlação de forças naquela conjuntura política, passara o ano inteiro consolidando a estratégia que julgava adequada para enfrentá-la com chances de sucesso e considerava a audiência com Geisel uma oportunidade única para pavimentar o futuro da transição democrática brasileira. Antes que o clima de azedume se instaurasse por completo, ele saiu do gabinete presidencial direto para a sede da OAB, em Brasília, onde tratou de rebater veementemente os questionamentos que andara recebendo:

> Existem divergências fundamentais entre um chefe de Estado autoritário e o presidente da Ordem dos Advogados. As nossas posições são conhecidas, em favor do estado de direito, mas não duvidamos das convicções do presidente. Não pretendemos, com uma conversa, eliminar as divergências. A Ordem não quer estabelecer pontes ou atalhos entre o estado de direito e o estado autoritário existente.[3]

Faoro não era bobo de entregar as chaves da transição do poder ao Palácio do Planalto e adicionou ao jogo político ingredientes inesperados, que não faziam parte das principais bandeiras levantadas pela oposição. Abertura nunca foi sinônimo de democracia, e ele estava convencido de que nenhum dos generais comprometidos com esse projeto almejava uma democracia sem restrições. Mas havia uma boa dose de incerteza rondando o momento político, e suas suspeitas de instabilidade faziam sentido. É claro que a ditadura seguia mantendo as aparências. No dia a dia, porém, vinha atravessando problemas graves e estava perdendo as amarras por alguns motivos. O mais preocupante: a vida política e a incumbência de zelar pela segurança interna se revelaram um risco para os interesses dos militares. Ademais, havia o custo da ditadura envenenando a estrutura das Forças Armadas. Inúmeros oficiais foram retirados da ordem hierárquica

---

3 "Faoro ouve projetos de Geisel". *Jornal do Brasil*, 20 abr. 1978, p. 3.

de comando das unidades, da rotina de treinamento e do ambiente profissional para serem investidos de funções policiais e punitivas. Uma burocracia da violência foi instalada dentro das Forças Armadas, construiu uma matriz ideológica duradoura e fortemente reacionária — compartilhada àquela altura especialmente por cadetes e oficiais de patentes intermediárias —, que se tornou fonte de poder no interior da hierarquia militar.[4]

Geisel estava convencido da necessidade de desengajar os generais do controle do Executivo. Mas não pretendia colocar em risco o projeto de país que vinha sendo implantado desde 1964. No seu entendimento — e de vários comandantes de tropa e líderes de opinião da caserna —, a ditadura deveria fazer escolhas e definir o momento mais conveniente para revogar os poderes de exceção. A política de abertura controlada foi a alternativa que ele imaginou para manter a oposição longe do Executivo, de modo a garantir que a alternância de poder se realizasse de maneira tutelada, restrita aos círculos civis aliados, sem risco de as forças de oposição constituírem maiorias governamentais.

Na prática, Geisel planejava uma forma de transferência de poder capaz de substituir gradativamente a coerção da ditadura por um governo civil de talhe autoritário. Tinha jeito de armadilha, mas Faoro escapou de cair nela. Democracia no condicional não existe; só faz sentido na mentalidade autoritária e intolerante de um general como Geisel, ele deve ter pensado. Na sua concepção, o objetivo do projeto de abertura dos generais era não apenas governar, mas manter o país aquém do ponto para onde todos imaginavam que se estava indo. Não cabia encerrar a ditadura com a substituição do autoritarismo ostensivo por um governo de mero verniz democrático. Pelo contrário: era hora de escancarar de vez a porta para garantir, ao final da transição, o pleno estabelecimento da democracia no país.

---

4 Para Faoro e o projeto de abertura controlada, ver: Elio Gaspari, *A ditadura derrotada* (São Paulo: Companhia das Letras, 2003); id., *A ditadura encurralada* (São Paulo: Companhia das Letras, 2004). Para militares, ver: Alfred Stephan, *Os militares: Da abertura à nova república* (Rio de Janeiro: Paz e Terra, 1986); Brasilio Sallum Jr., *Labirintos: Dos generais à nova república* (São Paulo: Hucitec, 1996). Para abertura e a conjuntura do final da década de 1970, ver: Marcos Napolitano, *1964: História do regime militar brasileiro* (São Paulo: Contexto, 2014); Lilia M. Schwarcz; Heloisa M. Starling, *Brasil: Uma biografia* (São Paulo: Companhia das Letras, 2015).

POSFÁCIO | 253

É sempre mais fácil falar, mas o presidente da OAB também tinha um plano. Tencionava comprometer o governo com a adesão a normas e medidas imediatas capazes de alargarem as margens do projeto de abertura controlada — como, por exemplo, o pleno restabelecimento do habeas corpus, das prerrogativas da magistratura e do direito de reunião. Seria o começo: essas medidas serviriam como bastiões da democracia e forneceriam as bases de sustentação para a condução de um processo efetivo de transição no país. Seu cálculo era de curto e médio prazo: uma vez que tais medidas estivessem implantadas, os pressupostos do estado de direito se tornariam visíveis para toda a sociedade, e os passos seguintes rumo à construção de uma ordem política radicalmente democrática seriam imediatos, factíveis e mais fáceis de realizar.

Faoro começou a batalhar a sério por um projeto de transição democrática desde o momento em que foi eleito para a presidência da OAB, em 14 de abril de 1977. "As crises caíam em cima de nós", relatou, anos depois, sobre as investidas autoritárias embutidas no projeto de abertura.[5] Ele temia, sobretudo, a possibilidade dos quartéis se moverem em direção oposta ao projeto de abertura de Geisel. A instituição militar é politicamente heterogênea, inclui diferenças de arma, geração e carreira, possui interesses próprios e capacidade de promovê-los. Num ambiente tenso em que as forças em disputa na sociedade se anulam, surge o risco de militares procederem ao que o cientista político Wanderley Guilherme dos Santos chamou à época de "recompressão da ordem política"[6] — um repique de autoritarismo. Num cenário ruim, o campo bloqueado das oposições não conseguiria manter sob pressão o processo de liberalização. Nesse caso, o movimento seguinte seria inevitável: os generais do Planalto iriam lograr sucesso e enfim substituir pouco a pouco a coerção da ditadura por um governo civil de tipo autoritário.

Na contramão de algumas lideranças oposicionistas que apostavam suas fichas na derrubada da ditadura, Faoro propôs outro caminho. A OAB

5 Marcelo Coelho, "As ideias no lugar de Raymundo Faoro. Entrevista histórica". *Folha de S.Paulo*, 14 maio 2000. Caderno Mais!, p. 8.
6 Wanderley Guilherme dos Santos, *Poder & política: Crônica do autoritarismo brasileiro* (Rio de Janeiro: Forense Universitária, 1978). Ver também: id. "Uma estratégia para a descompressão". *Jornal do Brasil*, 30 set. 1973.

precisava tornar-se contemporânea da história para provocar a sociedade a avançar persistentemente no rumo da transição democrática — e não na direção do projeto de abertura proposto pelos generais. Entrincheirou-se na OAB, manteve o cuidado de não escorregar para qualquer posição partidária e abriu a agenda. Ainda em 1977, foi conversar com o presidente do Senado, Petrônio Portela, encarregado por Geisel de atuar como interlocutor do governo nas negociações com os setores de oposição para avaliar a viabilidade de seu projeto de abertura controlada e executada por etapas.[7] Mas destravar a porta do gabinete presidencial era uma alternativa mais poderosa: poderia apresentar resultados de imediato, debelar resistências e redirecionar algumas medidas no rumo da transição democrática. Faoro não teve dúvidas: em abril de 1978, bateu à porta do Palácio do Planalto.

A conversa durou vinte minutos. Geisel podia até ser imperial de tão autoritário, mas devia saber a quem estava se dirigindo quando perguntou ao presidente da OAB o que esperava do governo e qual sentido deveria ser dado à descompressão do sistema político. Na sua resposta, Raymundo Faoro ajudou a escrever um pedaço da história do Brasil: "Quero muito pouco, sr. presidente. Apenas a restauração do habeas corpus, a extinção dos Atos Institucionais e o fim das torturas no DOI-Codi, quando mais não seja para que Vossa Excelência não entre na história como um ditador sanguinário, mas, sim, como o presidente da abertura 'lenta, gradual, segura'".[8] De quebra, pleiteou eleições diretas em todos os níveis.

Após o encontro com Geisel, Faoro concluiu que era chegada a hora de dobrar a aposta. Na noite de 7 de maio de 1978, um domingo, subiu ao palco do teatro Guaíba, em Curitiba, para a abertura da VII Conferência Nacional da OAB. O lugar estava apinhado de gente, com jornalistas em condições de repercutir seu discurso para o país inteiro, e ele conseguiu o bom começo de que precisava para tentar capturar a atenção pública, fazer vibrar a sensibilidade política da sociedade e marcar o passo de uma nação rumo à democracia. Analisou a conjuntura, avançou algumas casas e tratou do futuro em construção. Lembrou que a transição continuava sendo

---

**7** Para Faoro e Petrônio Portela, ver: Elio Gaspari, *A ditadura encurralada* (op. cit.); Marcelo Coelho, "As ideias no lugar de Raymundo Faoro. Entrevista histórica" (op. cit.).
**8** Citado em: Cezar Britto, "O herói da redemocratização". *Folha de S.Paulo*, 17 out. 2008, p. A3.

precondição irremovível de qualquer mudança significativa no país: "Dentro da névoa autoritária acendemos a fogueira que reanima as vontades e esclarece os espíritos", declarou.[9] Transição é uma situação de passagem que define um momento de experimentação, e ele não guardava nenhuma dúvida de que nesse período os brasileiros teriam de fazer as escolhas críticas sobre o futuro que queriam: "Estamos diante da transição inevitável e estamos diante da luz da manhã, a incerta, a penosa manhã de esperanças e de malogros prováveis". Na frente do teatro lotado, foi incisivo: "Hoje, queremos a transição e o que está além da transição".[10]

Talvez Faoro tenha enxergado a linha do horizonte mais nítida e funda que os demais; além da transição existia, sem dúvida, o limiar de uma oportunidade histórica. Depois de vinte anos de ditadura, ele entreviu a chance de acertar as contas com o Estado patrimonialista que controlava e sufocava a sociedade desde o século XIX — e que teria no longo período de governo militar seu momento mais recente e trágico. Na linha do horizonte poderia se abrir um novíssimo período na história brasileira, no qual parecia possível à sociedade refundar o Estado em novas bases. E o autor que melhor analisou a marca de permanência da dominação patrimonialista no Brasil não deixaria passar a ocasião de tentar revirar ao avesso o Estado que está a serviço dessa forma de dominação: "O Estado não será, pelo fato de ser Estado, o inimigo da liberdade", afirmou, categórico, em Curitiba e tantas vezes depois.[11] O peso da afirmativa transmitia força o bastante para impulsionar de forma irresistível o processo democrático; ao mesmo tempo, obrigava Faoro a retornar ao padrão de reflexão que elaborou sobre o país, e à sua tese principal — a formação histórica brasileira traz impressa no Estado a dominação patrimonialista que se impôs, vinda de Portugal, por obra da colonização.[12]

Foi um grande momento. O discurso de Curitiba deu a partida para uma abordagem original sobre o caminho de implantação da democracia no Bra-

---

**9** Raymundo Faoro, "O Estado não será o inimigo da liberdade: Carta de Curitiba". In: Juarez Guimarães (Org.), *Raymundo Faoro e o Brasil*. São Paulo: Fundação Perseu Abramo, 2009, p. 23.

**10** Ibid., pp. 19 e 23.

**11** Ibid., p. 19.

**12** Ibid., p. 20.

sil, formulada por um intelectual particularmente preocupado em aprofundar a questão de constituição do poder na vida política nacional. A partir de então, os componentes democráticos e republicanos que já permeavam sua análise em *Os donos do poder* ganharam novos contornos, com impacto direto na maneira como Faoro abordaria a dinâmica da sociedade brasileira a partir do critério político da liberdade. O trio de ensaios originalmente publicados no decorrer da década de 1980, e hoje reunidos no livro que o leitor tem nas mãos, talvez seja o lugar de sua obra onde esse impacto melhor frutificou, além de permitir conhecer com mais profundidade o comprometimento do autor com a ideia de um governo de soberania popular e com a democracia. De muitas maneiras, este livro nasceu por força dessa história. Afinal, pensar a liberdade como uma exigência para a refundação do Estado sempre significou, para Faoro, a tentativa bem-sucedida de proceder a uma análise conjugada entre o escrito teórico, a experiência intelectual e a vivência política que acompanha o curso dos acontecimentos.

Se a reflexão sobre a onipotência e a onipresença do Estado é essencial em *Os donos do poder* e se, em *Machado de Assis: A pirâmide e o trapézio*, o autor percorreu e individualizou minuciosamente nos personagens machadianos o universo dos estamentos,[13] em *A República inacabada* ocorreu um giro de perspectiva. Nos ensaios deste livro, Faoro desenhou a tensão entre uma forma de poder em que não há espaço para a sociedade civil independente e seu oposto — o trabalho de construção de um programa político para o Brasil, de natureza republicana e democrática. O ponto de partida será a investigação que o autor conduz, outra vez imerso no tempo expandido da história nacional, em busca de subsídios para desvendar os procedimentos mais eficazes de democratização dos fundamentos do Estado. Ao final, ele concluiu, será preciso agir, pois formas de pensar e práticas de intervenção política se complementam. Só então a República terá seguimento e estará habilitada a fundar o novo Estado brasileiro com suas bases assentadas necessariamente no regime democrático.

---

**13** Raymundo Faoro, *Machado de Assis: A pirâmide e o trapézio* (Rio de Janeiro: Globo, 1988). Ver também: Alfredo Bosi, "Raymundo Faoro leitor de Machado de Assis" (In: Juarez Guimarães (Org.), *Raymundo Faoro e o Brasil*. São Paulo: Fundação Perseu Abramo, 2009); Kátia Mendonça, "Faoro e o encontro entre a ética e a política" (*Lua Nova: Revista de Cultura e Política*, n. 48, 1999).

O ensaio como método e forma de exposição é um procedimento comum aos escritos de Raymundo Faoro. Entretanto, levar o gênero em consideração pode ajudar ao leitor de *A República inacabada* a entender melhor o esquema explicativo do livro e a extensão da pergunta que o autor se fez — bem como a qualidade das respostas que encontrou. O que está além da transição é a república democrática, os dois pressupostos conceituais e normativos que fundamentam sua análise. Já a pergunta que atravessa, de diferentes maneiras, os três ensaios do livro serve de bússola para sua investigação. No amplo horizonte da formação política brasileira, ele indaga, é possível acionar o legado do passado para fazer emergir uma nova concepção da vida pública sustentada no valor da liberdade?

Na origem do gênero, ao final do século XVI europeu, ensaio é tentativa: um texto flexível em que o autor, meio inquieto, em busca de subsídios para compreender a situação que está vivenciando, encara um assunto sobre o qual não se tem certeza prévia, e empreende uma reflexão mais orientada por seu caráter propriamente especulativo.[14] Ensaio é também uma forma de explanação sinuosa. Em *A República inacabada*, a exposição do enredo segue uma linha cronológica: desde os fundamentos do Estado português, no século XIV, até o plano de modernização neoliberal, ao final do século XX. Para completar, uma análise fina sobre o papel que desempenharam as ideias, no Brasil, a partir sobretudo da Independência, amarra as duas pontas. O arranjo dessa cronologia é peculiar: indaga sobre a maneira como as ideias moldaram e organizaram o Estado, transita na longa duração para se deter em determinadas situações de oportunidade política, confirma que o uso das instituições calcadas nas diversas Constituições não logrou sucesso em conseguir limitar o poder. Prevalece no Brasil um Estado cujo poder ainda não foi contido nem pela participação popular na vida política, nem por meio do ordenamento constitucional — um e outro não se revelaram fortes o bastante para expandir o experimento democrático, uma fragilidade que aponta para o caráter permanentemente inconcluso da nossa República.

14 Theodor Adorno, "O ensaio como forma". In: Gabriel Cohn (Org.), *Theodor Adorno*. São Paulo: Ática, 1986; Paulo Roberto Pires (Org.), "Doze ensaios sobre o ensaio", *Serrote*. São Paulo: IMS, 2018; Robert Wegner, "Um ensaio entre o passado e o futuro". In: Ricardo Benzaquen Araújo; Lilia Schwarcz, (Org.), *Sérgio Buarque de Holanda; Raízes do Brasil*. São Paulo: Companhia das Letras, 2006.

Em *Os donos do poder*, a cronologia é linear, contínua e desemboca no último capítulo, que o autor intitulou "A viagem redonda: Do patrimonialismo ao estamento". No quadro analítico traçado para seu livro mais famoso, as grandes mudanças temporais — como, por exemplo, o Estado Nacional, a implantação da República, o Estado Novo, a Modernização Desenvolvimentista, a Ditadura Militar — não modificaram em nada a forma de dominação patrimonialista. Ao contrário, reforçaram sua estrutura. O padrão das relações de poder permaneceu inalterado, adquiriu contornos de longa duração e neutralizou qualquer mudança ou novidade.[15]

Também nos ensaios que organizaram *A República inacabada*, Faoro retornou ao tempo largo da formação política brasileira. De igual modo, alternou a identificação de eventos particulares com o procedimento de captar uma cena política geral para indicar seus ingredientes e, em seguida, interpretá-la. Mas, dessa vez, o percurso cronológico deixou a linearidade de lado e ganhou outra movimentação: o tempo passa por atalhos, aceita curvas, não é previsível. A coerência que amarra o argumento principal do livro reside nessa lógica peculiar em que um fio desloca-se do passado remoto, enquanto outro carrega as perguntas que o presente precisa fazer ao passado para conseguir imaginar algum futuro. Entre o ensaísta e a representação histórica que construiu nesses escritos, dois procedimentos ficam nítidos e se completam. Primeiro, o uso da subjetividade para produzir conhecimento, formular perguntas originais e demarcar seus objetos de busca. Segundo, o esforço de imaginação com que o autor experimenta decifrar os múltiplos planos de contextualização da realidade e estabelecer conexões pouco convencionais entre acontecimentos históricos temporalmente muito distintos.

O primeiro ensaio, intitulado "Existe um pensamento político brasileiro?", funciona como uma espécie de guia para as reflexões que organizam o percurso do livro. O autor vai esmiuçar no passado as formas de pensar que produziram efeitos positivos em determinadas situações e, por conseguinte, podem prover aos brasileiros a rota de um futuro democrático.

---

**15** Raymundo Faoro, *Os donos do poder: Formação do patronato político brasileiro*. (Porto Alegre: Globo, 1977. v. 2). Ver também: Marcelo Jasmin, "Raymundo Faoro's Roundabout Voyage". In: *Os donos do poder. (Portuguese Literary & Cultural Studies*. Dartmouth: University of Massachusetts, 2000).

POSFÁCIO | 259

Para tanto, era necessário deixar de lado a conjuntura imediata, reconfigurar o percurso de uma história multissecular e nela assentar o pensamento da liberdade. Talvez Faoro seja um dos primeiros pensadores, no Brasil, a tentar projetar uma ponte entre o passado e o futuro sustentada pelo entendimento de que as ideias estão, de certo modo, disponíveis: podem ser readaptadas e alteradas múltiplas vezes em situações históricas distintas até que todas as suas virtualidades tenham sido realizadas.

Esse ensaio promove uma alteração sensível na escrita de uma história sobre como se deu, no Brasil, o trabalho de absorção e transformação de ideias e conceitos estrangeiros, muitas vezes originados de sistemas teóricos universais. Ideias não são estruturas compactas que se configuram como um sistema abstrato e homogêneo de pensamento. Ao contrário, são mobilizadas, selecionadas, reelaboradas ou mesmo recriadas e aplicadas conforme as necessidades de seu uso político por diferentes atores sociais, em lugares e épocas distintas.[16] O ensaio se propõe a deslindar o desempenho do processo de circulação de ideias entre nós, para reconhecer o surgimento de certas maneiras de pensar tipicamente associadas à dinâmica da liberdade como exigência da sociedade democrática.

O resultado é surpreendente. Algumas ideias ficaram para trás no tempo, a razão disso ter acontecido não é simples e, para decifrá-la, Faoro fincou suas balizas na função que o liberalismo assumiu no Brasil desde o final do século XVIII e durante o século XIX brasileiro. O termo pode causar estranheza ao leitor contemporâneo, mas esse era um vocábulo-chave naquela circunstância histórica. A tarefa prioritária do autor, nesse ensaio, será demonstrar o papel que o liberalismo cumpriu tanto na formulação de projetos de emancipação política antes, durante e após a Independência, quanto na maneira como se ajustou ao Estado patrimonialista.

Todavia, convém ao leitor ficar atento. O rótulo "liberalismo" recebeu um significado efetivamente singular e próprio à cultura política e intelectual brasileira. A palavra "liberal" desembarcou no Rio de Janeiro e no

---

**16** Para a formulação de que ideias e conceitos são o concentrado de inúmeros significados e experiências historicamente determinadas e estão imersas em práticas políticas e redes sociais, ver: Reinhart Koselleck, *Futuro passado: Contribuição à semântica dos tempos históricos* (Rio de Janeiro: Contraponto; Ed. PUC-Rio, 2006); Angela Alonso, *Ideias em movimento: A geração de 1870 na crise do Brasil-Império* (São Paulo: Paz e Terra, 2002).

*260* | A REPÚBLICA INACABADA

Recife vinda da Espanha, onde foi fartamente utilizada nas Cortes de Cádiz, durante os debates para elaboração da Constituição de 1812 — a Constituição de Cádiz, como ficou conhecida, responsável por consagrar um conjunto de direitos fundamentais que nem o Estado, nem os governos poderiam desrespeitar. "Liberal" servia, no Brasil oitocentista, para nomear qualquer pessoa disposta a defender a liberdade, combater a tirania e se insurgir com a condição de opressão colonial. Designava o indivíduo ou os membros de um grupo "que tinham sempre o vocábulo liberdade em seus lábios, e que passavam a apelidar o grupo oposto com o termo pejorativo de servis".[17] Já "liberalismo" indicava — e acentuava — o conjunto de qualidades que guiavam a prática política própria a um liberal: certa disposição de alma que lhe permitia reconhecer o direito alheio mesmo com prejuízo pessoal; o sentimento generoso de desprezar vantagens individuais quando se tratava do bem geral; a aplicação da justiça como fonte de virtude. A palavra "iliberal" também já circulava no Brasil durante o século XIX. Era usada para nomear um sujeito infenso à liberdade, mas não necessariamente defensor do absolutismo — a esse chamavam de "corcunda", de tanto se abaixar diante do poder do príncipe.[18]

Faoro se deparou com um liberalismo que se partira em duas lascas.[19] Uma era antiabsolutista. O "liberalismo de transação", como ele nomeou, teve força política bastante para comandar, do Rio de Janeiro, o processo vitorioso de Independência, e está expresso na dissolução da Constituinte de 1823 e na Constituição de 1824.[20] Essa lasca, contudo, se desencontrou da ideia de liberdade. Manteve a hierarquia social, o escravismo, a monarquia e os privilégios políticos e econômicos que sustentavam a dominação senhorial. O ensaio vai identificar no "liberalismo de transação" o protago-

---

**17** Lúcia Maria Bastos Pereira das Neves, *Corcundas e constitucionais: A cultura política da Independência (1820-1822)*. Rio de Janeiro: Revan; Faperj, 2003, pp. 145 ss.

**18** Para o significado de "liberal" e termos associados, ver: id, ibid., especialmente capítulos 5 e 6.

**19** Para os dois liberalismos analisados por Faoro, ver: Leonardo Octavio Bellinelli de Brito, "Raymundo Faoro e as linhagens do pensamento político brasileiro" (*Lua Nova*, n. 103, jan./abr. 2018).

**20** Raymundo Faoro, "Existe um pensamento político brasileiro?" In: _____. *A República inacabada*. São Paulo: Companhia das Letras, 2021, p. 61.

POSFÁCIO | *261*

nismo de um grupo circunscrito, com regras próprias e visão de mundo, que se reconhece entre si como detentor do poder e está na origem do estamento senhorial.

Centralizador em excesso e fortemente conservador, o "liberalismo de transação" fundiu o público com o privado na administração do Estado e abriu caminho para o patrimonialismo. Foi o peso desse Estado que moldou a nação e sufocou a sociedade, escreveu Faoro. O "liberalismo de transação" configurou um padrão de relações políticas que se repõe e se repete no decorrer da longa duração da história brasileira. Os atores são substituídos de tempos em tempos, e o desenho final retraça um movimento de eterno retorno. "A conduta do senhor de escravos, o qual, perdidos os escravos se perpetua numa oligarquia",[21] explicou a socióloga Kátia Mendonça, dá início ao padrão e mantém fechado o circuito do poder. Dentro desse circuito operam as duas matrizes do "liberalismo de transação" — o escravocrata e o oligarca —, que se retroalimentam, não dispõem de projeto nacional e continuam atuantes até os dias de hoje. O que permaneceu no país desde o século XIX são as relações entre os membros de um grupo que detém as decisões, as fontes e os recursos do poder.

O "liberalismo de transação" é conciliador, fará as concessões necessárias para manter a ordem política e controlar a estrutura social e não se associa à democracia. Mas, na outra lasca, Faoro encontrou os liberais que procurava — a corrente emancipacionista. Batizou-os "liberalismo irado", e tratou de explicar ao leitor a enorme importância do seu achado: "há uma maneira irada e uma maneira suave de construir a ponte — a ponte imaginária que será a moldura da futura Nação".[22] A "maneira irada" vai de par em par com o modo de organizar o país em torno das ideias de liberdade política, soberania, república, democracia, federalismo e cidadania e não estava voltada para um debate conceitual abstrato e muito menos alheia à realidade brasileira.

Essa "maneira irada" de pensar o Brasil aflorou no final do século XVIII, entre Bahia, Rio de Janeiro e Minas Gerais. Expandiu-se em seguida, já no início do século XIX, para o Recife e daí avançou em direção às províncias

---

21 Kátia Mendonça, "Faoro e o encontro entre a ética e a política", op. cit., p. 95.
22 Raymundo Faoro, "Existe um pensamento político brasileiro?", op. cit., pp. 67 ss.

do Norte — Piauí, Ceará, Rio Grande do Norte, Alagoas, Sergipe, Paraíba. Tal como Faoro o definiu, o "liberalismo irado" foi consequência da maneira como os brasileiros se inteiraram sobre um repertório político e intelectual cosmopolita que mobilizava principalmente autores próprios da tradição republicana, com influência formadora sobre suas duas matrizes modernas — a norte-americana e a francesa. É uma forma de pensamento que começa a brotar em "núcleos não homogêneos" de colonos insatisfeitos com a dominação portuguesa e portadores de um projeto de emancipação que, na origem, não se confundia com a imaginação de um país que se entendia como nação, mas, de diferentes maneiras, desembocou em um projeto alternativo de Independência.

Uma forma de pensar irada, como Faoro diria, animou o programa político da Independência concebida durante o ciclo revolucionário que se iniciou em março de 1817, com a implantação da República, no Recife, e se estendeu pelas províncias do Norte até 1824, com a Confederação do Equador. Seu programa era libertário, radical, federalista, voltado para a garantia do princípio do autogoverno provincial e responsável pelo desenvolvimento de um tipo de sociabilidade pública forjada por relações horizontais de reciprocidade e ancorada na figura de um personagem de forte inspiração republicana — o "cidadão patriota". Alguns anos após a publicação do ensaio de Faoro, em 2004, o historiador Evaldo Cabral de Mello deu um nome definitivo a esse ciclo revolucionário: "A outra Independência".[23]

No decorrer do Primeiro Reinado e da Regência, o "liberalismo irado" de Faoro reaparecerá, em especial no Rio de Janeiro, mas também em São Paulo e Minas Gerais, na voz e nas formas de intervenção política de um punhado de grupos radicais que se autodenominavam "liberais exaltados".[24] Os "exaltados" foram responsáveis pela construção de um projeto nacional alternativo para o Brasil, de natureza política, social e econômica, voltado para as camadas populares, para a redução das desigualdades sociais e para a extensão da cidadania. Eram defensores ferrenhos da liberda-

---

**23** Evaldo Cabral de Mello, *A outra Independência: O federalismo pernambucano de 1817 a 1824*. São Paulo: Ed. 34, 2004.

**24** Marcello Basile, "Anarquistas, Rusguentos e Demagogos: Os Liberais Exaltados e a formação da esfera pública na corte imperial (1829-1834)". Rio de Janeiro: UFRJ, 2000. Dissertação (Mestrado em História).

POSFÁCIO | 263

de e elaboraram uma pauta própria que elencava, entre outros pontos, a implantação de uma república democrática e do sistema federalista; a supressão do Poder Moderador do Conselho de Estado e da vitaliciedade do Senado; a separação entre a Igreja e o Estado; a emancipação gradual dos escravizados; o incentivo à indústria nacional — além de reforma agrária, sufrágio universal, participação das mulheres na vida política, combate à discriminação e ao preconceito racial.

É certo que o "liberalismo irado" em suas diferentes manifestações políticas foi vencido: nas três grandes Conjurações, ao final do século XVIII — a Conjuração Mineira, em 1789; a Conjuração do Rio de Janeiro, em 1794; a Conjuração Baiana, em 1798 —, e durante o século XIX, seja no ciclo revolucionário de Pernambuco, seja nas tentativas de implantação do projeto nacional concebido pelos "exaltados". Mas o foco de Faoro não é a derrota. Na perspectiva do seu argumento, a questão é outra: reconhecer onde estão fincadas as raízes da democracia e da república no Brasil pode ajudar a construir o rumo do futuro — sobretudo em conjunturas difíceis. Foi graças ao "liberalismo irado", explicou Faoro, que "o elemento nacional [...] permaneceu vivo, apesar de não dominante. Ele atua, na prática, no cerne do pensamento político, com a irrealizada superação. Irrompe, no curso da história, nos dois séculos, na dobra de todas as crises de sistema e de governo".[25]

Nenhum dos "liberais irados" obteve sucesso em organizar o Estado à sua imagem. Além de derrotados politicamente, eles foram desqualificados pelo "liberalismo de transação" que, vitorioso, lutou para arredá-los da vida nacional e expulsá-los da história do pensamento. Contudo, prossegue Faoro, "há uma terra incógnita a percorrer, encantada pelo fascínio das origens".[26] As ideias que deram forma política ao "liberalismo irado" podem ficar em recesso durante muitos anos, enquanto outras prosperam. Elas foram afastadas, mas não superadas, e configuram uma espécie de corrente subterrânea fluindo na imaginação política brasileira e alimentando insurreições e rebeldia: "A corrente banida, porque banida e não inexistente, atua, ainda que subterraneamente, irrompen-

25 Raymundo Faoro, "Existe um pensamento político brasileiro?", op. cit., p. 67.
26 Ibid., p. 72.

264 | A REPÚBLICA INACABADA

do na superfície em momentos de desajuste do sistema e da crise".[27] Se for assim, conclui o autor, graças ao "liberalismo irado", "a democracia, em uma fase mais recente, partiria de um patamar democrático, de base liberal, como valor permanente e não meramente instrumental". Além disso, "o Estado seria outro, não o monstro patrimonial-estamental-autoritário que está vivo na realidade brasileira".[28]

A ponte entre o passado e o futuro que Faoro buscava construir estava pavimentada, e com extensão suficiente para alcançar a cena política contemporânea. O trajeto é acidentado — como se acabou de ver, também é inesperado. Fazia sentido refundar o Estado brasileiro em bases republicana e democrática, e não apenas para ele, ou para sua geração ao final da ditadura militar, mas para todos aqueles que, no futuro, viriam a defender o valor da democracia no Brasil. A República está inacabada, diria Faoro, mas o terreno para sua conclusão continua preparado, não somente no plano dos conceitos, mas no campo dos valores e da imaginação. O "liberalismo irado" elaborou um vocabulário e uma linguagem sobre a liberdade no decorrer da formação histórica nacional que pode ser apropriado, selecionado e alterado por aqueles que buscam a criação de uma sociedade livre e igualitária no país.[29]

No argumento de *A República inacabada*, a história pode ser a outra maneira de se olhar para as dificuldades que limitam a vida política do Brasil no presente. Dessa forma, o acabamento final da República depende de se adotar dois procedimentos. O primeiro, associado ao reconhecimento de que a sociedade dispõe de um legado de liberdade política que se desenvolveu na forma da linguagem e do vocabulário. O segundo procedimento deriva da urgente necessidade de se constituir um novo sistema de poder no país, tema que será abordado especificamente no ensaio intitulado "Assembleia Constituinte: A legitimidade resgatada".

Enquanto escrevia esse ensaio, publicado pela primeira vez em 1981, pelo menos duas preocupações andavam martelando na cabeça do autor.

---

**27** Ibid., p. 89.

**28** Ibid., pp. 89-90.

**29** Para os processos de desenvolvimento e apropriação de uma linguagem política, ver: Newton Bignotto, *As aventuras da virtude: As ideias republicanas na França do século XVIII* (São Paulo: Companhia das Letras, 2010).

O problema imediato continuava a ser o desembaraço dos militares para tentar controlar o processo de transição democrática. A convocação de uma Assembleia Constituinte era uma reivindicação antiga da oposição. Surgiu timidamente, em 1971, no Recife, durante um seminário do Movimento Democrático Brasileiro (MDB) e reuniu em sua defesa o grupo dos "autênticos" do MDB, como ficaram conhecidos cerca de vinte parlamentares claramente engajados na oposição. Dez anos depois, contudo, a conjuntura tinha mudado: o campo oposicionista ampliou suas bases, a sociedade civil voltara à cena política com uma penca de reivindicações e a exigência de convocação de uma Constituinte ganhou as ruas; transformou-se em uma das principais bandeiras na luta contra a ditadura — a outra era a Anistia.[30]

Faoro temia uma manobra esperta, concebida ainda durante o governo Geisel. Os generais da abertura pretendiam calibrar a democracia brasileira através de uma reforma política cuja principal novidade era promover um conjunto de emendas e manter em vigor a Constituição de 1967 — elaborada ao final do governo do general Castelo Branco, pelo poder Executivo, para legalizar o quadro normativo e os atos discricionários da ditadura. Se a manobra fosse bem-sucedida, advertia sombriamente o autor, o país estaria aceitando uma "constituição "nominal", como ele definiu, cuja principal serventia seria dissimular o autoritarismo: "reduzida, no presente, a um manual educativo […] os detentores do poder mandam e desmandam, também eles envoltos na confortável — confortável para eles — esperança do futuro, seja do país grande potência, do país rico ou do país educado".[31]

O outro problema, e talvez não o menor que cercava a reflexão de Faoro no momento da escrita desse ensaio, é de ordem estrutural. Ele receava um processo constitucional conduzido pela variante moderna do "liberalismo de transação" — a fração de funcionários do Estado, civis ou militares, tecnocratas, setores do empresariado, políticos profissionais. Nesse caso, demonstra o autor, emergirá uma versão constitucional no centro do Estado, de aspecto inconfundível, em que a democracia serve de verniz e legitima

---

**30** Para conjuntura, ver: Elio Gaspari, "Habeas Faoro" (In: _____. *A ditadura encurralada*, op. cit.). Para "autênticos" do MDB, ver: Ana Beatriz Nader, *Autênticos do mdb, semeadores da democracia: História oral de vida política* (São Paulo: Paz e Terra, 1998).

**31** Raymundo Faoro, "Assembleia Constituinte: A legitimidade resgatada". In: _____. *A República inacabada*. São Paulo: Companhia das Letras, 2021, p. 130.

as relações de poder definidoras do estamento. Faoro descreveu essa versão com o nome de "constituição semântica": "Embora a constituição se aplique na sua plenitude, sua realidade não é senão a formalidade escrita da situação de poder político existente, para exclusivo benefício dos detentores de fato do poder, que dispõem, para executá-la, do aparelhamento coativo do Estado".[32] O perigo, nesse caso, é grande. Em vez de limitar, controlar ou frear o poder, a "constituição semântica" tem a função de estabilizar e congelar o poder político reduzido ao grupo de seus detentores.

As duas versões descritas são uma espécie de confinamento constitucional que reduzem a Constituição à condição de mera formalidade escrita. O ensaio vai buscar seu oposto: quais os fundamentos da regulamentação constitucional para uma república cuja forma política será a democracia? Na resposta, o leitor encontra o ponto forte do argumento do autor sustentado em conceitos-chaves, como "poder constituinte", "legalidade", "legitimidade". Constituição exprime tanto o ato de constituir — isto é, estabelece o fundamento de um governo constitucional, no sentido de um governo limitado — quanto corporifica, em um documento escrito, o conjunto de normas que visam salvaguardar os direitos, impedir que a vontade da maioria se sobreponha às garantias das minorias e executar a correta distribuição do poder. Por conta disso, uma constituição só será republicana se a lei for capaz de controlar o poder e relacioná-lo diretamente com a liberdade política.[33]

Existe, contudo, uma enorme diferença entre uma constituição que é um ato de governo e a constituição através da qual um povo constitui um governo. Para o argumento desse ensaio, será decisiva a prevalência da construção da legitimidade cuja única fonte efetiva é a soberania popular, sobre a determinação da legalidade que valida o poder político já existente. A primazia da legitimidade é a marca de um ordenamento constitucional que serve de guia para instituir uma república de matriz democrática. A diferença entre uma constituição de talhe republicano e democrático e o experimento constitucional brasileiro ao longo da história é imensa,

---

32 Ibid., loc. cit.

33 Para constituição republicana, ver: Hannah Arendt, *Da revolução* (São Paulo; Brasília: Ática; UnB, 1988); Marcello Cerqueira, *A Constituição na História: Origem & reforma; da Revolução Inglesa de 1640 à crise do Leste Europeu* (Rio de Janeiro: Revan, 2006).

comprovou Faoro.[34] As constituições brasileiras, entre 1823 e 1946, são conservadoras. Todas sustentam, de diferentes maneiras, a premissa de que o princípio da soberania reside na nação e não no povo, como recurso necessário para estabilizar a ordem e tutelar a sociedade. Nos termos do autor, o acabamento da República também depende de uma constituição cuja fonte se reconheça na vontade e na participação pública. Ou, como ele mesmo explicou ao leitor: "O poder vem do alto, do componente minoritário da sociedade, enquanto a legitimidade vem de baixo, como reconhecimento em torno de valores".[35]

O ensaio final, "Sérgio Buarque de Holanda: Analista das instituições brasileiras", foi escrito originalmente para um seminário em homenagem a Sérgio Buarque, e publicado em 1998.[36] Os dois autores tinham muito em comum: realizaram um esforço bem-sucedido de interpretação do Brasil que mudou o padrão de reflexão sobre o país, ambos praticaram o molde narrativo adequado ao gênero ensaístico e compartilharam de um mesmo referencial conceitual. Também eram amigos e, de vez em quando, um ia à casa do outro. Com uma dose de uísque na mão, Sérgio acendia um cigarro, Faoro enchia o fornilho do cachimbo e atravessavam a noite discutindo — e, é claro, discordando — sobre a maneira como entendiam o Brasil.

O ensaio, contudo, tem outro propósito. Faoro oferece uma visão compreensiva da originalidade da análise de Sérgio Buarque, sustentada pela análise de dois escritos em particular: *Raízes do Brasil* e *Do Império à República*, publicado na coleção organizada por Sérgio sobre o Brasil monárquico. À medida que se desenrola o argumento, também fica explicitado para o leitor o ponto em que as interpretações dos dois autores sobre a relação entre Estado e sociedade no Brasil se complementam de modo a iluminar as dificuldades para se libertar o país de suas estruturas autoritárias.

---

**34** Para o argumento de Faoro, ver: Newton Bignotto, "O povo fala: Ensaios de Raymundo Faoro discutem a democracia e a distância entre política e realidade" (*Folha de S.Paulo*, 30 set. 2007. Caderno Mais!); Leonardo Octavio Bellinelli de Brito, "Raymundo Faoro e as linhagens do pensamento político brasileiro" (op. cit.).

**35** Raymundo Faoro, "Assembleia Constituinte: A legitimidade resgatada", op. cit., p. 143.

**36** Raymundo Faoro, "Sérgio Buarque de Holanda: Analista das instituições brasileiras". In: Antonio Candido (Org.), *Sérgio Buarque de Holanda e o Brasil*. São Paulo: Fundação Perseu Abramo, 1998.

É fácil de ver. Ambos estão de acordo com o fato de que as estruturas autoritárias permaneceram profundamente enraizadas na formação histórica brasileira, desde o século xix. Sérgio Buarque destacou a preeminência do poder privado invadindo a esfera pública: a família precede o Estado, e o fundamento do poder é privado. Já Faoro sustentou que ocorreu uma mudança decisiva na estrutura de dominação — a passagem do patriarcalismo para o patrimonialismo. Nesse caso, o Estado se consolida e suplanta o ambiente doméstico onde se desenvolveu o patriarcalismo e vai moldar a sociedade de acordo com o interesse do estamento e do próprio governante.

Mas o eixo é duplo. Por um lado, ambos estão analisando os impasses que impedem o desenvolvimento da democracia no Brasil; por outro, estão também refletindo sobre os meios de superar as travas de uma República inconclusa. Importa a Faoro, nesse aspecto, reconhecer a especificidade do argumento de Sérgio Buarque que melhor permite visualizar o elemento-chave para compor um programa político positivo para o futuro do país. A República não se completa sem repúblicos, isto é, sem cidadãos. O avesso do cidadão é o estamento, da mesma forma que o contrário do patrimonialismo é a soberania do povo. "Esta é a palavra que inunda a obra de Sérgio Buarque de Holanda", escreveu Faoro: "não conseguimos, no curso da enfermidade do tempo histórico, encontrar a legitimidade política e popular, a soberania do povo, que só a cidadania poderá, um dia, construir".[37]

Lido assim de perto, *A República inacabada* deixa entrever muita coisa que, de longe, quase cinquenta anos atrás, não se via. Um livro como este dá conta do modo como algumas ideias no passado podem se entrelaçar historicamente, e sobre o que tudo isso tem a dizer aos nossos assuntos contemporâneos. Por essa razão, é um livro que não termina, ao menos enquanto não se esgotar a demanda sobre ele. Faoro talvez se reconhecesse um "liberal irado"; o Brasil é seu ponto de mirada e, neste livro, ele quer encontrar novas maneiras de pensar os caminhos para a fundação de um Estado republicano e democrático no país. Mas não poderia adivinhar o

---

[37] Raymundo Faoro, "Sérgio Buarque de Holanda: Analista das instituições brasileiras", op. cit., p. 212.

tipo de ameaça que o país veria pela frente. No século XXI, surgiria no Brasil — e em diversos outros lugares no mundo — um tipo novo de liderança política, legitimamente eleita, que se aproveitaria disso para degradar a ordem republicana, minar a democracia e erodir gradualmente as instituições democráticas de dentro para fora, uma a uma, até o colapso final.

Apesar disso, a demanda sobre *A República inacabada*, não se esgotou. O repertório dos princípios, ideias e valores constitutivos de uma república democrática e os modos de adequação de seus muitos sentidos ao que se está vivendo no Brasil contemporâneo são as ferramentas conceituais que Faoro colocou à disposição do leitor. Servem para que a sociedade consiga erguer grades de proteção à liberdade. No momento de grave crise, ou catástrofe política, seus ensaios atualizam para o presente o enunciado propriamente republicano de defesa da liberdade — a afirmação da cidadania, a proteção do bem comum, o papel de uma constituição capaz de controlar o poder e de relacioná-lo diretamente com a liberdade política — e renovam a crença de que a democracia deve ser a baliza principal da vida política brasileira, em seu reconhecimento das liberdades individuais, da ênfase na construção do catálogo de direitos e da aplicação do fundamento da igualdade orientada pelo critério de inclusão.

O enredo deste livro traz um alerta. A democracia funciona e sobrevive à custa da sua sociedade. É preciso que os brasileiros estejam convencidos da legitimidade dos princípios e valores democráticos para se mobilizar em sua defesa — e considerá-los imprescindíveis a uma vida feliz, livre e civilizada. *A República inacabada* fornece ao leitor o legado de uma linguagem e um vocabulário capazes de provocar a sociedade a se mexer politicamente com o propósito de garantir um futuro para a democracia. Há autores que reconhecem nessa linguagem o repertório do republicanismo contemporâneo. Faoro preferiu chamá-la "liberalismo irado". Independentemente do nome que vamos utilizar, ainda é tempo de fazer bom uso dela no Brasil.

# Referências bibliográficas

ALBUQUERQUE, M. *O poder político no Renascimento português.* Lisboa: Instituto Superior de Ciências Sociais e Política Ultramarina, [s.d.].

_____. *A sombra de Maquiavel e a ética tradicional portuguesa.* Lisboa: Faculdade de Letras, 1974.

ALMINO, J. *Os democratas autoritários.* São Paulo: Brasiliense, 1980.

ANDRADE, A. A. *Verney e a filosofia portuguesa.* Braga: Cruz, 1946.

AQUINO, S. T. de A. *Suma teológica,* v. IX. São Paulo, 1936.

_____. *Selected Political Writings.* Oxford, 1974.

ARENDT, H. *Entre o passado e o futuro.* São Paulo: Perspectiva, 1972.

_____. *Crises da República.* São Paulo: Perspectiva, 1973.

BARRETO, V. *Ideologia e política no pensamento de José Bonifácio de Andrada e Silva.* Rio de Janeiro: Zahar, 1977.

BESSA-LUIS, A. *Sebastião José.* Lisboa: Imprensa Nacional, 1981.

BASTID, P. et al. *L'Idée de légitimité.* Paris: PUF, 1967.

BICKEL, A. *A ética do consentimento.* Rio de Janeiro: Agir, 1978.

BOBBIO, N. *Saggi sulla scienza politica in Italia.* Bari: Laterza, 1977.

BONAVIDES, P.; AMARAL VIEIRA, R. A. *Textos políticos da história do Brasil.* Fortaleza: Imprensa da Universidade, [s.d.].

BRAGA, T. *História do direito português: Os Forais.* Coimbra: Editora da Universidade, 1868.

BURDEAU, G. *Traité de science politique.* Paris: Librairie générale de droit et de jurisprudence, 1966-9. v. I, IV.

BURNS, B. *O Iluminismo em duas bibliotecas do Brasil Colônia.* Separata de Universitas, n. 8-9, Salvador, 1971.

CALMON, P. (Org.). *D. Pedro I. Proclamações, cartas, artigos de imprensa.* Rio de Janeiro: Comissão Executiva Central do Sesquicentenário da Independência do Brasil, 1972.

CARVALHO E MELO, S. J. [Marquês de Pombal]. *Cartas e outras obras seletas do Marquez de Pombal.* 5. ed. Lisboa, 1861. v. 2.

CASTELO BRANCO, C. *Perfil do Marquês de Pombal.* 7. ed. Porto: Porto, [s.d.].

CIDADE, H. *Lições de cultura e literatura portuguesa*. Coimbra: Coimbra, [s.d.].

COLOMBO, A. "Radicalismo". In: BOBBIO, N.; MATEUCI, N. *Dicionário de política*. Brasília: Universidade de Brasília, 1984.

CONSTANT, B. *Cours de politique constitutionnelle*. Paris: Guillaumin, 1872.

CORTESÃO, J. *Raposo Tavares e a formação territorial do Brasil*. Lisboa: Portugália, 1966. v. 1.

_____. *Os factores democráticos na formação de Portugal*. Lisboa: Portugália, 1964.

COSTA, E. V. *Da Monarquia à República: Momentos decisivos*. São Paulo: Grijalbo, 1977.

COUTINHO, C. N. *A democracia como valor universal*. São Paulo: Livraria Editora Ciências Humanas, 1980.

D'ARRIAGA, J. *História da revolução portugueza de 1820*. Porto: Portuense, 1886. v. 1, 2, 20.

D'ENTRÈVES, P. *La Notion dé l'État*. Paris: Sirey, 1969.

DERATHÉ, R. *Jean-Jacques Rousseau et la science politique de son temps*. Paris: J. Vrin, 1979.

DIAS TAVARES, L. H. *Introdução ao estudo das ideias e do Movimento Revolucionário de 1798*. Salvador: Progresso, 1959.

DICKENS, A. G. *La Contre-Réforme*. Paris: Flammarion, 1969.

DUNN, J. *Locke*. Oxford: Oxford University Press, 1984.

EASTON, D. *Analyse de sistème politique*. Paris: Colin, 1965.

FAGUET, E. *Politiques et moralistes du dix-neuvième siècle*. 9. ed. Paris: Société Française D'Imprimerie et de Librairie, [s.d.].

FALCON, E. J. C. *A época pombalina*. São Paulo: Ática, 1982.

FARIA, J. E. de O. *Poder e legitimidade*. São Paulo: Perspectiva, 1976.

_____. *A dimensão política da experiência jurídica*. Paraíba, 1980.

FERREIRA, S. "Cartas sobre a Revolução do Brasil". *Revista do Instituto Histórico e Geográfico Brasileiro*, n. 51, parte 1, 1888.

FERREIRA FILHO, M. G. *Direito constitucional comparado*. São Paulo: J. Bushatsky, 1974. v.I.

FERRERO, G. *Pouvoir*. Liège, [s.d.].

FREI CANECA, [J. A. D.]. *Obras políticas e literárias*. Recife: Assembleia Legislativa de Pernambuco, 1979. (Ed. fac-sim. da 1. ed. [Recife: Typographia Mercantil, 1875]).

FRIEDRICH, C. J. *La Démocratie constitutionelle*. Paris: PUF, 1958.

_____. *Tradition & Authority*. Londres: Pall Mall Press, 1972.

FRIEDRICH, C. J. *Gramsci dans le texte*. Paris: Gallimard, 1977.

FRIEIRO, E. *O diabo na livraria do cônego*. Belo Horizonte: Itatiaia, 1981.

GOLDMANN, L. *A criação cultural na sociedade moderna*. Lisboa: Presença, 1972.

GONZAGA, T. A. "Tratado de direito natural". In: _____. *Obras completas*. Rio de Janeiro: Instituto Nacional do Livro, 1957. v. 2.

GOUGH, J. W. *John Locke's Political Philosophy*. Oxford: Clarendon Press, 1974.

GRAMSCI, A. *Concepção dialética da história*. Rio de Janeiro: Civilização Brasileira, 1966.

HALLEWELL, L. *O livro no Brasil*. São Paulo: T. A. Queiroz; Edusp, 1985.

HAURIOU, M. *Précis de Droit Constitutionnel*. Paris: Sirey, 1923.

HERCULANO, A. *Opúsculos*. 5. ed. Lisboa: Bertrand, [s.d.]. v. 2.

HOBBES, T. *Leviathan*. Nova York, [s.d.].

HOLANDA, S. B. de. "A herança colonial: Sua desagregação". In: _____ (Org.). *História geral da civilização brasileira*. São Paulo: Difusão Europeia do Livro, 1970. v. 3.

_____. "Apresentação". In: AZEREDO COUTINHO, J. J. C. *Obras econômicas*. São Paulo: Nacional, 1966.

HOLMES, S. *Benjamin Constant and the Making of Modern Liberalism*. New Haven: Yale University Press, 1984.

HUBNER, P. *Herrschende Klasse und Elite*. Berna: Duncker & Humblot, 1960.

HUME, D. *The History of England*. Chicago: University of Chicago Press, 1975.

JAEGGI, U. *Die Gesellschaftliche Elite*. Berna, 1960.

JARDIN, A. *Histoire du libéralisme politique*. Paris: Hachette, 1985.

KELSEN, H. *Teoria general del Estado*. Barcelona: Labor, 1934.

_____. *Teoria general del derecho y del Estado*. México: Imprenta Universitaria, 1950.

_____. *Vom Wesen und Wert der Demokratie*. Tübingen, [s.d.].

KUHN, T. S. *La Structure des révolutions scientifiques*. Paris: Flammarion, 1983.

LACOMBE, A. J. "A conjuração do Rio de Janeiro: 1794". In: HOLANDA, S. B. de (Org.). *História geral da civilização brasileira*. São Paulo: Difusão Europeia do Livro, 1970. v. 20.

LASSALLE, F. *Que é uma Constituição*. São Paulo, 1980.

REFERÊNCIAS BIBLIOGRÁFICAS | *273*

LASSWELL, H.; KAPLAN, A. *Power and Society*. New Haven: Yale University Press, 1961.

LEITE, S. *Suma histórica da Companhia de Jesus no Brasil*. Lisboa: Junta de Investigações do Ultramar, 1965.

LÊNIN. *A questão constituinte*. Contagem: História, 1979.

LIMA SOBRINHO, B. *Antologia do Correio Braziliense*. Rio de Janeiro: MEC, 1977.

LIPSET, S. M. *Political man*. Nova York: Basic Books, 1963.

LOCKE, J. *Civil government*. The Great Books, 1952.

_____. *Segundo Tratado sobre o Governo*. São Paulo: Abril Cultural, 1978.

LOEWENSTEIN, K. *Teoria de la Constitución*. Barcelona: Ariel, 1976.

LUCAS, J. R. *Democracy and participation*. Londres: Penguin, 1976.

LUKÁCS, G. *Histoire et conscience de classe*. Paris: Les Éditions de Minuit, 1960.

LUXEMBURGO, R. *Socialismo e liberdade*. Lisboa, 1979.

MAGALHÃES, J. C. *História do pensamento político em Portugal*. Coimbra: Coimbra, 1967.

MALBERG, R. C. de. *Teoria general del Estado*. México: Fondo de Cultura Económica, 1948.

MANNHEIM, K. *Ideologia y utopia*. México, 1971.

MARINHO, J. A. *História do movimento político de 1842*. São Paulo: Edusp; Belo Horizonte: Itatiaia, 1977.

MARX, K. *Crítica de la filosofía del derecho de Hegel*. Buenos Aires: Ediciones Nuevas, 1968.

_____; ENGELS, F. *La ideología alemana*. Montevidéu: Pueblos Unidos, 1959.

MAXWELL, K. R. *Conflict and Conspiracies: Brazil and Portugal 1750-1808*. Cambridge: Cambridge University Press, 1973.

MEISEL, J. *The Myth of the Ruking Class*. Ann Arbor: The University of Michigan Press, 1958.

MELLO, E. C. *Rubro veio*. Rio de Janeiro: Nova Fronteira, 1986.

MELLO E SOUZA, A. C. *Formação da literatura brasileira*. Belo Horizonte: Itatiaia, 1981. v. 1.

MESNARD, P. *L'Essor de la philosophie politique au XVIᵉ siècle*. Paris: J. Vrin, 1977.

MICHELS, R. *Les Partis politiques*. Paris: Flammarion, 1971.

MIRANDA, P. de. *Comentários à Constituição de 1967*. Rio de Janeiro: Forense, 1967. v. 1.

MONCADA, C. de. *Estudos de história do direito*. Coimbra: Universidade de Coimbra, 1949. v. 2.

MONTENEGRO, J. A. S. *O liberalismo radical de Frei Caneca*. Rio de Janeiro: Tempo Brasileiro, 1978.

MONTESQUIEU. *Œuvres complètes*. Paris, [s.d.].

MOSCA, C. *Elementi di Scienza Politica*. Bari: Laterza, 1953.

MOTA, Carlos Guilherme. *Nordeste 1817*. São Paulo: Edusp; Perspectiva, 1972.

MUNIZ TAVARES, E. *História da revolução de Pernambuco de 1817*. Recife: Imprensa Oficial, 1917.

NOGUEIRA, O. (Org.). *Obra política de José Bonifácio*. Brasília: Senado Federal, 1973, v. 1.

NOVAES, F. A. *Portugal e Brasil na crise do antigo sistema colonial (1777--1808)*. São Paulo: Hucitec, 1985.

OAKESHOTT, M. *Rationalism in Politics and Other Essays*. Londres; Nova York: Methuen, 1984.

_____. *Experience and Its Modes*. Cambridge: Cambridge University Press, 1978.

OLIVEIRA LIMA, M. *Pernambuco, seu desenvolvimento histórico*. Recife: Governo do Estado de Pernambuco, Secretaria de Educação e Cultura, 1975.

_____. *O movimento da Independência: O Império brasileiro (1821-1889)*. 2. ed. São Paulo: Melhoramentos, 1947.

_____. *Dom João VI no Brasil*. Rio de Janeiro: José Olympio, 1945. v. 3.

OLIVEIRA MARTINS, J. E.; PEREIRA, A. M. *História de Portugal*. Lisboa: Parceria A. M. Pereira, 1942.

PAIM, A. *História das ideias filosóficas no Brasil*. São Paulo: Convívio, 1984.

PARETO, V. *Traité de sociologie générale*. Paris: Payot, 1919.

PINTO NEVES, M. C. "Teoria do direito, inconstitucionalidade das leis e semiótica". Recife: Universidade Federal de Pernambuco, 1985. Dissertação (Mestrado). Mimeografado.

PLATÃO. "Théetète". In: _____. *Œuvres complètes. La République*. Paris: Gallimard, 1953-9. 2 v. (Bibliothèque de la Pléiade)

PRADO JR., C. *Evolução política do Brasil*. São Paulo: Brasiliense, 1963.

PRÉLOT, M. *Institutions politiques et Droit Constitutionnel*. Paris: Dalloz, 1963.

_____. *Histoire des idées politiques*. Paris: Dalloz, 1966.

_____. *Sociologie politique*. Paris: Dalloz, 1973.

QUEIRÓZ MATOSO, K. M. *Presença francesa no movimento democrático baiano de 1798*. Salvador: Itapuã, 1969.

QUENTAL, A. "Causa da decadência dos povos peninsulares nos últimos três séculos". In: _____. *Prosas*. Coimbra: Editora da Universidade, 1926

REBELO, L. S. *A concepção do poder em Fernão Lopes*. Lisboa: Horizonte, 1983.

REGO, R. (Org.) *O processo de Damião de Góes na Inquisição*. Lisboa: Excelsior, [s.d.].

RITTER, G. "Ursprung und Wesen der Menschenrechte". In: _____. *Zur Geschichte der Erklärung der Menschenrechte*. Darmstadt: Wissenschaftliche Buchgesellschaft, 1964.

RODRIGUEZ PANIAGUA, J. M. *Historia del pensamiento jurídico*. Madri: Universidad Complutense, 1984.

ROMANO, S. *Fragmentos de un diccionario jurídico*. Buenos Aires: Ediciones Jurídicas Europa-América, 1964.

ROUANET, S. P. *Imaginário e dominação*. Rio de Janeiro: Tempo Brasileiro, 1978.

ROUSSEAU, J. J. *Du Contrat Social*. Paris, [s.d.].

SAINT-HILAIRE, A. *Segunda viagem do Rio de Janeiro a Minas Gerais e a São Paulo: 1822*. São Paulo: Nacional, 1938. 2 v. (Brasiliana, 126 e 126a.)

SAMPAIO, N. de S. *O poder de reforma constitucional*. Salvador: Progresso, 1954.

SARAIVA, A. J.; LOPES, O. *História da literatura portuguesa*. 2. ed. Porto: Porto, 1968.

SCHMITT, K. *Teoria de la Constitución*. Madri, [s.d.].

_____. *Verfassungsrechtliche Aufsätze*. Berlim: Duncker & Humblot, 1958.

SCHWARTZ, R. *Ao vencedor as batatas*. São Paulo: Duas Cidades, 1977.

SÉRGIO, A. *Breve interpretação da história de Portugal*. Lisboa: Sá da Costa, 1972.

SÉRGIO, A. *Antologia dos economistas portugueses*. Lisboa: Biblioteca Nacional de Lisboa, 1924.

SICHES, L. R. *El Poder Constituyente*. Madri, 1931.

_____. R. *Tratado general de filosofia del derecho*. 3. ed. México: Porrua, 1965.

SIEYÈS, E. *Qu'est-ce le Tiers État?* Genebra: Droz, 1970.

SILVA, R. D. *João II e a nobreza.* Lisboa, 1910.

SILVA DIAS, M. O. "A interiorização da metrópole (1808-1853)". In: MOTA, C. G. *1822: Dimensões.* São Paulo: Perspectiva, 1972.

SKINNER, Q. *The Foundations of Modern Political Thought.* Cambridge: Cambridge University Press, 1979. v. 1, 2.

SOREL, L. *Réfléxions sur la violence.* Paris: Marcel Rivière, 1950.

SOUTHEY, R. *História do Brasil.* São Paulo: Obelisco, 1965.

SOUZA, O. T. *A vida de D. Pedro I.* Rio de Janeiro: José Olympio, 1972. v. 3: História dos Fundadores do Império do Brasil.

STEINER, U. *Verfassungsgebung und verfassungsgebende Gewalt des Volkes.* Berlim, 1966.

STRAUSS, L.; CROPSEY, J. *History of Political Philosophy.* 2. ed. Chicago: University of Chicago Press, 1973.

TOCQUEVILLE, A. *L'Ancien régime et la Révolution.* Paris: Gallimard, 1952.

VARNHAGEN, F. A. de. *História geral do Brasil.* São Paulo: Melhoramentos, 1956. v. 5.

VILAR DE CARVALHO, G. *A liderança do clero nas revoluções republicanas de 1817-1824.* Petrópolis: Vozes, 1980.

VILHENA, L. S. *A Bahia no século xviii.* Bahia: Itapuã, 1969. v. 1, 3.

WEBER, M. *Wirtschaft und Gesellschaft.* Colônia: Kiepenheuer & Witsch, 1964.

WINCKELMANN, J. *Legitimität und Legalitat in Max Webers Herrschaftssoziologie.* Tübingen: Mohr, 1952.

WOLIN, S. *Politics and Vision.* Londres: George Allen & Unwin, 1960.

# Índice remissivo

abolição da escravatura (1888), 13
abolicionismo/abolicionistas, 10
*Abolicionismo, O* (Nabuco), 131
absolutismo, 36, 40, 47-8, 53-5, 57-8, 60-2,
    65, 70, 77, 86-7, 99, 108, 134-5, 145, 152,
    163, 169, 171, 176, 261
Academia Real de História (Lisboa), 47
Açores, 73
Acton, Lord, 30
açúcar/economia açucareira, 28, 71, 80,
    84
Adálbero, bispo, 19
administração pública, 74, 175
Aeronáutica, 155-7
agricultura, 36, 44, 49, 55-7, 93, 109, 115, 131
AI-1 (Ato Institucional nº 1, 1964), 155, 157,
    204-5
AI-4 (Ato Institucional nº 4, 1966), 204
AI-5 (Ato Institucional nº 5, 1968), 205
Albuquerque, visconde de, 134
Alcácer-Quibir, Batalha de (1578), 39
Alemanha, 92, 105-6, 119, 160, 174
algodão, 71, 80
*Alienista, O* (Machado de Assis), 100
Aljubarrota, batalha de (Portugal, 1385),
    36, 39
Alvarenga, Silva, 66
Alves, Rodrigues, 17
América do Norte, 14
América Latina, 20, 45, 199
Américo, Pedro, 21
anacronismo, 45, 100, 138-9, 169
Andrada, Antônio Carlos Ribeiro de,
    85-6, 91
Angola, 73
Antigo Regime, 70
Antiguidade, 37, 147
Antonil, André João, 48
Arendt, Hannah, 161-2, 166, 267

aristocracia, 57-8, 64, 74, 84, 95, 140, 198-9,
    219, 222, 241
Aristóteles, 26, 34, 46, 147
Ásia, 36, 55
Assemblée Générale des États du
    Royaume, 20
Assembleia Constituinte, 9, 18, 86-8, 91, 97,
    146, 156, 160, 207, 218, 224, 228-9, 265-6
Assis, Machado de, 109, 113, 257
Ato Adicional (1834), 89, 210-1
autocracia, 10, 119, 122, 149-50, 152-4, 160,
    163, 167, 169, 171, 175-7, 182, 186, 188-9,
    193, 203, 212, 215, 218-9, 225, 236
autoritarismo, 101, 136, 167, 195, 203, 205,
    210-1, 225-8, 252-6, 265-6, 268-9
Avis, casa/dinastia de, 36, 38-40, 43
*Aviso de Petersburgo, O* (texto anônimo do
    séc. XVIII), 81

Babeuf, Gracchus, 80
Bacon, Francis, 46
Bahia, 49, 70, 73, 79-82, 89, 262
Balaiada (Maranhão, 1838-41), 89
bancos, 8, 131
bandeirantes, 50-1
Barata, Cipriano, 80, 86, 89, 91
Barbosa, Antônio Soares, 63
Barbosa, Januário da Cunha, 96
Barreto, Lima, 115
Benguela, 73
Bilac, Olavo, 125
Bonifácio, José, 79, 83, 91-2, 94, 96-7, 241
Braga, Teófilo, 43
Bragança, casa/dinastia de, 69, 91
Brito, Joaquim José Rodrigues de, 63
Bruno, Giordano, 46
Burckardt, Jacob, 127
burguesia, 20, 36-8, 55, 57-8, 60, 64, 71, 73,
    90, 93, 108, 113, 150, 160, 169-70, 222

Burke, Edmund, 138
Burlamaqui, Jean-Jacques, 59

Cabanada (Pará, 1835-40), 88
Cabo Verde, 73
Cairu, visconde de, 80, 82
Câmara dos Deputados, 8, 13, 154, 205
Camões, Luís de, 38, 105
Candido, Antonio, 66, 126, 233, 268
Caneca, Frei, 86-7
*Capital, O* (Marx), 106, 118
capitalismo, 14, 71, 198
Carlos I, rei da Inglaterra, 234
*Cartas* (Nóbrega), 48
*Cartas chilenas* (Gonzaga), 48
Carvalho, José Vaz de, 55
Carvalho, Manuel Almeida e, 55
Carvalho e Melo, Sebastião José de *ver*
 Pombal, marquês de
*Casa-grande e senzala* (Freyre), 126
Castelo Branco, Humberto de Alencar, 266
Castilhos, Júlio de, 12
catequese, 48-9
Cavaleiros da Luz (loja maçônica), 81
censura, 46, 58-9
Chaplin, Charles, 116-7
Chateaubriand, François-René de, 127
Chile, 209
China, 73
Cícero, 12
ciclo ferroviário, 109
ciência política, 25-6, 125, 157, 163, 168-9,
 180, 183
Cipião, o Africano, 12
*Circular* (texto anônimo), 89
classes dirigentes, 107, 135, 200-1, 221
classe média, 16, 58, 90, 113, 220, 238
clero, 19, 58, 66, 94, 109
Coimbra, 45, 59, 61-2, 63, 66, 78, 80
Colbert, Jean-Baptiste, 108-9, 112
Colégio dos Nobres (Lisboa), 58
Colônia, Brasil, 51, 71-3, 82-4
colonialismo, 66, 83-4, 86, 146, 152
comerciantes, 67, 73-5, 80, 83, 132, 145
comércio livre, 80
Companhia de Jesus, 41, 45, 48; *ver*
 *também* jesuítas

Comte, Augusto, 11, 110-2
Conciliação (1853-7), 137
Concílio de Trento (1545-63), 37, 41, 45
Confederação do Equador (1824), 87, 263
Congresso Nacional, 14, 18, 154, 204
Conjuração do Rio de Janeiro (1794), 264
consciência ideológica, 29
conservadores, 90, 99, 134, 137-8, 157
Constant, Benjamin, 95, 98
constitucionalismo, 9, 18, 57, 91, 94-6, 98-
 9, 145, 148-50, 152, 159
Constituição do Império (1824), 70, 76, 88,
 173, 236, 261
Constituição brasileira (1934), 207
Constituição brasileira (1937), 186, 191
Constituição brasileira (1946), 154-5
Constituição brasileira (1967), 18, 205-6,
 266
Constituição brasileira (1969), 206
Constituição brasileira (1988), 17, 21
Constituição norte-americana (1776), 207
*construtivismo*, 26
consulado pombalino, 46, 60, 70; *ver*
 *também* Pombal, marquês de
Contrarreforma, 37, 40-1, 43-5, 59
*Contrato social, O* (Rousseau), 31, 81, 180
*Corografia portuguesa* (Carvalho da Costa),
 46
coronelismo, 12
*Correio Braziliense* (jornal), 15, 92
Cortes de Lisboa, 86, 93
Costa, Antônio Carvalho da, padre, 46
Costa, Hipólito José da, 15, 92, 97
*Cours de Philosophie Positive* (Comte), 113
Coutinho, Azeredo, bispo, 68, 79
Coutinho, Luís Pinto de Sousa, 83
Coutinho, Rodrigo de Sousa, 81
cristãos-novos, 58, 64
*Cultura e opulência do Brasil* (Antonil), 48
Cunha, Euclides da, 101, 112, 125-6
Cunha, Luís da, d., 54-5
Curtius, Ernst, 127

D'Anglas, Boissy, 81
*Da Independência à República* (Cunha), 125
Danton, Michelet de, 138
darwinismo, 110

De Bonald, Louis, visconde, 99
De Maistre, Joseph, 99
Declaração de Independência dos
    Estados Unidos (1776), 31, 68, 152
Declaração dos Direitos do Homem e do
    Cidadão (1789), 17, 78
democracia, 8, 14-8, 32, 59, 64, 85, 89-90,
    97-8, 100, 134, 145, 150, 159-60, 167-8,
    170, 172-7, 182, 184, 186, 188, 209, 212,
    218-20, 225, 227, 235, 241, 251-7, 262,
    264-70
Descartes, René, 54
*Desertor, O* (Silva Alvarenga), 66
despotismo, 15-6, 26, 46, 57, 66, 72, 90,
    98-9, 109-10, 114, 119, 130, 135, 149-51,
    162, 180, 197
Deus, 37, 39, 42-3, 50, 58, 65, 69, 82, 87
*Diálogo sobre a conversão do gentio*
    (Nóbrega), 49
diamantes, 53, 74
Dias Tavares, Luis Henrique, 80-1
direito natural, 10, 59, 62-3, 78, 149, 169,
    182
direito romano, 40, 59, 231
direitos individuais, 64, 84, 136, 149
ditaduras, 159, 173, 179
*Do Império à República* (Sérgio Buarque
    de Holanda), 231, 235, 268

*Elementos de direito natural* (Burlamaqui),
    59
elite dissidente, 108, 110, 120
elites, 45, 57, 68, 110, 119, 166, 193, 197-9,
    201-2, 206, 212-3, 222, 226, 239
elitismo, 126, 130, 138, 140, 196, 198, 200-1
Elizabeth I, rainha da Inglaterra, 47
enciclopedismo, 35, 61
Encilhamento (1889-92), 116, 120
*Encilhamento, O* (Taunay), 114
engenhos, 74-5
*Ensaio sobre o entendimento humano*
    (Locke), 46
Escola Superior de Guerra, 115
escolástica, 35, 41, 45, 54-6, 108
escravismo, 91, 97, 132, 240, 261
escravos, 11, 13, 15, 67, 75, 77-81, 84, 109, 131,
    162, 180, 183, 239-40, 262

*Esmeraldo* (Pacheco), 37
Espanha, 45, 47, 98, 261
*Espírito das leis, O* (Montesquieu), 62, 88,
    150
*Estadista do Império, Um* (Nabuco), 125,
    139
Estado Novo, 9, 224, 259
Estado patrimonialista, 74, 79, 256, 260
Estados Unidos, 14, 77, 106, 145, 150, 152, 183
estradas de ferro *ver* ferrovias
Europa, 36, 40, 44, 53-5, 61, 64, 76, 86, 92,
    97, 112, 145-6
europeização, 105, 107
evolucionismo, 110, 112
Exército, 73, 77, 85, 93-4, 111, 115, 155, 157

*Fala de Boissy D'Anglas*, 81
Fala do Trono, 9, 15
Farroupilha, Guerra/Revolução (RS, 1835-
    -45), 89
fascismo, 120, 211
federalismo, 129-30, 133, 262
Fénelon, François, 57
Ferreira Filho, Manoel Gonçalves, 158
Ferreira, Silvestre Pinheiro, 63, 91
Ferrer, Vicente, 63
ferrovias, 109
fidalgos, 36, 55-6, 93, 132, 134
Filmer, Robert, 234
filosofia política, 25-7, 30, 32, 35, 58, 62, 64,
    69-70, 75, 78, 91, 234
Flandres, 36
*foederatio*, 13
formalismo escolástico, 59
França, 27, 47, 61, 80-1, 92, 98, 111, 235
Francisco, Martin, 241
funcionalismo, 120, 238-9, 241

Gama, Basílio da, 66
Gazendo, 54
Geisel, Ernesto, 18, 251-5, 266
Gentile, Giovanni, 120
globalização, 236
Góis, Damião de, 45
Gonzaga, Tomás Antônio, 43
Goulart, João, 211
Governo Provisório, 109, 112

ÍNDICE REMISSIVO | *281*

Gramsci, Antonio, 194
Grécia Antiga, 26
Guerra do Paraguai (1864-70), 12, 17, 115
guerras holandesas, 49-51
Guiné, 73
Guizot, François, 98
Gusmão, Alexandre de, 55
Gusmão, Bartolomeu de, 47

Hamilton, Alexander, 88, 112, 135
Hauriou, Maurice, 210
Hegel, Friedrich, 54, 118, 140, 148
Henriques, Afonso, 46
Herculano, Alexandre, 43, 46, 53
*Histoire philosophique et politique des*
    *établissements et du commerce*
    *des européens dans les deux Indes*
    (Raynal), 77
Hitler, Adolf, 116-7, 175, 211
Hobbes, Thomas, 46, 63, 164, 173
Holanda, 53
Holanda, Sérgio Buarque de, 8-10 231, 234,
    242, 268-9
Hubner, barão de, 236
humanismo, 37, 44-5

Ibsen, Henrik, 112
Idade Média, 39, 43, 53
ideologia, 9-12, 25-30, 32, 34-5, 58, 60,
    62, 69-70, 75, 89-91, 100, 107, 111, 115,
    119-20, 133-4, 141, 145, 176, 192-7, 216,
    232, 235
*Ideologia alemã, A* (Marx), 194
*Ideologia e utopia* (Mannheim), 194
Igreja católica, 44, 47, 50, 81, 194, 264
Iluminismo, 53-5, 57, 59, 96, 110
Império do Brasil, 9-16, 57, 86, 89, 109, 111,
    120, 129-32, 237, 239-41 *ver também*
    Primeiro Reinado; Segundo Reinado
Inconfidência Baiana (1798), 70, 264
Inconfidência Mineira (1789), 79, 264
Independência do Brasil (1822), 28, 69-70,
    73, 78, 82, 85-6, 88, 96-7, 109, 146, 224,
    233, 258, 260-1, 263
Independência norte-americana (1776),
    31, 69, 75, 152
*Index romano*, 46

Índia, 44
indígenas, 39, 48, 50
indústria, 44, 49, 53, 55-7, 93, 100, 109,
    113, 264
industrialização, 107, 110, 112-6
Inglaterra, 47, 54-5, 71, 106, 149, 234
Inquisição, 44-7, 58, 60-1
Itália, 115, 119-20, 160

Japão, 105, 119
Jaucourt, Luis, 19-20
jesuítas, 45-6, 48, 50, 57-8, 67
Jesus Cristo, 46
João I, d. (Mestre de Avis), 62
João II, d., 39
João III, d., 37
João IV, d., 62
João V, d., 47, 55-6
João VI, d. (príncipe regente), 83, 85, 87,
    91, 93-6, 99, 145-6
Joaquim do Amor Divino, frei *ver* Caneca,
    Frei
José I, d., 56, 60
*Júlia ou a nova Heloísa* (Rousseau), 81
Junta das Missões, 50
Justiniano, imperador bizantino, 63

Kant, Immanuel, 61
Kelsen, Hans, 168-9, 174-5, 177, 183
Kerenski, Alexander, 160

Lassalle, Ferdinand, 145-7
lavoura, 72, 131
legitimidade e legalidade, 161, 164, 168,
    170, 172-5, 177, 179, 181-2, 186, 188-9,
    203, 206, 215-6, 228, 267
Lei Áurea (1888), 17
Lei da Boa Razão (Portugal, 1769), 58
Lei do Ventre Livre (1871), 17, 137
Lênin, Vladímir, 160
liberalismo, 9-10, 16, 32, 57, 59, 61-4, 66,
    69-70, 73, 75, 78-9, 82-91, 93-100, 111-2,
    120-1, 133-6, 138, 150, 167, 170, 184, 220,
    225, 227, 234-6, 240-1, 260-6, 270
liberdade natural, 183
liberdade política, 88, 183, 185, 262, 267, 270
Lima, Alceu Amoroso, 8

*282* | A REPÚBLICA INACABADA

Lima, Oliveira, 69, 74
Lincoln, Abraham, 207
Lisboa, fundação de, 46
Liverpool, Lord, 30
Lobo, Aristides, 12
Locke, John, 46, 58, 78, 88, 91, 184, 234
Loewenstein, Karl, 148
*logos*, 26, 30-3
Luís xiv, rei da França, 57
Luís xvi, rei da França, 200
Luís xviii, rei da França, 95, 98
*Lusíadas, Os* (Camões), 38, 45
Lusitânia, 46
Luxemburgo, Rosa, 160

Mably, Gabriel Bonnot de, 79, 81
Macaulay, Thomas, 127-8
Macedo, Duarte Ribeiro, 55
maçonaria, 81
Madison, James, 15
Malebranche, Nicolas, 46
*Manifesto comunista* (Marx e Engels), 27
Manifesto Republicano (1870), 13, 17
Mannheim, Karl, 180, 194
Manuel, d., 37
Mao Tsé-tung, 166
Maquiavel, Nicolau, 41
Maranhão, 50, 89
Maria i, d., 94
Maricá, marquês de, 94
Marinha, 155, 157
Martini, barão de, 59
Martins, Oliveira, 60, 63
Martins, Silveira, 138
Marx, Karl, 140, 194
marxismo, 29, 169
Matos, Gregório de, 48
Medeiros, Borges de, 12
Melo, Pascoal José de, 62, 65
mercantilismo, 55, 64, 70-1, 74, 79, 83, 93, 108, 110
Merleau-Ponty, Maurice, 232
Mesa Censória, 58
Mestre de Avis (d. João i), 38
Metternich-Winneburg, príncipe de, 236
Minas Gerais, 16, 66, 79, 83, 224, 262-3
Mirabeau, conde de, 20

Miranda, Pontes de, 218-9
Moçambique, 73
modernidade, 9, 106-7, 109, 112-3, 115-9, 121-2
modernização, 105-10, 112-9, 121, 258-9
Mommsen, Theodor, 127
monarquia, 11, 39, 41-3, 54, 56-7, 59, 62, 82-3, 87, 89, 92, 94-5, 108, 129-30, 137, 146, 171-2, 217, 239, 261
Moncada, Cabral de, 59, 62
monopólio, 46, 72, 74, 80, 82-3, 174, 235
Montaigne, Michel de, 46
Montesquieu, barão de La Brède e de, 15, 57, 61-3, 79, 81, 88, 99, 135, 150
Morais, Prudente de, 13
mudança social, 92, 109, 139, 141, 212
Mussolini, Benito, 160, 175, 211

Nabuco, Joaquim, 10-1, 125-6, 129, 135, 137, 140-1, 238, 240
nacionalismo, 83, 92, 116
Napoleão i (Bonaparte), imperador, 146, 200, 234, 240
Napoleão iii, imperador, 111, 200
neoliberalismo, 236
neopombalismo, 71, 96
Neves, José Acúrcio das, 55
Newton, Isaac, 54, 61
Nóbrega, Manuel da, padre, 48-50
nobreza, 19, 37, 51-2, 58, 60, 95, 109, 132
Novaes, Fernando, 71

obscurantismo, 41-2, 80
ocidentalização, 93, 95
oficialismo, 69, 101, 112, 181, 195
*Orador dos Estados Gerais de 1789, O* (texto anônimo), 81
Oriente, 38
Orta, Garcia da, 38
Ottoni, Teófilo, 16
Ourique, campo de, 46
ouro, 35-6, 47, 53, 55-6, 61, 71, 74, 129, 132

Pacheco, Duarte, 37
Pádua, Marsiglio de, 40
Palmela, conde de, 95
papado, 40-1
Pará, 89, 114

Paraguai, 49; *ver também* Guerra do Paraguai (1864-70)
Pareto, Vilfredo, 120, 196-8, 200
Pascal, Blaise, 191
patriarcalismo, 231-2, 235, 269
*Patriota, O* (revista), 94
Pedro I, d., 16, 83, 91, 99
Pedro II, d., 117, 137, 236
Pedro, o Grande, tsar, 108, 112
Península Ibérica, 44, 119, 145, 231
Pereira, Clemente, 96
Pernambuco, 81, 84-5, 264
Peru, 49
Pinochet, Augusto, 209
pirâmide social, 107
Platão, 26, 116
plebiscito, 17-8, 159-60, 209, 217
Poder Constituinte, 19, 153, 155-8, 179, 189-90, 193, 204, 206, 208-10, 212, 216-21, 223-5, 228-9, 267
Poder Executivo, 151, 171, 173, 211, 226, 229, 253, 266
Poder Judiciário, 155, 171
Poder Legislativo, 10, 17, 95, 150, 170-2, 207, 229
Poder Moderador, 86, 89-90, 99, 130, 137, 139, 173, 218, 264
*polis* grega, 26
Pombal, marquês de, 56, 62, 68, 92
positivismo, 11, 108, 110-1, 115, 175-6
Praieira, Revolução (Pernambuco, 1848-9), 70
*práxis*, 26, 29-31, 33-5, 70, 75, 91
Primeiro Reinado, 132, 263
*Príncipe, O* (Maquiavel), 41
privilégios, 19, 38, 84, 108, 219, 221-2, 226, 261
Proclamação da República (1889), 11, 241
progresso, 9, 109-12, 114-5, 135
protestantismo, 149
Pufendorf, Samuel, 63

*Que é o Terceiro Estado?* (Sieyès), 222
Queiroz, Eça de, 117
Quental, Antero de, 43

*Raízes do Brasil* (Sérgio Buarque de Holanda), 231-3, 268

Ranke, Leopold von, 127-8
Raynal, abade, 77, 81
*Recueil des loix constitutives des États-Unis de l'Amérique* (1778), 77
Reforma Católica, 41, 43-4
Reforma da Universidade (Portugal, 1772), 58
reformas pombalinas, 57, 61, 66, 96, 110
Regras, João das, 38
*Reino da estupidez, O* (texto anônimo do séc. XVIII), 66
relativismo, 176-7, 184
religião, 41, 54, 134-5
Renan, Ernest, 127
Renascimento, 36, 38-40, 43, 53, 61, 189
República Velha, 12, 210
Revolução de Avis (Portugal, 1383-85), 43
Revolução do Porto (1820), 145
Revolução dos Alfaiates (Bahia, 1798), 70
Revolução Francesa (1789), 19, 27-8, 31, 80, 92, 113, 145
Revolução Industrial, 61, 90, 100
Ribeiro, João, 85
Rio de Janeiro, 70, 77, 79, 81, 95, 109, 112-3, 145, 239, 260-4
Rio Grande do Sul, 12, 89, 130, 224, 251
Rocha, Coelho da, 44
Roma Antiga, 20
Rousseau, Jean-Jacques, 27, 59, 61-3, 78-9, 81, 98, 165, 180
Royer-Collard, Pierre, 98
Rússia, 108, 160

Sá, Mem de, 49
Saint-Hilaire, Auguste de, 28
Saint-Simon, duque de, 57, 111
Sales, Campos, 126
Sampaio, Nelson de Sousa, 208
Sanches, Ribeiro, 54
Santo Ofício *ver* Inquisição; Tribunais do Santo Ofício
Santos, Ribeiro dos, 62
São Domingos, 70, 73
São Paulo, 17, 28, 51, 77, 224, 263
São Tomé e Príncipe, 73
São Vicente, capitania de, 49, 51
Saxoferrato, Bártolo de, 40

*284* | A REPÚBLICA INACABADA

Schmitt, Carl, 168-70, 172, 174, 176, 189, 212
Sebastião, d., 44, 46
Século das Luzes *ver* Iluminismo
Segundo Reinado, 125, 132, 138, 231, 235-6, 239
Seminário de Olinda, 68, 85
*Sentinela do Serro* (jornal), 89
Sérgio, Antônio, 37
*Sermões* (Vieira), 48, 50
*Sertões, Os* (Cunha), 126
sesmarias, 49-50
Sieyès, Emmanuel, 19-20, 215, 222
Silva, Antônio de Morais, 85
Silva, Rebelo da, 43
Silveira, Mousinho da, 93
sistema colonial, 28, 52, 55, 57, 70, 73-6, 79, 82, 84, 100
sistema constitucional, 97, 203
Smith, Adam, 63, 78-80, 82
soberania do povo, 15, 20, 44, 98, 173, 215, 242, 269
social-liberalismo, 120
sociedade civil, 29, 78, 107, 109, 113, 120, 130-1, 140, 148, 159, 186-7, 189, 194-6, 202-3, 210, 219, 223, 225, 227-8, 240, 250, 257, 266
Sócrates, 26
Sousa, Tomé de, 48
Southey, R., 67
Spencer, Herbert, 112
Spinoza, Baruch, 46
Staël, Madame de, 95, 98
Stálin, Ióssif, 117
stalinismo, 160
Stuart, dinastia, 234
Suarez, Francisco, 45
*Suma teológica* (Tomás de Aquino), 46

Taine, Hippolyte, 127, 130, 140
Taunay, visconde de, 114
Tavares, Muniz, 85
*Teeteto* (Platão), 25
Tigres Asiáticos, 120
tirania, 16, 66, 68, 87, 90, 98, 129, 135, 139, 163, 188, 215-6, 231, 261
Tocqueville, Alexis de, 27, 135, 140
Tomás de Aquino, São, 215

Tomás, José, 127-8, 129, 137-8
Tomás, Manuel Fernandes, 93
Torres, Alberto, 12
totalitarismo, 161, 167, 179, 195
transmigração da Corte (1808), 67, 73, 82-3, 86
*Tratado de direito natural* (Gonzaga), 64
Tratado de Methuen (1703), 55-6, 61
Tratado de Tordesilhas (1494), 41
Tribunais do Santo Ofício, 46
Trótski, Liev, 160

Ulisses (personagem mitológico), 46
União Soviética, 24, 160
*Uraguai, O* (Gama), 66

Vargas, Getúlio, 12, 224
Varnhagen, F. A., 62, 85
Vasconcelos, Luís Mendes de, 55
Vasconcelos, Zacarias de Góes e, 137
Vaticano, 47
Veblen, Thorstein, 105-6
*Verdadeiro método de estudar* (Verney), 53, 56, 61-2
Veríssimo, José, 125
Verney, Luís Antônio, 53-4, 56, 62-3, 68
Vicente do Salvador, frei, 12
Vieira, padre Antônio, 48, 50
Vilhena, Luís dos Santos, 67, 73-4, 97
violência, 136, 158-9, 161-3, 169, 175, 180, 183, 196, 198, 200-2, 253
Viradeira (Portugal, 1777), 60, 66
Vitória, Francisco de, 45
Voltaire, 61, 79, 81
Vossler, Karl, 127

Weber, Max, 30, 107, 140, 168, 180, 182, 233
Weimar, República de, 169, 172-3, 211
Wells, H. G., 115

Zacarias, ministro *ver* Vasconcelos, Zacarias de Góes e

ESTA OBRA FOI COMPOSTA EM LEMONDE LIVRE POR VICTOR BURTON DESIGN GRÁFICO E IMPRESSA EM OFSETE PELA GRÁFICA BARTIRA SOBRE PAPEL PÓLEN SOFT DA SUZANO S.A. PARA A EDITORA SCHWARCZ EM FEVEREIRO DE 2022

A marca FSC® é a garantia de que a madeira utilizada na fabricação do papel deste livro provém de florestas que foram gerenciadas de maneira ambientalmente correta, socialmente justa e economicamente viável, além de outras fontes de origem controlada.